技工教育和职业培训"十四五"规划教材

DASHUJU FENXI JI YINGYONG SHIJIAN

大数据分析及应用实践
（第四版）

主　编　杨和稳　王一民
副主编　单友成　朱琼琼　吴育立　王世波

中国教育出版传媒集团
高等教育出版社·北京

内容提要

本书是技工教育和职业培训"十四五"规划教材,是根据教育部最新发布的《高等职业学校专业教学标准》中对本课程的要求修订而成的。

本书主要内容包括认识大数据、大数据技术基础、大数据治理、大数据统计分析技术、数据挖掘、大数据可视化和大数据应用案例实战。本书编写是以大数据分析工具——"蓝鹰"为平台,理论结合实践,通过具体案例介绍如何进行大数据分析。本书为新形态一体化教材,借助先进技术,丰富内容呈现形式,配套多媒体助学助教资源,助力提高教学质量和学习效率。

本书可作为高等院校大数据入门课程的教材,亦可作为大数据技术相关培训教材,同时也可供大数据相关的从业人员参考。

图书在版编目(CIP)数据

大数据分析及应用实践 / 杨和稳,王一民主编. 4 版. -- 北京:高等教育出版社,2025.8. -- ISBN 978-7-04-065035-8

Ⅰ.TP274

中国国家版本馆 CIP 数据核字第 20250R19P6 号

| 策划编辑 | 万宝春 | 责任编辑 | 程福平 | 万宝春 | 封面设计 | 张文豪 | 责任印制 | 高忠富 |

出版发行	高等教育出版社	网 址	http://www.hep.edu.cn
社 址	北京市西城区德外大街 4 号		http://www.hep.com.cn
邮政编码	100120	网上订购	http://www.hepmall.com.cn
印 刷	上海新艺印刷有限公司		http://www.hepmall.com
开 本	787 mm×1092 mm 1/16		http://www.hepmall.cn
印 张	15.25	版 次	2016 年 7 月第 1 版
字 数	218 千字		2025 年 8 月第 4 版
购书热线	010-58581118	印 次	2025 年 8 月第 1 次印刷
咨询电话	400-810-0598	定 价	39.00 元

本书如有缺页、倒页、脱页等质量问题,请到所购图书销售部门联系调换
版权所有 侵权必究
物 料 号 65035-00

配套学习资源及教学服务指南

🎯 二维码链接资源

本书配套实验操作视频、拓展学习、彩图等学习资源，在书中以二维码链接形式呈现。手机扫描书中的二维码，随时随地获取学习内容，享受学习新体验。

打开书中附有二维码的页面　　扫描二维码　　查看相应资源

🎯 大数据分析实验平台

本书配套大数据分析实验平台（https://bbl.zygcdata.com），可通过书后提供的激活码注册并登录进行实践操作。

🎯 教师教学资源索取

本书配有课程相关的教学资源，如教学课件、实验数据等。选用教材的教师，可加入工科类教学研究中心 QQ 群：240616551，索取相关资源。

本书二维码资源列表

	页 码	类 型	说 明
第1章	20	实验操作视频	认识蓝鹰数据分析平台
	27	拓展学习	大数据思维
第2章	45	实验操作视频	数据源接入与编辑
	48	拓展学习	数据存储与采集
第3章	70	实验操作视频	数据预处理
	75	拓展学习	数据的清洗、转化和加载
第4章	103	实验操作视频	数据分析指标
	107	拓展学习	用数据分析诠释数据统计
第5章	127	实验操作视频	数据挖掘
	154	拓展学习	数据挖掘
第6章	156	彩图	生物蛋白质的结构
	156	彩图	某品牌折叠手机展示图
	158	彩图	某区域支柱产业类型及产值情况
	159	彩图	网络协议之间的依赖关系
	160	彩图	某地的电厂图
	161	彩图	体感游戏
	161	彩图	增强现实技术
	166	实验操作视频	数据可视化
	175	拓展学习	大数据可视化体感互动
第7章	176	实验操作视频	网站流量分析
	192	实验操作视频	电商行业销售分析
	210	实验操作视频	金融行业贷款业务分析
	228	拓展学习	蓝鹰BI实验室产品使用手册

前 言

党的二十大报告指出,教育、科技、人才是全面建设社会主义现代化国家的基础性、战略性支撑。必须坚持科技是第一生产力、人才是第一资源、创新是第一动力,深入实施科教兴国战略、人才强国战略、创新驱动发展战略,开辟发展新领域新赛道,不断塑造发展新动能新优势。

近几年来,随着移动互联网、物联网、智能电网、电子商务、新能源、流媒体等飞速发展,以及信息技术在各行各业的迅猛推进,数据的产生量呈现爆炸式增长,具有超大的数据规模、快速的数据流转、多样的数据类型、极高的数据价值等特征。大数据在获取、存储、管理、分析等方面都在改变传统的数据处理模式。同时,大数据概念正逐步改变着人们的思维,越来越多的人意识到,大数据是重要的数据资源,能够带来更大的社会应用价值和经济价值,社会关于大数据、云计算、人工智能等方面的人才需求也在急剧上升。

为了让广大高等院校的学生更好地认识大数据、处理大数据、挖掘大数据的应用价值,南京信息职业技术学院、北京中云国创数据科技有限公司和高等教育出版社共同策划,组织编写了大数据系列教材,以满足培养培训大数据紧缺人才的教学需求。

本书是人力资源社会保障部技工教育和职业培训"十四五"规划教材,包含认识大数据、大数据技术基础、大数据治理、大数据统计分析技术、数据挖掘、大数据可视化及大数据应用案例实战7章内容，前6章每章都分为理论与实验两个部分。理论部分主要介绍大数据概念、大数据处理、大数据分析及大数据呈现等方面的基础知识。实验部分主要借助国内在大数据处理方面的可视化分析工具——蓝鹰，全面介绍了项目的创建、数据源的导入、大数据处理、大数据分析及分析结果的展示平台——仪表盘等。

本书由南京信息职业技术学院杨和稳、北京中云国创数据科技有限公司王一民担任主编，浙江经济职业技术学院单友成、北京中云国创数据科技有限公司朱琼琼、江西农业工程职业学院吴育立、浙江经济职业技术学院王世波担任副主编。鉴于编者水平有限，书中难免有不足之处，恳请专家、老师和读者批评指正。

本书的项目策划、立项、编写委员会的组成、编写大纲的修订及内容的审定等得到了北京中云国创数据科技有限公司和高等教育出版社的大力支持，在此表示衷心的感谢！

编　者

目　录

第 1 章　认识大数据

1.1　大数据综述 — 1
1.1.1　大数据的产生 — 1
1.1.2　大数据的特征 — 2

1.2　大数据的基本概念 — 5
1.2.1　大数据的定义 — 5
1.2.2　大数据的特点 — 6

1.3　大数据思维 — 7
1.3.1　大数据思维的变革 — 7
1.3.2　大数据思维的关注点 — 9
1.3.3　企业大数据思维之数字化转型 — 10

1.4　大数据的处理过程 — 11
1.4.1　大数据采集 — 11
1.4.2　大数据导入与预处理 — 12
1.4.3　数据治理 — 12
1.4.4　大数据统计与分析 — 12
1.4.5　大数据挖掘 — 13

1.5　企业常用的数据平台 — 14
1.5.1　数据分析工具 — 14
1.5.2　数据中台 — 15

1.6　大数据分析在企业中的实际应用 — 15
1.6.1　数据业务应用场景 — 15

1.6.2　大数据分析应用案例 — 17

实验1　认识蓝鹰数据分析平台 — 20

第2章　大数据技术基础

2.1　云计算 — 28

2.1.1　云计算的特点 — 29

2.1.2　云计算与大数据处理 — 30

2.2　基础架构支持 — 31

2.2.1　Hadoop — 31

2.2.2　HBase — 32

2.2.3　MapReduce — 33

2.2.4　Hive — 34

2.2.5　Python — 34

2.2.6　R语言 — 35

2.2.7　维度建模 — 35

2.3　数据采集 — 37

2.3.1　数据的形态 — 37

2.3.2　数据采集的方法 — 40

2.4　数据存储 — 41

2.4.1　数据存储的概念 — 41

2.4.2　数据的存储方式 — 41

2.4.3　常见数据源类型 — 42

实验2　数据接入 — 45

第3章　大数据治理

3.1　数据标准管理 — 49

3.1.1　数据服务标准 — 49

3.1.2　指标梳理标准 — 51

3.1.3　技术实现标准 — 53

3.2　数据清洗 — 55

3.2.1 数据清洗的作用 — 56

3.2.2 数据清洗的方法和过程 — 56

3.2.3 数据清洗的实例 — 58

3.2.4 数据类型 — 59

3.2.5 数据转换 — 63

3.3 数据资产管理 — 63

3.3.1 数据规划 — 63

3.3.2 元数据管理 — 64

3.3.3 数据质量管理 — 65

3.4 数据服务 — 67

3.4.1 统计分析 — 67

3.4.2 数据开发 — 69

实验3 数据预处理 — 70

第4章 大数据统计分析技术

4.1 统计分析概述 — 76

4.1.1 统计分析的概念 — 76

4.1.2 统计分析的特点 — 78

4.1.3 统计分析的应用 — 80

4.2 统计分析的常见指标 — 84

4.2.1 统计指标概述 — 84

4.2.2 总量指标 — 85

4.2.3 相对指标 — 88

4.2.4 平均指标 — 92

4.2.5 变异指标 — 98

4.3 回归与预测 — 100

4.3.1 回归 — 100

4.3.2 预测 — 101

实验4 数据分析指标 — 103

第5章 数据挖掘

5.1 数据挖掘概念 — 109
- 5.1.1 数据挖掘的起源 — 109
- 5.1.2 数据挖掘的定义 — 111

5.2 数据挖掘任务 — 111
- 5.2.1 数据总结 — 111
- 5.2.2 分类 — 112
- 5.2.3 关联分析 — 112
- 5.2.4 聚类 — 113

5.3 数据挖掘流程 — 113
- 5.3.1 业务理解 — 114
- 5.3.2 数据理解 — 114
- 5.3.3 数据准备 — 115
- 5.3.4 建立模型 — 115
- 5.3.5 结果评价 — 116

5.4 数据挖掘的常用方法 — 116
- 5.4.1 决策树 — 116
- 5.4.2 遗传算法 — 119
- 5.4.3 神经网络 — 121
- 5.4.4 关联规则 — 123
- 5.4.5 粗糙集 — 124
- 5.4.6 判别分析 — 125

实验5 数据挖掘 — 127

第6章 大数据可视化

6.1 数据可视化分类 — 155
- 6.1.1 结构可视化 — 155
- 6.1.2 功能可视化 — 156
- 6.1.3 关联关系可视化 — 156
- 6.1.4 趋势可视化 — 157

6.2 可视化表现形式 — 158

 6.2.1 二维可视化形式 — 158

 6.2.2 三维可视化形式 — 159

 6.2.3 仪表盘 — 162

 6.2.4 定制可视化形式 — 162

 6.2.5 大数据可视化方式的选择 — 163

实验 6 数据可视化 — 166

第 7 章 大数据应用案例实战

7.1 网站流量分析 — 176

 7.1.1 背景分析 — 176

 7.1.2 案例及需求分析 — 177

 7.1.3 大数据分析方法 — 177

 7.1.4 大数据分析过程 — 178

 7.1.5 结论 — 192

7.2 电商行业销售分析 — 192

 7.2.1 背景分析 — 192

 7.2.2 案例及需求分析 — 193

 7.2.3 大数据分析方法 — 193

 7.2.4 大数据分析过程 — 193

 7.2.5 结论 — 210

7.3 金融行业贷款业务分析 — 210

 7.3.1 背景分析 — 210

 7.3.2 案例及需求分析 — 211

 7.3.3 大数据分析方法 — 211

 7.3.4 大数据分析过程 — 212

 7.3.5 结论 — 225

第1章

认识大数据

近年来,大数据风云乍起,深刻影响着政治、经济、安全、健康、教育等方面,人们已意识到大数据是重要的数据资产,充分重视和运用大数据能够产生更大的社会和经济价值。从数据到大数据,不仅是量的积累,更是质的飞跃。通过整合、分析不同来源、不同形式、包含不同信息的海量数据,可以使原本孤立的数据变得互相关联,让人们有新的发现,创造新的价值。

1.1 大数据综述

1.1.1 大数据的产生

早在楚汉之争中,萧何就利用秦朝地图与户籍数据,精准调度关中粮草,从而保障刘邦军队的补给。在文艺复兴后的欧洲,人们用数据来刻画自然乃至人文规律。随着近现代信息技术的发展和数字化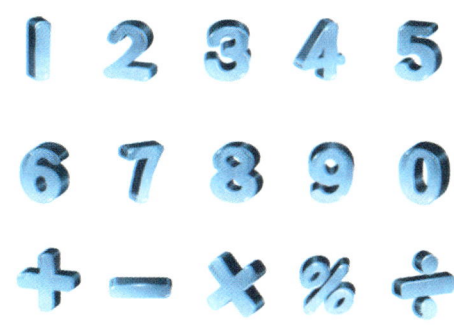
进程的日益加快,数据逐渐脱离了仅仅作为刻度表征的特性,成为世界万物的量化映射。世界可以通过数据来表示,人类也可以通过数字化的信息对客观世界进行再认识。数据成为描述客观世界的有力工具,文字、图像、视频、音频等均可以用数据形式进行描述。总之,世界的一切关系皆可用数据来表征。

通过数据来研究规律、发现规律,贯穿了人类社会发展的始终。人类科学发展史上的不少进步都和数据采集、分析直接相关。1854年，伦敦发生了大规模的霍乱，很长时间没有办法控制。一位医师用标注地图的方法研究了当地水井分布和霍乱患者分布之间的关系，发现有一口水井周围霍乱患病率明显较高，借此找到了霍乱暴发的原因：一口被污染的水井。关闭这口水井之后，霍乱的发病率明显下降。这种方法，充分展示了数据的力量。

近现代以来，随着面临的问题越来越复杂，通过演绎的方式来研究这些问题常常变得很困难，这就使得数据归纳的方法变得越来越重要，数据的重要性也越发凸显出来。

随着互联网逐渐过渡到物联网，网络中互联的主体不仅仅是人，也可以是智能终端、传感器，乃至可穿戴设备等。人们的各方面信息正通过无处不在的物联网被采集、汇总和辨析，人类的生活最终进入虚拟化。数据的爆发式增长产生了各种各样的大数据。大数据又称巨量数据，指的是海量、高增长率和多样化的信息资产。大数据革命正在对世界产生巨大的系统性影响和深远意义。早在2012年美国就发布了《大数据研究和发展计划》，并成立了"大数据高级指导小组"。欧盟也正在力推《数据价值链战略计划》，英国发布了《英国数据能力发展战略规划》，日本的《创建最尖端IT国家宣言》和韩国的"大数据中心战略"也陆续出台。我国也早在2015年发布了《关于促进大数据发展的行动纲要》，推进信息化与工业化深度融合，一个开放、共享和智能的大数据时代已经来临。

1.1.2 大数据的特征

与传统数据的产生方式相比，大数据具有3个明显的特征——数据量大、非结构性和实时性。

数据量大是大数据的明显特征，一般的计量单位都是PB、EB，甚至ZB、YB。

大数据既包含结构化数据也包含非结构化数据，而一般传统数据大都是结构化的数据，更容易被理解。非结构化数据的收集、存储及使用是非常复杂的，人们需要通过特定的大数据技术从大量非结构化数据中提取有用的信息。

大数据绝大部分是在线的、可以随时调用和计算的，这是大数据相较于传统数据最大的不同。在互联网高速发展的背景下，大数据不仅仅数量巨大，实时性、动态性也是大数据的重要特征。

我国古代治国就已经有重数据的思想，如商鞅提出："强国知十三数……欲强国，不知国十三数，地虽利，民虽众，国愈弱至削。"大数据时代，循"数"治国将更加有效。传统数据时代，政府作决策更多依凭经验和局部数据，难免头痛医头、脚痛医脚。例如，交通堵塞就多修路。大数据时代，政府作决策能够从粗放型转向集约型。路堵了，利用大数据分析，可以得知哪一时间、哪一地段最容易堵，或在这一地段附近多修路，或提前预警引导居民合理安排出行，实现对交通资源的最佳配置和控制，改善交通。

大数据时代，每个人都会"自发地"提供数据。人们的各种行为，如单击网页、使用手机、刷卡消费、观看电视、坐地铁出行、驾驶汽车，都会生成数据并被记录下来，人们的性别、职业、喜好、消费能力等信息，都可以被商家从中挖掘出来，以获得商机。

大数据也将使个人受益。从生物学、医学上讲，以前生物学家只是通过对单个或几个基因的操控来观察其对生物体的影响，很难发现整体的关联。现在由于技术的发展，可以分析遗传信息、全体基因的表达信息、蛋白质族谱信息、全基因组甲基化信息、表观遗传信息等更多的信息，同时还有个人健康指标、病历、药物反应等数据。如果能达成生物学上多维多向数据的有机融合，就能够把一个人完整地描述出来，从而实现精准医疗的目的。

大数据时代，判定数据的真实性也有了更有效的手段。大数据的多样性，使得不同来源、不同维度的数据之间存在一定的关联度，可以交叉验证。例如，某地的工业产值虚报了一倍，但用电量和能耗却没有达到相应的规模。这就是数据异常，很容易被系统识别出来。发现异常后，相关部门再进行复核，就能更有针对性地防止、打击数据造假。

数据是一种资源，但数据又跟煤、石油等物质性资源不一样。物质性资源不可再生，因而很难共享。而数据可以重复使用，不断产生新的价值。大数据资源的使用是非恶性竞争的，在共享的前提下，更能够实现多赢。

大数据由于本身附带或隐含的价值，被类比为新时代的石油、黄金，甚至被视为一种与资本和劳动力并列的新经济元素，即大数据不仅对生产过程中形成产品和产生价值起着重要的作用，其本身也可看作生产力要素，是产品生产中不可或缺的元素，是产品中不可分割的一部分。其价值主要体现在以下 3 个方面。

1. 大数据为新一代信息技术产业提供核心支撑

大数据问题的爆发以及大数据概念在全球的普及，是现代信息技术发展的必然。互联网以及移动网络的飞速发展使得网络基础设施无处不在，网络带宽也在不断拓展。而云计算、物联网、社交网、购物网、人工智能等的兴起和发展，使得数据每时每刻都在以史无前例的速度产生。大数据是信息技术和社会发展的产物，而大数据问题的解决又会促进云计算、物联网、人工智能等新兴信息技术的发展和应用。大数据正成为未来新一代信息技术融合应用的核心，为云计算、物联网、移动网络、人工智能等各项信息技术相关的应用提供坚实的基础。

2. 大数据正成为社会发展和经济增长的高速引擎

大数据蕴含着巨大的社会、经济和商业价值。大数据市场的井喷会催生一大批面向大数据市场的新模式、新技术、新产品和新服务，进而促进信息产业的加速增长。大数据对于全球经济、国计民生、政策法规等方面都有着至关重要的作用。大数据在我国正在大力推行的"智慧城市"建设中将是不可或缺的。智慧城市的本质是将各行各业的数据关联打通，从中分析挖掘，从而形成城市的智慧联动。其中，从数据的采集到数据的分析挖掘，以及形成智能决策的每个过程，都离不开大数据的支撑。随着智慧城市建设的推进，大数据将有力地促进政务及社会化管理水平的提升，改善民生，发展生产，形成一系列有地方特色的、有清晰运营模式的新一代智能行业应用。

大数据将助力企业深度挖掘和利用数据价值，完成智能决策，在企业运营中提高效率、节约成本；在市场竞争中制订正确的市场战略，把握市场先机，规避市场风险；在市场营销中全面掌握用户需求，进行精准营销和个性化服务。企业的决策正从"应用驱动"向"数据驱动"转型，能够有效地利用大数据并将其转化为生产力的企业，将具备核心竞争力，成为行业领导者。同时，大数据已经深入与人们生活息息相关的各个领域。在教育、旅游、健康、休闲娱乐等各个领域，都能见到大数据的应用。

3. 大数据将成为科技创新的新动力

传统行业信息化建设思路和技术的落后，导致大量数据被分离、闲置在各类彼此隔离的系统之中，同时各行各业、政府等也面临实时数据处理、应用方面的巨大挑战，依托传统的信息处理方式已无法取得质的突破。因此，如何以新的数据技术整合数据、存储数据、处理数据、应用数据，解决业务系统实时性问题、并发性问题、海量数据存储计算问题、数据价值挖掘及应用问题是传统行业迫切的需求。各行各业需要科技创新，大数据成为科技创新的新动力。例如，国内某大型家电制造商，在生产线上安装传感器，记录大量一线的生产信息，通过分析、处理这些信息，来提高产品的优品率。再以国家电网为例，智能电表及电能量采集系统收集数据的目的最初是为了收费，实际上，这些数据还可以发挥更大的作用。首先，能够判断房屋是否闲置，可以用于指导一个城市房价、地价的调控；其次，电网的监控数据可以用来判断整个地区的制造业、商业在不同区域的发展状况。可以预见，在政府、电力、金融、石油、交通、社保、公安、医疗等数据高度集中的行业中，大数据将成为各企业、部门、机构提高核心竞争力、抢占市场先机的关键，成为企业从"业务驱动"向"数据驱动"转变的重要推力，为企业带来自主技术研究与产品研发的新契机。

1.2 大数据的基本概念

1.2.1 大数据的定义

麦肯锡作为咨询公司，是研究大数据的先驱。在其报告"Big data: The next frontier for innovation, competition, and productivity"中给出的大数据定义是：大数据指的是大小超出常规数据库工具获取、存储、管理和分析能力的数据集，即大数据是现有数据库管理工具和传统数据处理手段很难处理的大型、复杂的数据集，涉及采集、存储、搜索、共享、传输和可视化等方面。大数据的"大"是一个动态的概念，以前的 GB 级数据是天文数字，但现在，在地球、物理、基因、空间科学等领域，TB级的数据已经很普遍，有的达到PB级、EB级，甚至ZB、YB级。数据的类型多种多样，包括结构化数据、半结构化数据和非结构化数据。巨大的数据量和种类繁多的数据类型给大数据系统的存储和计算带来了很大挑战。

1.2.2 大数据的特点

如图1-1所示，大数据的特点可归纳为"4V"：Volume（容量），即海量的数据规模；Variety（种类），即多样的数据类型；Velocity（速度），即快速的数据流转和动态的数据体系；Value（价值），即巨大的数据价值。

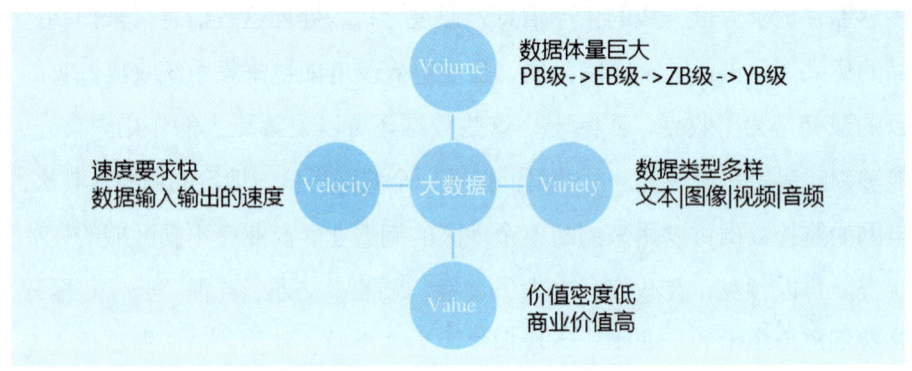

图1-1 大数据的特点

1. Volume，数据量巨大

数据量的大小决定数据的价值及其潜在的信息量。伴随着各种可穿戴设备、物联网和云计算、云存储等技术的发展，人和物的所有轨迹都可以被记录，数据因此被大量生产出来。微博、照片、录像、自动化传感器、生产监测、环境监测、刷卡机等大量自动或人工产生的数据通过互联网聚集到特定地点，如政府、银行、企业等机构，形成了海量的大数据。

2. Variety，数据类型繁多

因为数据源不同，非结构化数据越来越多，需要进行数据清洗、整理、筛选等操作，将其变为结构化数据。这意味着要在海量、种类繁多的数据间发现其内在关联。互联网时代，各种设备通过网络连成了一个整体。进入以互动为特征的时代，用户不仅可以通过网络获取信息，还成为信息的制造者和传播者。这个阶段，不仅是数据量开始了爆炸式增长，数据种类也变得繁多。这必然促使人们对海量数据进行分析、处理和集成，找出原

本看似毫无关系的那些数据之间的"关联性",把似乎没有用的数据变成有用的信息,以帮助人们作出判断。

3. Velocity,处理速度快

数据的实时性需求越来越清晰。对普通人而言,开车去吃饭,会先用移动终端中的地图软件查询餐厅的位置,预计行车路线的拥堵情况,了解停车场信息甚至是其他用户对餐厅的评论。吃饭时,会用手机拍摄食物的照片,编辑简短评论发布到微博或者微信上,……,如今,通过各种有线和无线网络,人和人、人和机器、机器和机器之间产生无处不在的连接,这些连接不可避免地带来数据交换。而数据交换的关键是降低延迟,以近乎实时的方式传送给用户。

4. Value,大数据的最终意义——获得洞察力和价值

大数据的应用,正是在人工智能、机器学习和大数据挖掘等技术的迅速发展驱动下,呈现这样一个过程:将信号转化为数据,将大数据分析为信息,将信息提炼为知识,以知识促成决策和行动。相关专家认为,就大数据的价值而言,就像沙里淘金,随着大数据规模越大,得到真正有价值的数据相对越难。

大数据的价值密度低,由于数据采集不及时、数据样本不全面、数据可能不连续等,数据可能会失真,但当数据量达到一定规模,便可以从更多的数据中提取有价值的信息,得到真实全面的反馈。因此,行之有效的大数据处理系统,就是把采集到的 ZB、PB、YB 级数据,最终变成一个 bit,也就是最后的决策,这才是最关键的。

1.3 大数据思维

1.3.1 大数据思维的变革

近年来,大数据技术的快速发展深刻地改变了人们的生活、工作和思维方式。人们对大数据的认识发生了深刻的变革。

1. 从样本思维到总体思维的变革

社会科学研究社会现象的总体特征。以

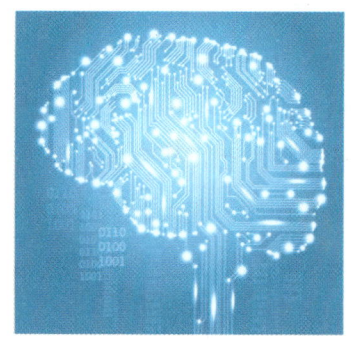

往，采样一直是主要的数据获取手段，这是人类在无法获得总体数据信息的条件下的无奈选择。在大数据时代，随着数据收集、存储、分析技术的突破性发展，人们可以更加方便、快捷、动态地获得研究对象的所有数据，而不再因诸多限制不得不采用样本研究方法。相应地，对数据的思维方式也应该从样本思维转向总体思维，从而能够更加全面、立体、系统地把握全局。

2. 从精确思维到容错思维的变革

在小数据时代，由于收集的样本信息量比较少，所以必须确保记录下来的数据尽量结构化、精确化，否则，分析得出的结论在推及总体上就会"南辕北辙"，因此必须十分注重精确思维。然而，在大数据时代，得益于大数据技术的突破，大量的非结构化、异构化的数据能够得到储存和分析，这一方面提升了人们从数据中获取知识和洞见的能力，另一方面也对传统的精确思维形成了挑战。

在大数据时代，思维方式要从精确思维转向容错思维，当拥有海量即时数据时，绝对的精准不再是主要目标，适当忽略微观层面上的精确度，容许一定程度的错误与混杂，反而可以在宏观层面拥有更好的洞察力。

3. 从关注因果关系到关注相关关系的变革

在对小数据进行分析时，人们往往执着于现象背后的因果关系，试图通过有限样本数据来剖析其中的内在机理。小数据的另一个缺陷就是有限的样本数据无法反映出事物之间普遍性的相关关系。而在大数据时代，人们可以通过大数据技术挖掘出事物之间隐蔽的相关关系，获得更多的认知与洞见。运用这些认知与洞见可以帮助人们捕捉现在和预测未来，而建立在相关关系分析基础上的预测正是大数据的核心议题。

通过关注线性的相关关系，以及复杂的非线性相关关系，可以帮助人们看到很多以前不曾注意到的联系，还可以掌握以前无法理解的复杂技术和社会动态，相关关系甚至可以超越因果关系，成为人们了解这个世界的更好视角。在大数据时代，思维方式要从因果思维转向相关思维，努力颠覆千百年来人类形成的传统思维模式和固有偏见，才能更好地分享大数据带来的深刻洞见。

4. 从自然思维到智能思维的变革

大数据思维最关键的转变在于从自然思维转向智能思维，使得大数据具有生命力，获得类似于人脑的智能，甚至智慧。计算机的出现极大地推动了自动控制、人工智能和机器学习等新技术的发展，机器人研发也取得了突飞猛进的成果并开始实际应用。应该说，自进入信息社会以来，人类社会的自动化、智能化水平已得到明显提升，但始终面临瓶颈而无法取得突破性进展，机器的思维方式仍属于线性、简单、物理的自然思维，智能水平仍不尽如人意。

大数据时代的到来，为提升机器智能带来契机，因为大数据将有效推进机器思维方式由自然思维转向智能思维，这才是大数据思维转变的关键所在和核心内容。众所周知，人脑之所以具有智能、智慧，就在于它能够对数据信息进行全面收集、逻辑判断和归纳总结，获得有关事物或现象的认识与见解。在大数据时代，随着物联网、云计算、社会计算、可视技术等的突破发展，大数据系统也能够自动地搜索所有相关的数据信息，进而类似人脑一样主动、立体、逻辑地分析数据、作出判断、提供洞见，从而具有类似人类的智能思维能力和预测未来的能力。

总之，大数据时代将带来深刻的思维转变，大数据不仅将改变每个人的日常生活和工作方式，还将改变商业组织和社会组织的运行方式，而且将从根本上奠定国家和社会治理的基础数据，使得国家和社会治理更加透明、有效和智慧。

1.3.2 大数据思维的关注点

大数据思维是客观存在的，大数据思维是新的思维方式，用大数据思维方式思考问题、解决问题是当下的潮流和趋势。大数据思维开启了一次重大的时代转型，人们对数据的关注点也发生了很大变化。

1. 数据思维的核心是利用数据解决问题

利用数据解决问题的核心是要深度了解需求，了解真正要解决什么样的问题，解决问题背后的真实目的是什么。在解决问题的过程中使用数据的方法，通常可以叫量化的方法。

2. 大数据关注"有用"

用数据价值思维方式思考问题、解决问题。信息总量的变化导致了质变，最先经历信息爆炸的学科，如天文学和基因学，引出了"大数据"这个概念。如今，这个概念几乎应用到了所有自然科学和社会科学领域中。从"功能为价值"转变为"数据为价值"，说明数据的价值在扩大，"数据为王"的时代出现了。

3. 由关注精确度转变为关注效率

大数据标志着人类在寻求量化和认识世界的道路上前进了一大步，过去不可计量、存储、分析和共享的很多东西都被数据化了，拥有大量的数据和更多不那么精确的数据为人们理解世界打开了一扇新的大门。大数据能提高生产效率和销售效率，原因是大数据能够让人们知道市场的消费需要。大数据让企业的决策更科学，由关注精确度转变为关注效率的提高，大数据分析能提高企业的效率。例如，企业产品迭代的速度在加快，很多手机制造商半年就推出一款新智能手机。在利用互联网、大数据提高企业效率的形势下，快速就是效率，预测就是效率，预见就是效率，变革就是效率，创新就是效率，应用就是效率。

4. 关注定制产品

由企业生产产品转变为由客户定制产品。用定制产品思维方式思考问题、解决问题。大数据时代让企业找到了定制产品、订单生产、精准销售的新路子。企业下一波的改革是大规模定制，为大量客户定制产品和服务，成本低又兼具个性化。要真正做到个性化产品和服务，就必须对客户需求有很好的了解，这背后就需要依靠大数据技术。

1.3.3 企业大数据思维之数字化转型

由移动互联网、物联网、大数据人工智能引发的数字化发展不仅改变了人们的生活方式，也要求企业变革运营模式，以适应新形势的变化。在日常生活中，数字化与普通人形影不离。例如，普通消费者和用户，他们的购买喜好可以被生成用户行为画像，每天的行动轨迹可以动态地呈现出来，数字化发展的进程已经成为了人与社会互动的新方式。由于新技术层出不穷，由数据主导的数字化发展热潮将成为时代发展的主流。

在此潮流之下，为了适应消费环境的变化，企业纷纷开启数字化转型之路，以新的企业数字化手段实现与消费者的链接，保障企业业务稳定增长。而如果不进行数字化转型，企业将会被消费者抛弃、被竞争对手超越、被市场边缘化，以致最终出局。

1.4 大数据的处理过程

大数据的处理过程一般包括5个步骤：大数据采集、大数据导入与预处理、数据治理、大数据统计与分析和大数据挖掘。

1.4.1 大数据采集

在计算机广泛应用的今天，数据采集的重要性十分显著，它是计算机与外部物理世界连接的桥梁。

数据采集系统是基于计算机或者其他专用测试平台的软硬件产品的用户可自定义的数据收集系统。数据采集技术广泛应用在各个领域，数据采集工具也很多，如摄像头、麦克风都是数据采集工具。

大数据采集一般分为以下两层。

（1）大数据智能感知层：主要包括数据传感体系、网络通信体系、传感适配体系、智能识别体系及软硬件资源接入系统，以实现对结构化、半结构化、非结构化的海量数据的智能化识别、定位、跟踪、接入、传输、信号转换、监控、初步处理和管理等。目前必须着重攻克的是针对大数据源的智能识别、感知、适配、传输和接入等技术。

（2）大数据基础支撑层：提供大数据服务平台所需的云服务器，以及结构化、半结构化、非结构化数据的数据库及物联网络资源等基础支撑环境。

大数据采集过程的主要特点和挑战是并发数高，有可能成千上万的用户同时进行访问和操作。例如，火车票售票网站和淘宝网，它们并发的访问量峰值可达到每分钟上百万、上千万次，所以需要在采集端部署大量数据库才能支撑，并且这些数据库之间需要进行负载均衡和分片。

1.4.2 大数据导入与预处理

虽然采集端本身会有很多数据库,但是如果要对这些海量数据进行有效的分析,还是应该将这些来自前端的数据导入一个集中的大型分布式数据库,或者分布式存储集群,并且在导入基础上做一些简单的清洗和预处理工作;也可以在导入时使用来自 Twitter 的 Storm 对数据进行流式计算,以满足部分业务的实时计算需求。导入与预处理过程的特点和挑战主要是导入的数据量大,每秒钟的导入量经常会达到百兆,甚至千兆级别。

1.4.3 数据治理

数据治理是专注于将数据作为企业的商业资产进行应用和管理的一套机制,通过消除数据的不一致性,建立规范的数据标准,提高组织的数据质量,实现数据广泛共享,并将数据作为组织的宝贵资产应用于业务、管理、战略决策中,发挥数据资产的商业价值。

数据治理对于当下企业运用数据实现决策指导或价值变现意义重大。企业如果缺乏有效的数据治理策略,将产生大量的"劣质"数据,这些数据的存在可能会带来更大的风险、更高的管理成本、更低的工作效率等。劣质数据被使用后甚至会得到错误的分析结果,这将对企业决策产生非常消极的影响。

一般来说,数据治理涉及的技术包括元数据、数据标准、数据质量、数据集成、数据资产、数据开发、生命周期、数据安全等多个方面。

1.4.4 大数据统计与分析

随着人们对大数据分析价值的认识不断提高以及各种新技术的不断出现,大数据分析将逐步在医疗保健、智慧城市和社会管理等领域发挥积极作用。大数据时代的来临将对人们的现实生活、企业的运营管理模式提出新的挑战,也会带来新的机遇。目前,我国企业对大数据分析的需求大幅上升,需要借助大数据分析专业服务机构和引进专业的大数据分析人员,快速挖掘大数据背后的潜在价值,为其经营管理决策、投资决策提供科学和理性的依据。

大数据技术的意义不仅在于掌握庞大的数据信息，还在于对这些数据进行专业处理。可以说，大数据分析是决策过程中的决定性因素，也是大数据时代发挥数据价值的关键环节。大数据分析技术可帮助企业了解客户、锁定资源、规划生产、开拓新的业务。

大数据分析行业已经得到了长足发展，并已广泛应用于各个领域，很多国家成立了相应的行业组织或管理机构，拥有专业的大数据分析人员和机构。在我国，大数据分析行业在近年的发展中亦取得了一些成就，但仍然有极大的空间需要大数据分析专业人士去不断拓展，大数据分析也将越来越多地应用于国民经济的各个领域。零售、电商、通信、金融服务等领域是目前大数据分析应用相对较为成熟的。企业可通过对消费者的爱好、需求以及品牌忠诚度等因素进行大数据分析，来制订服务和营销的智能决策；通过对通信、金融活动记录的大数据分析，来精准地拓展业务和更好地服务客户。

统计与分析主要利用分布式数据库，或者分布式计算集群来对存储于其内的海量数据进行普遍的分析和分类汇总，以满足大多数常见的分析需求。在这方面，一些实时性需求会用到 GreenPlum、Oracle 的 Exadata，以及基于 MySQL 的列式存储 Infobright 等；而一些批处理，或者基于半结构化数据的需求可以使用 Hadoop。大数据统计与分析的主要特点和挑战是分析涉及的数据量大，其对系统资源，特别是输入/输出（I/O）会有极大的占用。

1.4.5　大数据挖掘

人们需要功能强大和通用的工具，以便从海量数据中发现有价值的信息，把这些数据转化成有组织的知识，这种需求导致了大数据挖掘的诞生。这个领域是年轻的、动态变化的、生机勃勃的。大数据挖掘已经并将继续在我们从数据时代大步跨入信息时代的历程中作出贡献。

搜索引擎每天接受数亿次查询，每个查询都被看作一个事务，用户通过事务描述他们的信息需求。随着时间的推移，搜索引擎可以从大量的搜索查询中学到什么知识？有趣的是，从众多用户查询中发现的某些模式能够揭示无价的知识,这些知识无法通过仅读取个体数据项得到。例如,谷歌的 Flu Trends(流感趋势)使用特殊的搜索项作为流感活动的指示器,它发现了搜索流感相关信息的人数与实际具有流感症状的人数之间的紧密联系。当与流感相关的所有搜索都聚集在一起时,一个模式就出现了。使用聚集的搜索数据,谷歌的 Flu Trends 可以比传统的系统早两周对流感活动作出评估。这个例子表明,大数据挖掘可以把大型数据集转化成知识,帮助人们应对当代的全球性挑战。与前面统计和分析过程不同的是,数据挖掘一般没有预先设定好的主题,主要是在现有数据上面进行基于各种算法的计算,从而起到预测的效果,实现一些高级别数据分析的需求。比较典型的算法有用于聚类的 K-Means、用于统计学习的 SVM 和用于分类的 Naive Bayes,主要使用的工具有 Hadoop 的 Mahout 等。大数据挖掘的特点和挑战主要是用于挖掘的算法很复杂,并且计算涉及的数据量和计算量都很大,而常用数据挖掘算法都以单线程为主。

1.5 企业常用的数据平台

1.5.1 数据分析工具

大数据时代,数据分析已成为很多企业每天的必备工作。目前国内的数据分析工具层出不穷,本书主要以国内的大数据分析工具——蓝鹰数据分析平台(蓝鹰实验室)为例进行介绍。

大数据分析工具"蓝鹰"的研发团队成员由来自阿里巴巴、IBM、Oracle、网易、百度等公司的部分数据领域专家组成。"蓝鹰"可让人们像使用 Windows 一样使用数据进行决策。该工具已获得数十项大数据技术著作权和专利,并拥有超过 20 万用户。

"蓝鹰"操作简单,即便没有技术背景的业务人员也能够轻松使用,从而使数据分析告别了"只掌握在少数人手里"的时代。

"蓝鹰"无缝连接内外部海量数据，有利于分析人员在使用工具分析内部数据的同时联想外部关联数据，使分析角度更立体；可以实现数据维度、度量的自由拖曳组合，方便洞察隐藏的数据秘密；多种酷炫的图表可以更直观地展现分析和挖掘的数据结果。

"蓝鹰"支持团队间的协作和分析结果共享，依托严密的数据权限和团队管理，可以让团队间的协作价值发挥到最大，进而更高效地支持各项业务决策。

1.5.2 数据中台

2015年，阿里巴巴为了应对内部众多业务部门千变万化的数据需求，提出了数据中台战略，这也是数据中台首次进入大众视野。在大数据、云计算等技术发展和社会数字化转型加速的双重驱动下，众多企业、高校、政府开始纷纷建设数据中台。

数据中台是一套可持续的"让用户的数据用起来"的机制，通过数据资产建设结合数据工具与数据产品，构建一套持续不断把数据变成资产、不断给组织赋能并服务于业务的机制。

目前国内主流的数据中台厂商均来自阿里系，蓝鹰数据便是其中一家。蓝鹰数据中台源于阿里，在继承阿里先进架构的同时，更具开放性和落地性。它秉承"数字合伙人"的合作模式，独创"战略＋技术＋人才"三位一体服务体系，帮助客户实现真正的数字化转型落地。蓝鹰数据中台擅长构建面向新零售、高校、银行等不同的业务应用，高效赋能业务部门的日常行为，为决策科学化、治理精准化、服务高效化提供支持。

1.6 大数据分析在企业中的实际应用

1.6.1 数据业务应用场景

如果说农业时代的商业业务驱动靠土地，工业时代的商业业务驱动靠石油，那么信息智能时代的商业业务驱动则靠的是数据。由此可见，在国家倡导大数据等新基建的趋势下，数据对于各行业的业务驱动力是促进业务增长的核心因素。

数据的典型业务应用场景如下所述。

政府：利用数据业务进行公共服务管理、宏观经济分析及社会治理预警、舆情分析、财税分析及服务等。

银行：利用数据业务进行风险控制及银行产品设计，优化销售产品组合和交叉销售，利用客服统一数字化分析来提高客户服务的效率等。

电信：利用电信业务数据化的分析技术来优化网络设备和运维方案，利用数据业务产生基于位置的各种公共服务，比如行程轨迹查询等。基于数据进行套餐产品组合设计和客户服务，基于数据业务进行防止电信诈骗和预警服务。

保险：基于数据进行保险产品设计、灾难分析及预警、欺诈骗保识别、目标客户识别和精准营销。

基础能源及公共事业：基于物联网智能水表和电表数据业务的居民消费居住分析，利用水电煤用量趋势分析进行负荷预警和调度管理优化及运维管理。

航空航天及国防：利用航天业务数据进行航天作战指挥显示控制和联合指挥作战，航天器数据分析和状态监控。

化工石油：利用业务数据进行化工原料或矿石勘探指导、油气生产数字化管理、化工管道风险评估、化工生产安全管理，提高化工石油行业的管理效率，降低安全管理风险。

医疗保健：利用业务数据为病人生成包括医疗影像在内的电子病历，从而可以帮助确定最佳的药物和疗法，帮助医生作出明智的患者护理决策。

生命科学：利用数据业务进行基因分析、生物制药研究，从而增加药物效果的安全性和可见性。

电子商务：通过用户及交易等业务数据，可以帮助电商进行用户产品和渠道管理优化、物流传输方面的优化，从而提高客户忠诚度和价值贡献度。

交通行业：交通行业利用数字化技术结合高清监控视频、卡口数据、感应线圈检测器采集数据等，再辅以智能研判，基本可以实现路口的自适应以及信号配时的优化，提升单一路口或区域内的通行效率。结合对获取的车辆业务数据的分析应用，实现事前全面监控、事中及时追踪、事后准确回溯的不同场景的管理应用。

汽车行业：随着汽车本身的智能化，各种传感器的应用提供了庞大的数据来源，包含车辆寿命周期信息、车型特征信息、车主的行为信息等，还有以车为中心的数据，如零部件、车况、维修保养和地理位置等。由此可以对车主驾驶体验服务管理、汽车维修保养管理、车险及销售管理提供极大帮助。

媒体娱乐：通过对媒体业务数据的分析，可以提高新闻线索汇聚时效和新闻传播效果。通过对文娱行业业务数据的集成和分析，可以实现文娱行业用户的数字化营销管理及文娱内容的决策管理，从而大大提高文娱产品的投资回报率。

在数字经济时代，各行业都在进行数字化转型，业务都在向数据化、数字化、智能化方向发展。数据业务在各行业的应用也是顺势而为。

1.6.2 大数据分析应用案例

1. 大数据分析助力某零售企业实现数字化电商运营

（1）客户情况

某零售企业成立于2004年，专业从事国际、国内品牌代理及供应链服务，现已成为以品牌运营、渠道拓展、物流整合、贸易融资为核心的供应链服务整合平台。该零售企业现有员工600多名，年交易额已超过20亿元，旗下有20多家附属公司及控股公司，服务品牌超过30个。

（2）需求描述

由于市场商业环境变化和企业发展规模的不断壮大，公司销售遭遇瓶颈，该零售企业在客户、营销、财务、人员成本、商城经营以及客服效率等不同方面的管理需求日益增多。

然而，因该零售企业旗下代理品牌及业务部门众多，每一个简单的需求都需要创建较多数据接口才能完成，当需求满足后业务部门的需求又发生了变化。如此，信息部门疲于应付频繁变化的需求，又失望于发挥的作用并不令人满意。

该零售企业亟须打造全面而一体化的零售数据中台架构，既能助其打破内部各业务部门的信息壁垒，让各个部门员工在统一的数据中台上提取相关数据，实现数据共享、资源共享，并实现无缝衔接和自由切换，确保企业管理统一而高效。同时，该零售企业面临着复杂多变的市场环境和激烈的行业竞争，需要数据中台建设以服务业务为中心，以此优化企业管理并推动业务增长。

（3）解决方案

蓝鹰数据中台首先协助其挖掘内部数据，参考外部数据，制订出精细明确的用户画像，基于用户画像做全域多触点营销；其次打造竞争对手情报系统，通过内外部数据结合，掌握自身在行业中的具体定位，做到知己知彼；最后整合与管控内部数据，建立起公司统一的数字营销体系，将商户、供应链、库存、会员、电商等运营单元之间的信息壁垒统统打通，全员依托数据统一行动，通力执行。新零售数据中台建设架构如图1-2所示。

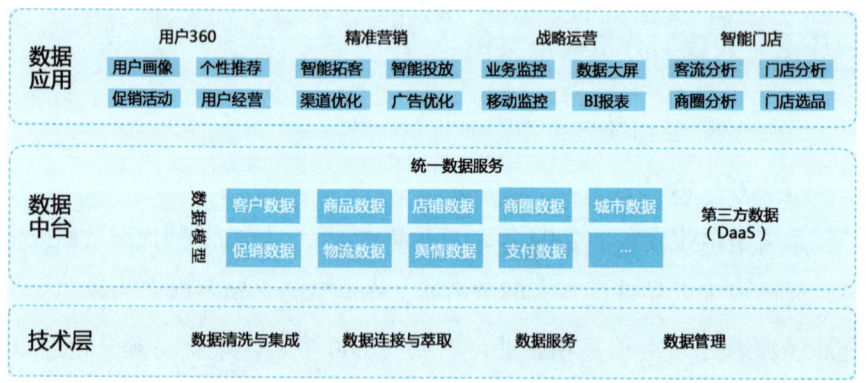

图1-2 新零售数据中台建设架构

（4）成果价值

蓝鹰数据中台帮助该零售企业实现经营情况整合、运营推广转化、仓储物流和供应链优化、客服问答等人力成本控制，年节省运营成本达到500万元。

从资金流转和平台管理、财税商、人事行政、税费等后台费用监控等不同业务维度进行数据处理、分析和挖掘，帮助该零售企业实现业务数据全面覆盖和统一管理以及数据自循环能力，推动业务创新，销售额提升了30%。

2. 大数据分析助力某高校构建校园智慧大脑

（1）客户情况

某高校作为某省教育厅直属、公办全日制高等院校，在产教融合、校企合作方面历经了10年的实践探索期，响应国家和该省建设智慧校园的号召，不断推动智慧校园建设，但由于缺乏实操经验，难免成效不佳。因此，该高校积极寻求智慧校园建设专业厂商的帮助，开展校企合作，把企业引进学校。

（2）需求描述

该高校经过多年信息化建设，内部主要系统有图书馆管理系统、迎新系统、教务系统、学生管理系统、OA系统、学生缴费系统等36个业务系统。这些系统本身由数十家厂商分别进行研发和实施，数据规则千差万别。由于系统众多，不少系统使用10年以上，数据更新已经中断，或者出现问题无人能够解决。不同部门负责运维不同系统，部门之间的能力差异也带来了数据质量的差异。

随着理念的进步，很多陈旧的系统无法满足新兴业务的需要，又由于某些原因无法升级，只能进行人工填报，维护压力巨大。此外，还有很多沉没数据无法得到使用。

从信息化应用角度也存在局限性。应用子系统操作比较复杂，流程数据不够直观，统计分析功能零散，应用推进力度不够导致部分应用系统业务功能的应用效果不佳，与现实工作要求不适应，数据没有进行统一的规划治理，缺乏不同层级、角色的定位和细分，面向管理层智能分析、风险预警、决策支持等功能不强，无法适应实战需要。

（3）解决方案

针对该高校问题，蓝鹰数据提出了基于数据中台的校园智慧大脑解决方案，其技术架构如图1-3所示，构建了学校的数据资产层、大数据存储计算层、数据治理层、数据工具和模型层，最后依托整体的数据中台构建学校上层的数据应用，如教学诊改系统、人才培养系统、学生行为画像、学校安全监控、科研项目管理分析、实验室管理分析、资产设备分析、校园综合管理分析等各类应用服务。利用智慧大脑帮助学校实现多维数据感知、业务实时判断洞察和决策，提高教育信息化管理水平，真正实现教育数据智能化。

图 1-3
基于数据中台的校园智慧大脑技术架构

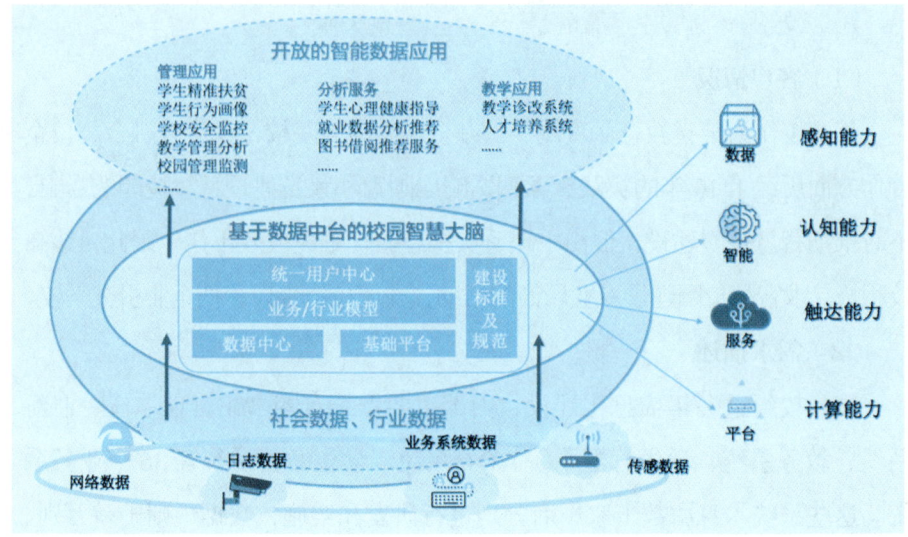

（4）成果价值

蓝鹰数据基于数据中台的校园智慧大脑解决方案打破了学校信息孤岛，实现了数据的聚、通、用、智，使该高校数据实现了统一的顶层设计和规划，利用特有的数据治理方法，将该高校数据按照垂直业务数据、公共主题行为数据、业务对象萃取数据中心几个角度进行数据梳理，形成统一的数据服务，构建完成了该高校的数据资产。

基于数据中台及现有的业务系统的打通，该高校构建完成了多个智能数据应用，包括校领导数字化管理驾驶舱、教学诊断应用、人才培养导航应用、招生与就业分析系统、精准资助应用、学生行为画像应用、精准图书推荐系统、校园综合管理预警应用、校园安全综合分析应用等，完成了该高校既定的信息化管理目标。

实验 1　认识蓝鹰数据分析平台

实验原理

蓝鹰数据分析平台是一个 DVAAS（data visualization as a service）平台解决方案，致力于提供一站式数据可视化解决方案。通过数据准备（支持 JDBC 数据源连接与文本数据上传）、数据加工（提供 SQL 编辑、智能 ETL 流、数据建模等功能）、数据可视化（支持拖曳式操作、智能图表推荐、多驱动模式）、可视化应用（包含仪表盘与数据大屏两种交

实验操作视频

认识蓝鹰数据分析平台

互模式核心模块）实现全流程数据分析。

实验内容

认识蓝鹰数据分析平台，了解蓝鹰数据分析平台的基本操作。

实验指导

实验 1.1 蓝鹰数据分析平台登录与项目创建

1. 登录平台

打开浏览器输入平台地址（如 https://bbl.zygcdata.com/），使用书后提供的激活码完成注册并登录。

2. 创建项目

单击"实验环境"→"BI"（BI 指通过技术手段整合、分析数据，转化为可视化信息，以支持企业决策的商业智能工具），进入项目创建页面，如图 1-4 所示。单击"创建项目"，填写项目名称（如"电商销售分析"），描述选择可见性（公开/私有）后保存，如图 1-5 所示。

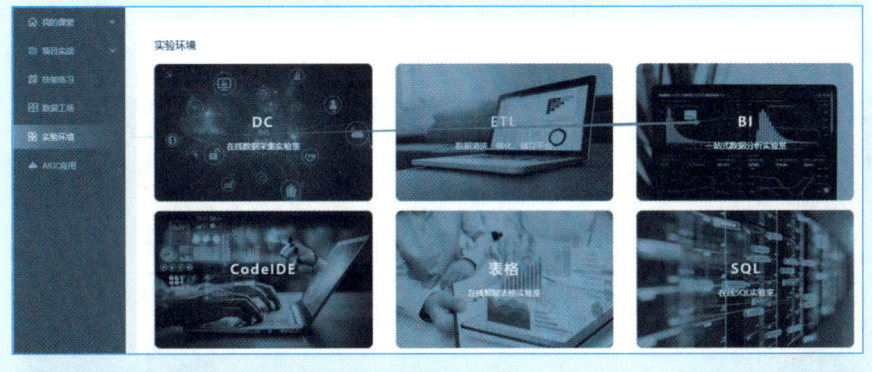

图 1-4
BI 实验环境

图 1-5
创建项目

实验 1.2 数据源连接

1. 文本数据连接

单击左侧导航栏"数据源",即可看到页面中有文本数据上传的操作按钮,单击该操作按钮,即可将想要上传的数据导入连接到平台,如图 1-6 所示。

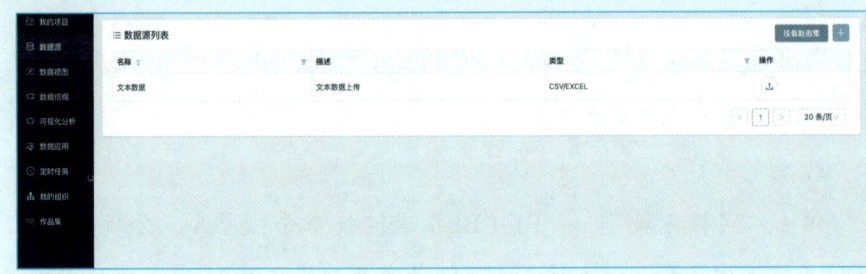

图 1-6 文本数据源连接

2. JDBC 数据源连接

单击右上角新增按钮,即可进入 JDBC 数据源连接页面。在该页面选择对应的数据库,并填写对应的参数,即可连接相关数据,如图 1-7 所示。

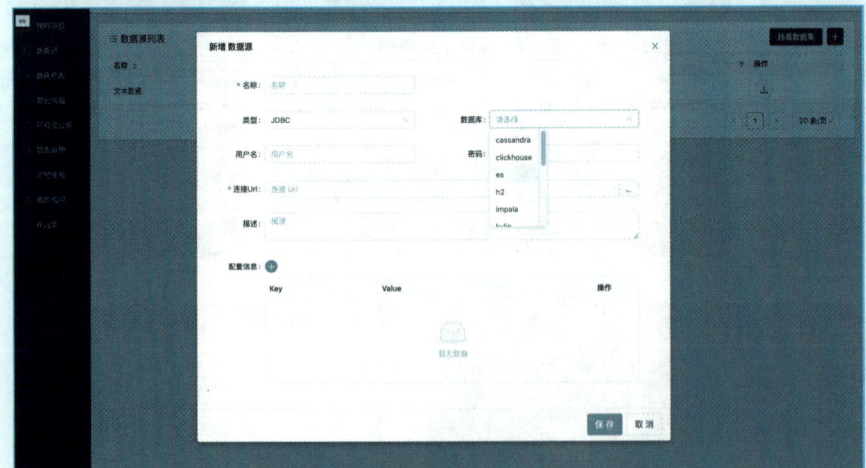

图 1-7 JDBC 数据源连接

3. 挂载数据集

单击"挂载数据集",即可看到可挂载的数据集。例如,选择"电商数据集",如图 1-8 所示。

实验 1　认识蓝鹰数据分析平台

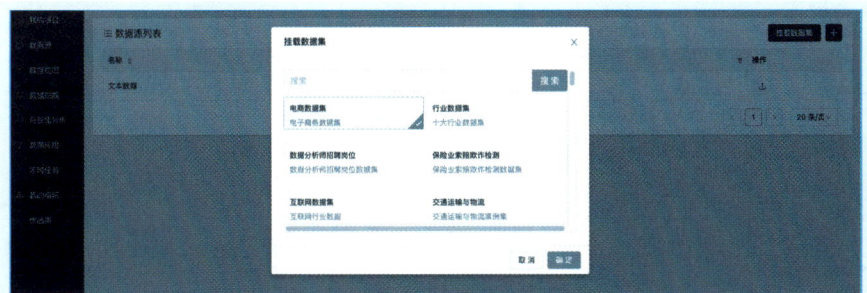

图 1-8
挂载数据集

| 实验 1.3 | 数据加工与建模 |

1. 数据视图创建

进入"数据视图"→"新增",输入"电商销售分析",如图 1-9 所示。

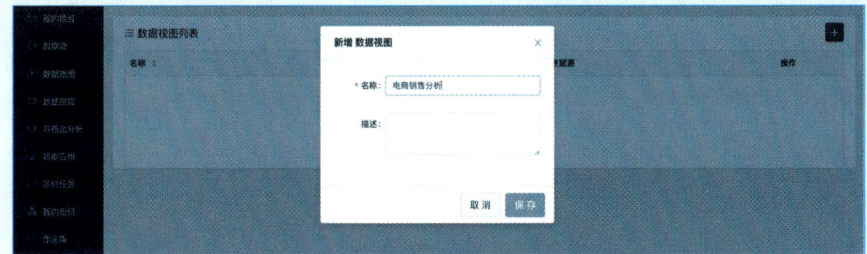

图 1-9
数据视图创建

2. 智能 ETL 操作

ETL 是 extract（抽取）、transform（转换）、load（加载）的集成过程,用于将分散、异构的数据源整合为统一、规范的数据资产。

在平台中,通过对数据字段的选择、执行、模型权限编辑,完成数据的初步清洗工作。如图 1-10 和图 1-11 所示。

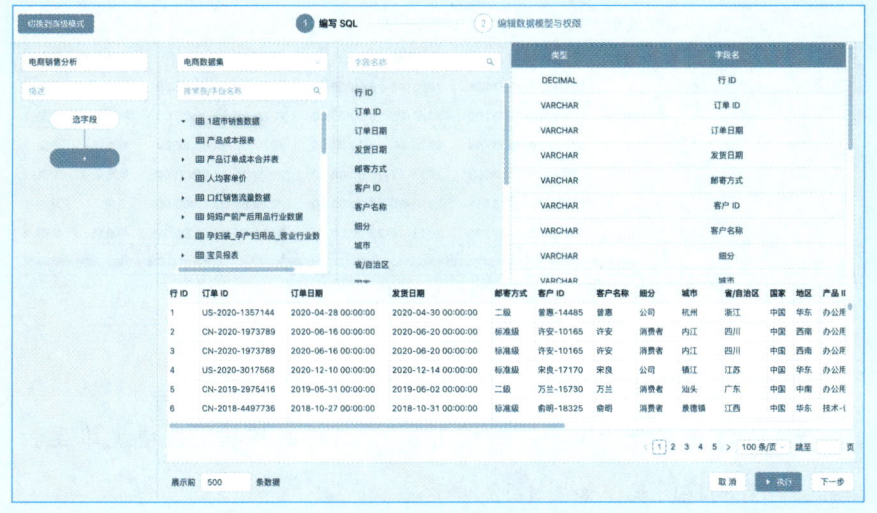

图 1-10
选取数据

23

图 1-11
编辑数据模型与权限

此外,在选取字段环节,平台还支持过滤、左右合并、上下合并、新增列、分组汇总等数据清洗功能,如图 1-12 所示。

图 1-12
数据清洗功能

实验 1.4　可视化图表制作

1. 创建可视化图表

进入"可视化分析"→"新增图表",选择数据视图,拖曳维度和指标,即可构建图表,如图 1-13 所示。

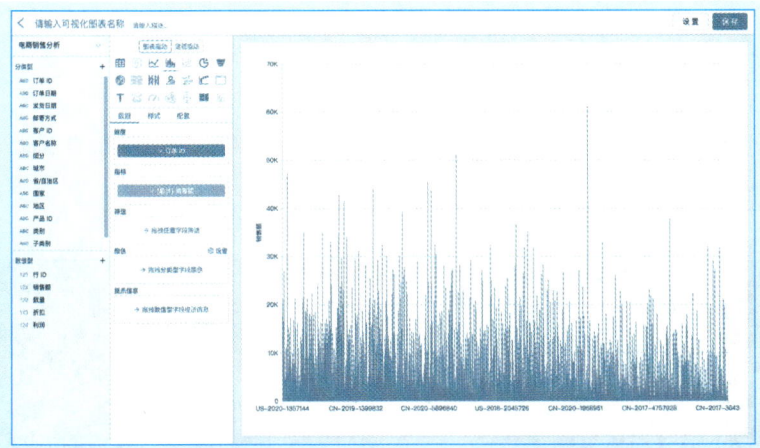

图 1-13
新建可视化图表

2. 图表样式和配置设置

单击样式栏，可进行诸如 X 轴、Y 轴、标签、图例、分割线等内容调整，单击配置栏，可进行诸如控制器、参考线、展示数据量、缓存和加载数据等内容调整，如图 1-14、图 1-15 所示。

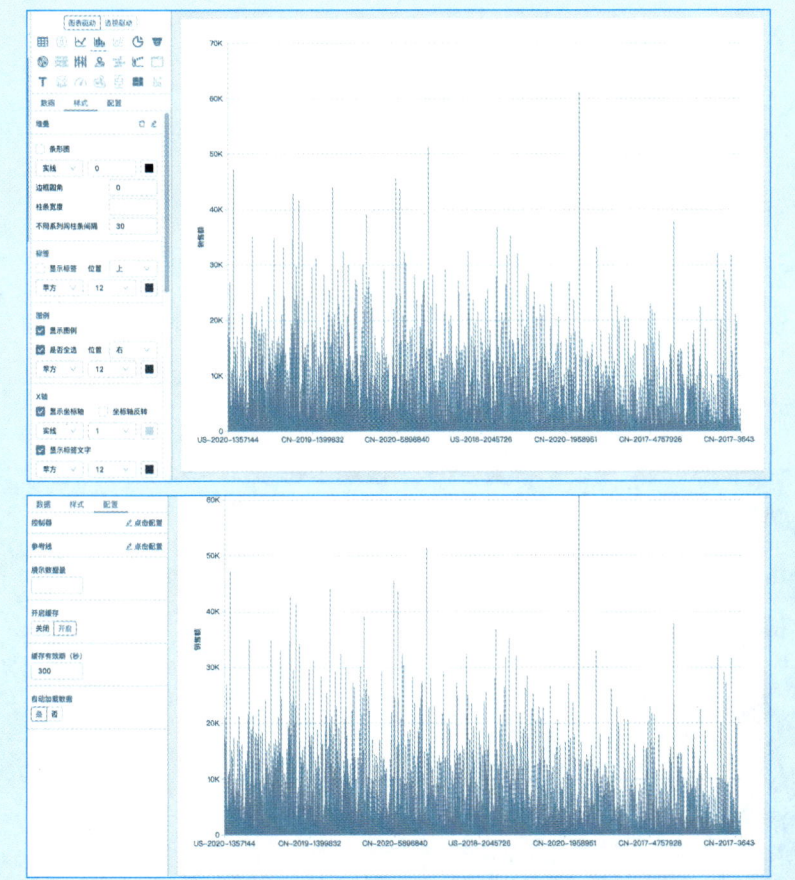

图 1-14
图表样式设置

图 1-15
图表配置设置

实验 1.5　仪表盘设计

1. 创建仪表盘

进入"数据应用"→"创建新仪表盘",在弹出的"新增数据大屏"对话框中输入名称,单击保存即可,如图 1-16 所示。

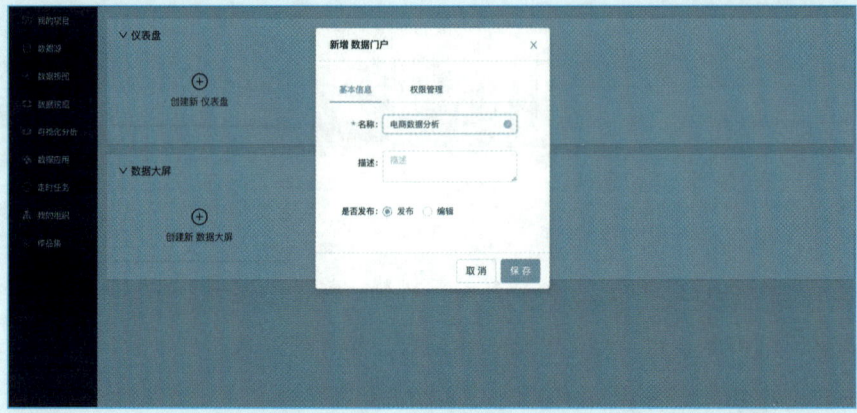

图 1-16　创建新仪表盘

2. 添加图表与交互设置

在仪表盘界面,还可以进行全局控制器配置、图表联动设置、下载、分享仪表盘等功能操作。

实验 1.6　数据大屏创建

1. 新增数据大屏

进入"可视化应用"→"新增数据大屏",在弹出的"新增数据大屏"对话框中输入名称,单击保存,如图 1-17 所示,进入大屏设置页面。

图 1-17　新增数据大屏

2. 大屏配置

在大屏设置页面，可以进行选择大屏模板、添加大屏页、大屏设置、辅助图形设置等功能操作，如图 1-18 所示。

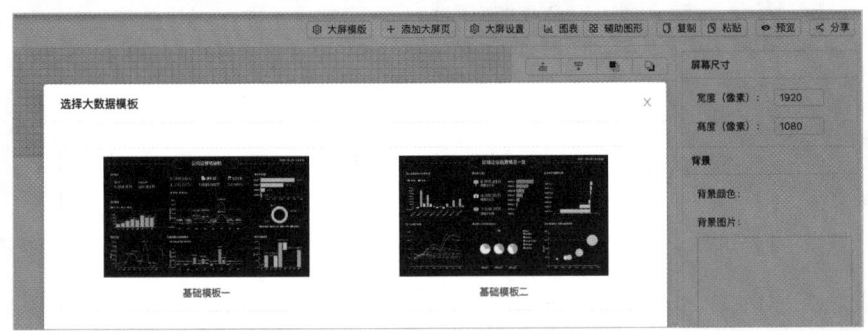

图 1-18
大屏设置

实验报告

1. 了解蓝鹰数据分析平台操作界面。

2. 会在平台中新建一个电商数据分析项目，并成功挂载电商数据集。

3. 了解平台每个模块的基本功能。

拓展学习

大数据思维

第 2 章 大数据技术基础

如何处理大数据是信息技术领域面临的主要难题之一。业务型信息系统，类似淘宝、京东这样的电商，其数据处理平台已经可以满足电商平台业务运营的需要。但是在分析型信息系统中，如何进行数据的复杂分析操作，如何提供满足各种要求的分析产品，是互联网领域仍然面临的挑战。

建立在大数据基础之上的大分析系统，目前有两个探索方向。

（1）互联网企业直接在 Hadoop 基础之上，借助于公共云计算平台，通过加强开源数据库系统 Hive/HBase 等工具的能力，逐步提升大分析系统所需的分析能力。

（2）传统的数据仓库处理厂家引入 Hadoop 云计算的技术，扩展原有的信息处理能力，融合传统数据仓库能力和 Hadoop 云计算能力，在应用层支撑更丰富的大分析能力。

不管怎样，进行大数据的大分析，需要一定的架构支撑和技术支持。这里介绍大数据处理的过程中需要涉及的几个重要技术平台。

2.1 云计算

云计算技术是硬件技术和网络技术发展到一定阶段而出现的一种新的技术模型。云计算是分布式存储、网格计算、虚拟化、负载均衡和热备份冗余等传统计算机和网络技术发展融合的产物。云计算是一种计算模型，它将计算任务分布在大量计算机构成的资源池上，使用户能够按照自己的需要获取计算、存储和信息服务，如图 2-1 所示。这里提到的资源池也称为"云"。"云"是一些可以进行自我维护和自我管理的虚拟计算资源，通常是一些大型服务器集群，包括计算服务器、存储服务器和宽带资源等。

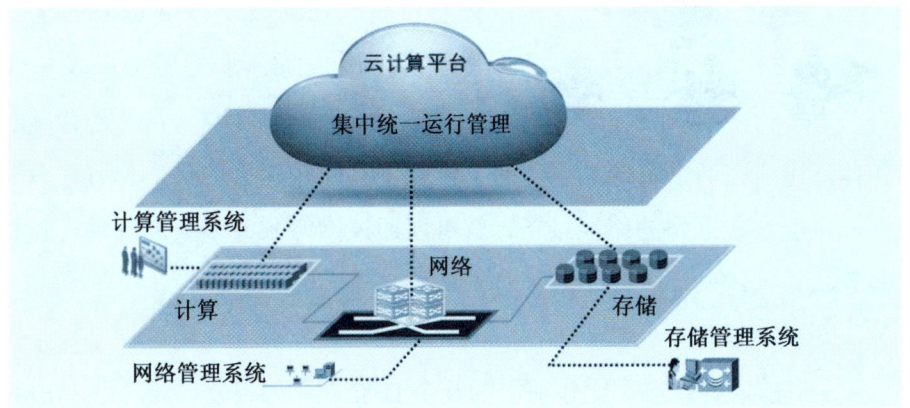

图 2-1
云计算平台

2.1.1 云计算的特点

1. 可扩展性

云计算的一个重要特征是资源的集中管理和输出。从资源低效率的分散使用到资源高效的集约化使用正是云计算的基本特征之一。分散的资源使用方法造成了资源的极大浪费。有些人可能有一到两台自己的计算机，但对这种资源的利用率却非常低，计算机大部分时间都是在闲置状态或是在处理文字数据等低负荷的任务。资源集中起来后利用率会大大提高。随着资源需求的不断提高，资源池的弹性扩张能力成为云计算的一个基本要求，云计算系统只有具备了资源的弹性扩张能力，才能有效地应对不断增长的资源需求。大多数云计算系统都能较为方便地增加新资源。

2. 按需提供资源服务

云计算系统可敏捷地适应用户对资源不断变化的需求。云计算系统可按需向用户提供资源，能大大节省用户的硬件资源开支，用户不用自己购买并维护固定的硬件资源，只需按自己实际消费的资源量来付费。按需提供资源服务，使用开发者在逻辑上可以认为资源池的大小是不受限制的。

3. 虚拟化

云计算平台的重要特点是利用软件来实现硬件资源的虚拟化管理、调

试及应用。通常虚拟化平台用户会使用网络资源、计算资源、数据库资源、存储资源等,云服务可以提供给用户在任意位置、任何终端获取资源的全方位服务。用户所请求的服务以及资源均来自"云",而不是一个固定有形的实体。用户在请求资源和服务时,无须了解应用运行的具体位置,只需要一台能接入网络的终端设备,就可以通过网络服务来获取各种资源和服务。

4. 超大规模

从目前云计算应用比较前沿的几个 IT 企业(如谷歌、亚马逊、IBM、微软、雅虎以及阿里等)来看,应用于"云"的服务器数量就有几十万甚至上百万,"云"也会给用户带来前所未有的计算能力。

5. 高可靠性和安全性

在使用云服务的过程中,服务器使用了数据多副本容错、计算节点同构可互换等措施,保障了服务的高可靠性和安全性。

2.1.2 云计算与大数据处理

云计算与大数据处理之间是相辅相成、相得益彰的关系。云计算是硬件资源的虚拟化;大数据处理是海量数据的高效处理。特别是,大数据挖掘处理需要云计算作为平台,而大数据涵盖的价值和规律则能够使云计算更好地与行业应用结合并发挥更大的作用。云计算将计算资源作为服务支撑大数据的挖掘,而大数据要求对实时交互的海量数据进行查询、分析。

云计算未来的趋势是:作为计算资源的底层,支撑着上层的大数据处理。大数据的发展趋势是:实时交互式的查询效率和分析能力,借用谷歌一篇技术论文中的话,"动一下鼠标就可以在秒级操作 PB 级别的数据"。

2.2 基础架构支持

2.2.1 Hadoop

Hadoop 是一个由 Apache 基金会开发的分布式系统基础架构。用户可以在不了解分布式底层细节的情况下开发分布式程序。充分利用集群的功能进行高速运算和存储。Hadoop 实现了一个分布式文件系统 HDFS（Hadoop distributed file system）。HDFS 具有高容错性的特点，设计用来部署在低廉的硬件

上，而且它提供高吞吐量来访问应用程序的数据，适合那些有着超大数据集的应用程序。HDFS 可以以流的形式访问文件系统中的数据。Hadoop 框架最核心的设计就是 HDFS 和 MapReduce。HDFS 为海量的数据提供了存储方式，MapReduce 则为海量的数据提供了计算功能。

Hadoop 原本来自谷歌一款名为 MapReduce 的编程模型包。谷歌的 MapReduce 框架可以把一个应用程序分解为许多并行的计算指令，跨大量的计算节点运行巨大的数据集。使用该框架的一个典型例子就是在网络数据上运行的搜索算法。Hadoop 最初只与网页索引有关，后来迅速发展成为分析大数据的重要平台。

Hadoop 项目的发起人为道·卡廷（Doug Cutting），被称为"Hadoop 之父"。1985 年，卡廷毕业于美国斯坦福大学，他主导的 Apache Nutch 项目是 Hadoop 软件的源头。该项目始于 2002 年，是 Apache Lucene 的子项目之一。当时的系统架构尚无法扩展到存储并处理拥有数十亿网页的网络化数据。谷歌在 2003 年于 SOSP 上公开了描述其分布式文件系统的论文"The Google File System"，为 Nutch 提供了及时的帮助。2004 年，Nutch 的分布式文件系统（NDFS）开始开发。同年，谷歌在 OSDI 上发表了题为"MapReduce：Simplified Data Processing on Large Clusters"的论文，受到启发的卡廷等人开始实现 MapReduce 计算框架并与 NDFS 结合起来，共同支持 Nutch 的主要算法。至 2006 年，它逐渐成为一套完整而独立的软件，

当时在雅虎工作的卡廷将这套大数据处理软件命名为 Hadoop。2008 年初，Hadoop 成为 Apache 的顶级项目。现在，雅虎、脸书、易贝、领英等公司都在使用 Hadoop。Hadoop 技术架构如图 2-2 所示。

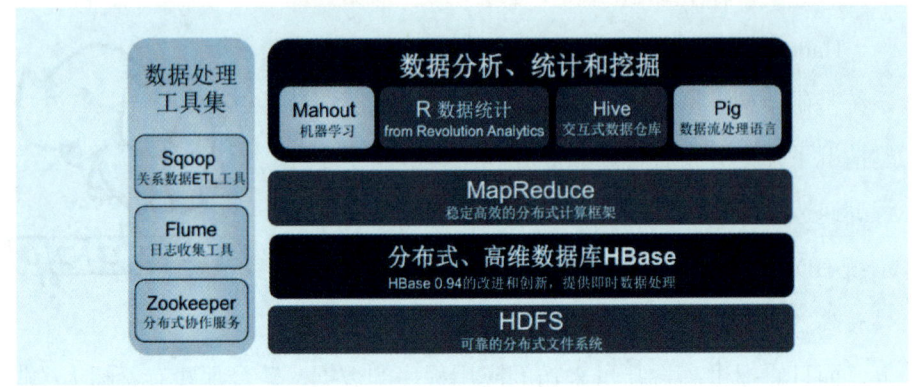

图 2-2
Hadoop 技术架构

2.2.2 HBase

HBase 是运行在 Hadoop 上的 NoSQL 数据库。它是一个分布式的、可扩展的大数据仓库，也就是说，HBase 具有 HDFS 的分布式处理的优势。HBase 本身就是十分强大的数据库，它能够融合 key/value 存储模式带来实时查询的能力，以及具有通过 MapReduce 进行离线处理或者批处理的能力。总的来说，HBase 能够让用户在大量的数据中查询记录，也可以从中获得综合分析报告。

HBase 不同于一般的关系型数据库，它是一个适合于非结构化数据存储的数据库。所谓非结构化数据存储，就是说 HBase 是基于列的而不是基于行的模式，这样方便读写大数据内容。HBase 可存储多个属性的数据结构，但没有传统数据库表中那么多的关联关系，这就是所谓的松散数据。简单来说，在 HBase 中创建的表可以看作是一张很大的表，这个表的属性可以根据需求动态地增加，在 HBase 中没有表与表之间的关联查询。

HBase 表的特点如下所述：

（1）大。一个表可以有数十亿行、上百万列。

（2）无模式。每行都有一个可排序的主键和任意多的列，列可以根据需要动态地增加，同一张表中不同的行可以有截然不同的列。

（3）面向列。面向列（族）的存储和权限控制，列（族）独立检索。

（4）稀疏。空列并不占用存储空间，表可以设计得非常稀疏。

（5）数据多版本。每个单元中的数据可以有多个版本，默认情况下版本号自动分配，是单元格插入时的时间戳。

（6）数据类型单一。HBase 中的数据都是字符串。

2.2.3　MapReduce

MapReduce 是一种编程模型，用于大规模数据集（大于 1 TB）的并行运算。Map——映射，Reduce——归约。MapReduce 采用"分而治之"的思想，把对大规模数据集的操作，分发给一个主节点管理下的各个分节点共同完成，然后通过整合各个节点的中间结果，得到最终结果。简单地说，MapReduce 就是"任务的分解与结果的汇总"。

在 Hadoop 中，每个 MapReduce 任务都被初始化为一个作业，每个作业又可以分为两种阶段：Map 阶段和 Reduce 阶段。这两个阶段分别用两个函数表示，即 Map 函数和 Reduce 函数。Map 函数接收一个〈key，value〉形式的输入，然后同样产生一个〈key，value〉形式的中间输出；Reduce 函数接收一个如〈key，(list of values)〉形式的输入，然后对这个 value 集合进行处理，每个 Reduce 产生 0 或 1 个输出，输出也是〈key，value〉形式的，如图 2-3 所示。

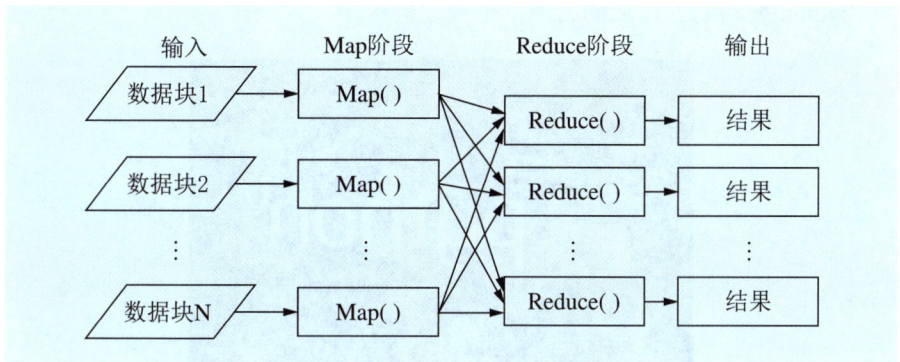

图 2-3
MapReduce 处理流程

2.2.4 Hive

Hive 是建立在 Hadoop 上的数据仓库基础构架。它提供了一系列的工具,可以用来进行数据提取、转化、加载(ETL)。这是一种可以存储、查询和分析存储在 Hadoop 中的大规模数据的机制。

Hive 定义了简单的类 SQL 查询语言,称为 HQL,它允许熟悉 SQL 的用户查询数据。同时,这个语言也允许熟悉 MapReduce 的开发者开发自定义的 mapper 和 reducer,来处理内建的 mapper 和 reducer 无法完成的复杂的分析工作。

Hive 在 Hadoop 中扮演数据仓库的角色。Hive 与 SQL 相似,促使其成为 Hadoop 与其他 BI 工具结合的理想交集。

2.2.5 Python

Python(图 2-4)是人工智能、大数据的数据采集处理及挖掘分析中使用频率非常高的面向对象的编程语言。在安装 Python 后,基于 Python 的数据采集模块及爬虫模块等程序可以跨平台使用,Python 的数据处理模块、机器学习模块和深度学习模块可以完成数据采集、数据处理、机器学习、深度学习等完整的大数据分析应用,是全栈式大数据平台胶水编程语言。对于大数据分布式计算 Spark 组件来说,Python 可以很好地与 Spark 自带的 Pyspark 接口进行整合,从而大大发挥 Spark 计算框架的优势,实现更多的用 Python 编写的自定义的大数据挖掘分析程序。

图 2-4
Python

2.2.6 R语言

R语言是一套完整的数据处理、计算和制图软件系统。其功能包括：数据存储和处理系统；数组运算工具，其向量、矩阵运算方面的功能尤其强大；完整连贯的统计分析工具；优秀的统计制图功能，简便而强大的编程语言，可操纵数据的输入和输出，可实现分支、循环，用户可自定义功能。

R语言擅长分析在Hadoop分布式文件系统中存储的非结构化数据。R语言现在还可以运行在HBase这种非关系型的数据库以及面向列的分布式数据存储之上。

2.2.7 维度建模

1. 概述

维度建模（dimensional modeling）是一种数据仓库建设中的建模方法。维度建模将数据进行结构化逻辑设计，将客观世界分为度量和维度。度量常常以数值的形式出现，维度是客观存在的属性，和某个事件发生与否无关。维度对应的就是维度表，维度加度量就是事实表。

2. 总线矩阵

在做总线矩阵之前需要先对现有的业务进行划分，划分成不同的数据域，每一个数据域对应一个总线矩阵，总线矩阵即对该域下面的业务进行划分，划分成对应的维度加业务过程，这些业务过程都会共用一些维度，形成了企业数据仓库的总线。一致化维度和事实是一组标准的应用程序连接口，可以看作一个数据仓库的总线架构，它可以将新的业务过程引入数据仓库中，该业务过程从总线获得动力，并且和其他已经存在的业务过程和谐共存。

通过设计总线矩阵，可以方便理解数据仓库的整体设计思想和方式。

矩阵的每一行都对应该数据域中的一个业务过程，每一列都和一个业务维度相对应，用叉号填充显示的是和每一行相关的列。业务过程应该先从单个数据源系统开始，再进行多数据源的合并。

如图 2-5 所示为某服装公司的总线矩阵，将整个公司的业务划分为交易域、商品域、仓储物流、采购等域。

数据域	注释	业务过程	注释	一致性维度											
				组织	品牌	门店	电商平台	顾客	团购大客户	会员	商品	仓库	支付方式	电商店铺	地区
	团购	团购下单	团购客户下单	√	√				√		√				
		团购发货		√	√				√		√	√			
		团购收款	团购下单收款	√	√				√		√				
	量体	量体下单	量体下单	√	√	√		√			√				
		量体发货		√	√	√		√			√	√			
		量体收款		√	√	√		√			√				
	线下门店、商超门店	门店下单	客户在门店下单	√	√	√		√		√	√				
		门店付款	客户在门店付款	√		√		√		√			√		
		门店补货	门店在别的门店补货，或者门店向分公司要补货	√	√	√					√				
		门店退货		√	√	√		√		√	√	√			
		门店退款		√		√		√		√					
			顾客下单之后发现无货，从相同区域的其他												

交易域　商品域　仓储物流　采购　用户　营销　渠道　公共　财务域

图 2-5
某服装公司的总线矩阵

3. 维度表

维度不随业务变化而变化，是确确实实存在的事实。在确定维度时需要保证维度的唯一性，且是客观存在和业务没有关系的。确定完维度之后，就需要建立对应的维度表。

1）维度表设计规范

命名规范统一，表名、字段名统一。同时字段类型统一。

2）维度表属性设计注意点

维度表属性设计要尽可能丰富维度属性，但不要过度设计。尽可能多地给出一些富有意义的文字性描述。同时还要尽量沉淀出通用的维度属性。

4. 事实表

事实表存储了业务活动中提炼出来的信息，它主要包括维度表的外键和连续变化的可加性数值或半可加事实。事实表产生于业务过程中而不是业务过程的描述性信息。它一般是行多列少，占据了大部分的存储空间。

事实表的粒度是产生事实行的度量事件的业务定义。粒度确定了事实表的业务主键，事实表的所有度量值必须具有相同的粒度。事实表的设计步骤如图 2-6 所示。

5. 维度模型设计步骤

（1）需求调研。和业务部门沟通，了解业务流程，明确业务需求。

（2）数据探查。了解原始数据的数据类型、数据备注、数据流转。

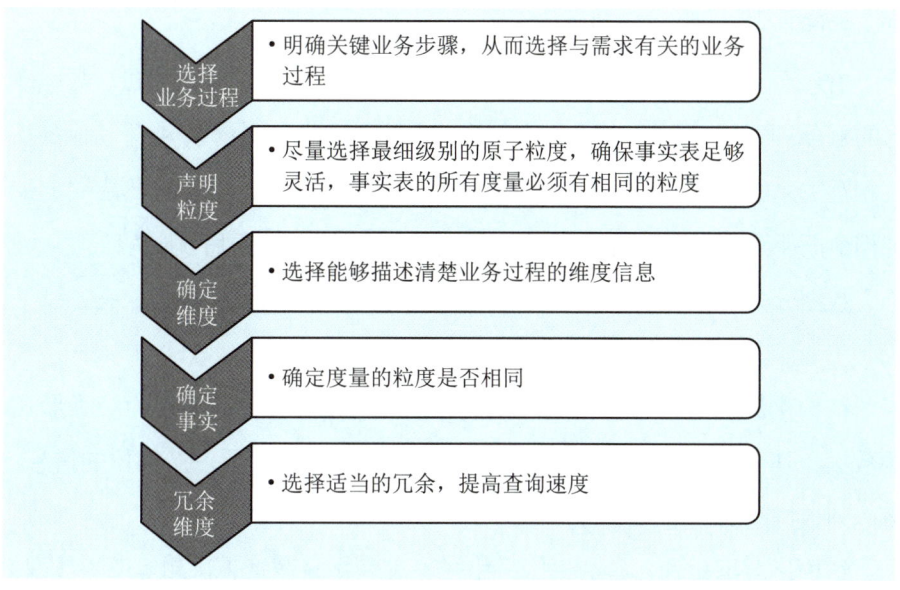

图 2-6
事实表的设计步骤

（3）识别维度和业务过程。确定基本的维度和业务过程，为后续设计做准备。

（4）设计并完善总线矩阵。有一定了解之后，设计并完善总线矩阵。

（5）模型设计。依照总线矩阵设计出具体的维度表和事实表，并确定事实表类型。

（6）确定命名规范。完成命名的规范统一，方便后续使用。

（7）完成设计文档。完善设计文档并且归档落地。

（8）审查和验证模型。完成设计文档后，要与业务用户及团队成员进行审查并验证模型。

2.3 数据采集

2.3.1 数据的形态

信息是已被处理成某种形式的数据，这种形式对接受信息具有意义，并在当前或未来的行动和决策中具有实际的和可觉察到的价值。数据即信息的原始材料，其定义是许多非随机的符号组，它们代表数量、行动和客体等。数据与信息的关系就是原料与成品的关系。数据只有经过加工和解释，才能具有意义，深化为信息。

信息不仅指狭义上的数字，还可以是具有一定意义的文字、字母、数字符号的组合、图形、图像、视频、音频等，也是客观事物的属性、数量、位置及其相互关系的抽象表示。例如，"0，1，2，…""阴、雨、下降、气温""学生的档案记录、货物的运输情况"等都是数据。数据经过加工后就成为信息。

数据分为结构化数据、半结构化数据、非结构化数据。

1. 结构化数据

结构化数据是指可以使用关系型数据库表示和存储，表现为二维形式的数据。其一般特点是：数据以行为单位，一行数据表示一个实体的信息，每一列数据的属性是相同的。

结构化数据也称作行数据，是由二维表结构来逻辑表达和实现的数据，严格遵循数据格式与长度规范，主要通过关系型数据库进行存储和管理。与结构化数据相对的是不适合由数据库二维表来表达的非结构化数据，包括所有格式的办公文档、XML、HTML、各类报表、图片和音频、视频信息等。支持非结构化数据的数据库采用多值字段、变长字段等机制进行数据项的创建和管理，广泛应用于全文检索和各种多媒体信息处理领域。

结构化数据标记是一种能让网站以更好的姿态展示在搜索结果中的方式。做了结构化数据标记，便能使网站在搜索结果中良好地展示丰富的网页摘要。

搜索引擎都支持标准的结构化数据标记，以便为用户提供更好的上网体验。网页内结构化数据标记可以帮助搜索引擎理解网页上的信息，能使搜索引擎更方便地识别分类，判断相关性。

结构化数据可以让搜索引擎提供更丰富的搜索结果摘要展现，也就是为用户的具体查询提供帮助的详细信息，让用户直接在搜索结果中看见商品的重要信息。例如，商品的价格、名称、库存状况（商品是否有货）、评论者评分和具体评论等都可以在搜索结果摘要中直接看到。

这些丰富的网页摘要可帮助用户了解网站与其搜索内容是否相关，可以让网页获得更多点击。例如，在搜索结果中，展示了更多的星级评分、评论条数以及价格等因素，这无疑增加了网站的专业程度，且提高了客户对网站的信任度，网站良好的曝光度无形中就提高了网站的单击率与转化率。

结构化数据的存储和排列是很有规律的，这对查询和修改等操作很有帮助。但是，它的扩展性不好，比如要增加一个字段，将会非常困难。

2. 半结构化数据

和普通纯文本相比，半结构化数据具有一定的结构性。

半结构化数据模型在数据库系统中有着独特的地位。

（1）它是一种适于数据库集成的数据模型，也就是说，适于描述包含在两个或多个数据库（这些数据库含有不同模式的相似数据）中的数据。

（2）它是一种标记服务的基础模型，用于 Web 上共享信息。

半结构化数据有存在的必要性，E-R、UML、关系模型、ODL，每个都是以模式开始。模式是一种放置数据的严格框架，这种严格性提供了某些优点。关系模型的成功在于它的高效实现，这种高效性来自关系数据库中的数据必须符合其模式并且该模式为查询处理器所知这一事实。

另外，半结构化数据模型具有灵活性。半结构化数据是"无模式"的，更准确地说，其数据是自描述的。它携带了关于其模式的信息，并且这样的模式可以随时间在单一数据库内任意改变。

无模式地创建的数据库中，可以随意地输入数据，并且访问该数据时感觉到的模式信息就是适合它的模式。实际上，有一些小规模的信息系统，如 Lotos Notes，它们就采用了自描述数据的方法。这种灵活性可能使查询处理更加困难，但它给用户提供了显著的优势。例如，可以在半结构化模型中维护一个电影数据库，并且能如用户所愿地添加类似"我喜欢看这部电影吗？"这样的新属性。这些属性不需要所有电影都有值，或者甚至不需要多于一个电影有值。同样的，可以添加类似"homage to"这样的联系而不需要改变模式，或者甚至表示不止一对的电影间的联系。

对于半结构化数据来说，属性的顺序是不重要的，不同的半结构化数据的属性个数不一定是一样的。通过不同的数据格式，可以自由地表达很多有用的信息，比如自我描述信息。因此，半结构化数据的扩展性是很好的。

3. 非结构化数据

顾名思义，非结构化数据就是没有固定结构的数据。各种文档、图片、视频、音频等都属于非结构化数据。这类数据一般直接进行整体存储，而且一般存储为二进制的数据格式。

非结构化数据是数据结构不规则或不完整，没有预定义的数据模型，不方便用数据库二维逻辑表来表达。

计算机信息化系统中的数据分为结构化数据和非结构化数据。非结构化数据的格式非常多样，标准也是多样的，而且在技术上，非结构化信息比结构化信息更难标准化和理解，所以，存储、检索、发布以及利用非结构化数据需要更加智能化的 IT 技术，比如海量存储、智能检索、知识挖掘、内容保护、信息的增值开发利用等。

2.3.2 数据采集的方法

1. 基于物联网的采集方法

数据的采集有基于物联网传感器的采集，也有基于网络信息的数据采集。例如，在智能交通中，数据的采集有基于 GPS 的定位信息采集、基于交通摄像头的视频采集、基于交通卡口的图像采集和基于路口的线圈信号采集等。而在互联网上的数据采集是对各类网络媒介，如搜索引擎、新闻网站、论坛、微博、博客、电商网站等各种页面信息和用户访问信息进行采集，采集的内容主要有文本信息、URL、访问日志、日期和图片等。之后需要把采集到的各类数据进行清洗、过滤、去重等各项预处理并进行归纳存储。

2. 系统日志的采集方法

对于任何日志文件，基本都可以采集到发生时间、日志类型、日志等级、关键异常、异常详细说明等相关信息。很多互联网企业都有自己的海量数据采集工具，多用于系统日志采集，如 Hadoop 的 Chukwa、Cloudera 的 Flume、Facebook 的 Scribe 等，这些工具均采用分布式架构，能满足每秒数百 MB 的日志数据采集和传输需求。

3. 网络数据的采集方法

网络数据采集又称爬虫技术，是指通过网络爬虫或网站公开 API（应用程序编程接口）等方式从网站上获取数据信息。爬虫技术是互联网在进行非结构化数据处理过程中形成的一项突破性技术。该技术可以将非结构化数据从网页中提取出来，将其以结构化的方式存储为统一的本地数据文件。它支持图片、音频、视频等文件或附件的采集，附件与正文可以自动关联。

在技术选型中，可以采用 Nutch 爬虫爬取网页内容，采用庖丁分词对爬取的网页内容进行分词，根据分词结果对分词后的网页内容采用 Splunk 建立全文索引，并运用 Splunk 进行内容检索。

除了网络中包含的内容之外，对于网络流量的采集可以使用 DPI（深度包检测）或 DFI（深度/动态流检测）等带宽管理技术进行处理。

4. 其他数据的采集方法

对于企业生产经营数据或学科研究数据等保密性要求较高的数据，可以通过与企业或研究机构合作，使用特定系统接口等方式采集数据。

2.4 数据存储

2.4.1 数据存储的概念

大数据分析相比于传统的数据仓库应用，具有数据量大、查询分析复杂等特点。由于大数据本身存在的 4V 特征，传统的存储技术不能满足大数据存储的需要，因此通过 ETL 技术从源系统中提取数据资源，并转换为一个标准的格式，再使用 NoSQL 数据库进行数据库存取管理。这样充分利用了网络云存储技术节约企业存储成本，通过分布式网络文件系统将数据信息存储在整个互联网络资源中，并通过可视化的操作界面随时满足用户的数据处理需求。

数据以某种格式记录在计算机内部或外部存储介质上。数据存储方式与数据文件组织密切相关，其关键在于建立记录的逻辑与物理顺序间的对应关系，确定存储地址，以提高数据存取速度。

2.4.2 数据的存储方式

数据的多样化、地理上的分散性、对重要数据的保护等，都对数据管理提出了更高的要求。随着数字图书馆、电子商务、多媒体传输等的不断发展，数据从 GB 到 TB 到 PB 量级急速增长。存储产品已不再是附属于服务器的设备，而成为互联网中主要的花费所在。大数据存储技术已成为继计算机浪潮和互联网浪潮之后的第三次浪潮。目前，大数据主要采用以下两种存储方式。

1. 开放系统的直连式存储（direct-attached storage，DAS）

DAS 存储方式与普通的计算机存储架构一样，外部存储设备直接挂接在服务器内部总线上，数据存储设备是整个服务器结构的一部分。在服务器与存储设备的各种连接方式中，DAS 曾被认为是一种低效率的结构，而且也不方便进行数据保护。DAS 无法共享，因此经常出现的情况是某台服务器的存储空间不足，而其他一些服务器却有大量的存储空间处于闲置状态却无法利用。如果存储不能共享，也就谈不上容量分配与使用需求之间的平衡。

DAS 结构下的数据保护流程相对复杂，如果做网络备份，那么每台服务器都必须单独进行备份，而且所有的数据流都要通过网络传输。如果不做网络备份，那么就要为每台服务器配一套备份软件和磁带设备，所以说备份流程的复杂度会大大增加。

与直连式存储架构相比，共享式存储架构可以较好地解决以上问题。

2. 网络附加存储（network attached storage，NAS）

NAS 存储方式则全面改进了以前低效的 DAS 存储方式。它采用独立于服务器、单独为网络数据存储而开发的一种文件服务器来连接所有存储设备，自形成一个网络。这样数据存储就不再是服务器的附属，而是作为独立网络节点存在于网络之中，可由所有的网络用户共享。

NAS 的优点是：真正的即插即用，NAS 是独立的存储节点，与用户的操作系统平台无关；存储部署简单，NAS 不依赖通用的操作系统，而是采用一个面向用户设计的专门用于数据存储的简化操作系统，内置了与网络连接所需的协议，因此使整个系统的管理和设置较为简单；存储设备位置非常灵活。

2.4.3 常见数据源类型

数据源（data source）是提供某种数据的器件或原始媒体。信息系统的数据源必须可靠且具备更新能力。常用的数据源有：观测数据，即现场获取的实测数据，包括野外实地勘测、量算数据、台站的观测记录数据、遥测数据等；分析测定数据，即利用物理和化学方法分析测定的数据；图形数据，各种地形图和专题地图等；统计调查数据，各种类型的统计报表、社会调查数据等；遥感数据，由地面、航空或航天遥感获得的数据等。因此，数据源的类型很多。常见的数据源有以下几种类型。

1. 文本类型

常见文本类型有 Excel、TXT、CSV 等，如图 2-7 所示。

Excel 是微软办公套装软件的一个重要组成部分，它可以进行各种数据的处理、统计分析和辅助决策等操作，广泛地应用于管理、统计、金融等领域。Excel 中有大量的公式函数可以选用，使用 Excel 可以执行计算、分析信息，并管理电子表格或网页中的数据信息列表与数据资料图表。Excel 函数一共有 11 类，分别是数据库函数、日期与时间函数、工程函数、财务函数、信息函数、逻辑函数、查询和引用函数、数学和三角函数、统计函数、文本函数以及用户自定义函数。

图 2-7 常见文本类型

TXT 是微软操作系统上附带的一种文本格式，是最常见的一种文件格式，早在磁盘操作系统（disk operating system，DOS）时代应用就很多，主要用于存储文本信息，即文字信息。现在的操作系统中大多使用记事本等程序保存文本文件，大多数软件，如记事本、浏览器等，都可以查看这类文本文件。

CSV 文件由任意数目的记录组成，记录间以换行符进行分隔；每条记录由字段组成，字段间的分隔符是其他字符或字符串，最常见的是逗号或制表符。所有记录通常都有完全相同的字段序列。CSV 是一种通用的、相对简单的文件格式，在商业和科学领域被广泛应用。最广泛的应用是在程序之间转移表格数据，而这些程序本身在格式上是不兼容的。因为很多程序都支持某种 CSV 变体，至少 CSV 是其中一种可选择的输入/输出格式。

2. 数据库类型

常见数据库类型有 MySQL、SQL Sever、Oracle、PostgreSQL、DB2 等，如图 2-8 所示。

图 2-8　常见数据库类型

MySQL 是一个关系数据库管理系统，由瑞典 MySQL AB 公司开发，目前属于 Oracle 旗下。MySQL 是目前很流行的关系数据库管理系统，在 Web 应用方面，MySQL 是目前较好的关系数据库管理系统（relational database management system，RDBMS）应用软件之一。MySQL 将数据保存在不同的表中，而不是将所有数据放在一个大仓库内，这样就提高了速度及灵活性。MySQL 所使用的 SQL 语言是最常用的标准化数据库访问语言。

SQL Server 是微软公司推出的关系数据库管理系统，具有使用方便、可伸缩性好、与相关软件集成程度高等优点，可在多种平台上使用。SQL Server 是一个全面的数据库平台，使用集成的 BI 工具提供了企业级的数据管理。SQL Server 数据库引擎为关系型数据和结构化数据提供了更安全可靠的存储功能，使用户可以构建和管理用于业务的高可用和高性能的数据应用程序。

Oracle Database 又名 Oracle RDBMS（简称 Oracle），是甲骨文公司的一款关系数据库管理系统，在数据库领域一直处于领先地位。Oracle 数据库系统可移植性好、使用方便、功能强大，适用于各类大、中、小、微机环境。它是一种高效率、高可靠性、适应高吞吐量的数据库解决方案。

PostgreSQL 是以加州大学伯克利分校计算机系开发的 Postgres（现在已经更名为 PostgreSQL）4.2 版本为基础的对象-关系数据库管理系统（ORDBMS）。PostgreSQL 支持大部分 SQL 标准并且提供了许多其他现代特性：复杂查询、外键、触发器、视图、事务完整性、多版本并发控制（multi-version concurrency control，MVCC）。同样，PostgreSQL 可以用许多方法扩展，比如，通过增加新的数据类型、函数、操作符、聚集函数、索引等。

DB2 全称为 IBM DB2，是美国 IBM 公司开发的一套关系数据库管理系统，主要运行环境为 UNIX、Linux 以及 Windows 服务器。DB2 主要应用于大型应用系统，具有较好的可伸缩性，支持从大型机到单用户环境。DB2 具有高层次的数据完整性、安全性和可恢复性，同时具有与平台无关的基本功能。

3. 数据集群类型

常见数据集群类型有 Hive、Spark 等，如图 2-9 所示。

Hive 是基于 Hadoop 的一个数据仓库工具，可以将结构化的数据文件映射为一张数据库表，并提供简单的 SQL 查询功能，可以将 SQL 语句转换为 MapReduce 任务并运行。

图 2-9 常见数据集群类型

Spark 是整个伯克利数据分析栈（Berkeley data analytics stack，BDAS）的核心组件，是一个大数据分布式编程框架，不仅实现了 MapReduce 的算子 Map 函数和 Reduce 函数及计算模型，还提供更为丰富的算子，如 filter、join、groupByKey 等，是一个用来实现快速集群计算的通用平台。

Spark 拥有 Hadoop MapReduce 所具有的优点，但不同于 MapReduce 的是，中间输出结果可以保存在内存中，从而不再需要读写 HDFS，因此 Spark 能更好地适用于大数据挖掘与机器学习等需要迭代的 MapReduce 算法。

实验 2　数据接入

实验原理

信息系统中常有不同形式的数据，从存储格式和数据使用形式上看，有文件格式、数据库格式等数据接入，还有数据工场直接挂载。其中文件又有 Excel、TXT、CSV 等类型，数据库有 MySQL、SQL Sever、Oracle、Clickhouse 等类型。蓝鹰数据分析平台通过可视化向导形式，可以将不同类型的数据源接入平台中，同时支持直接挂载数据工场数据，以便于后续的数据处理和可视化分析。

实验操作视频

数据源接入与编辑

实验内容

学习不同形式的数据源接入,将文本数据接入平台,将数据库数据进行测试连接到平台,完成平台数据工场的挂载过程。

实验 2.1 文本数据接入

(1)在数据源界面,选择文本的操作按钮,输入表名"电商销售数据",默认导入方式为"新增",如图 2-10 所示。

图 2-10 文本数据导入方式

(2)完成后单击"下一步"按钮,将想要上传的数据单击上传之后,即可进入数据视图页面,方便后续进行数据处理工作,如图 2-11 和图 2-12 所示。

图 2-11 单击上传数据

图 2-12 完成数据上传

实验 2.2 数据库数据接入

(1)数据库接入要求:接平台中的数据库时,需要填写数据库的地址、数据库管理员的账号、数据库管理员的密码等信息。

（2）在数据源页面，单击新增数据源按钮，选择数据库类型。这里我们选择 MySQL 数据库，填写连接 URL 信息：

jdbc:mysql://bbl.zygcdata.com:3314/1651742728233_database?useSSL=false&serverTimezone=UTC

输入用户名：dcxy，密码：pass@dcxy，测试连接成功后保存，即可在数据源列表处看到连接好的数据，如图 2-13 和图 2-14 所示。

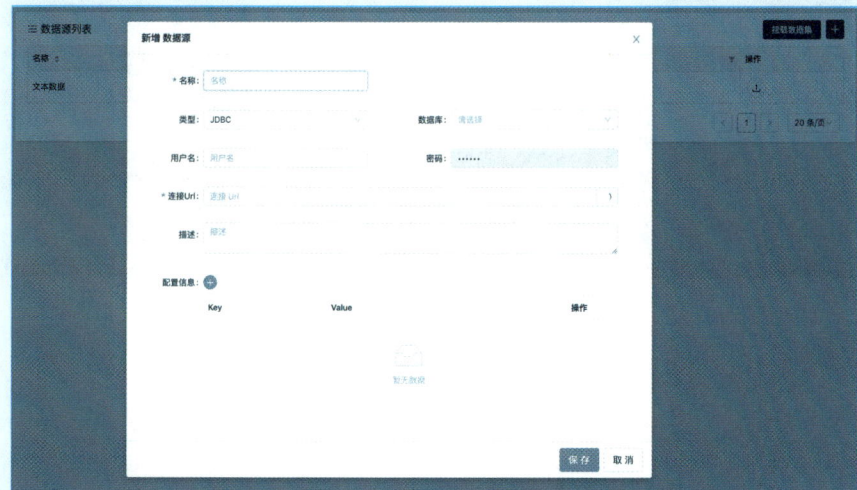

图 2-13
新增数据源

图 2-14
MySQL 数据源连接

实验 2.3　数据工场挂载

单击数据源列表页，单击右上角"挂载数据集"，选择要挂载的数据集，如图 2-15 所示，挂载了商业数据分析导论，单击"确定"，即可挂载成功。

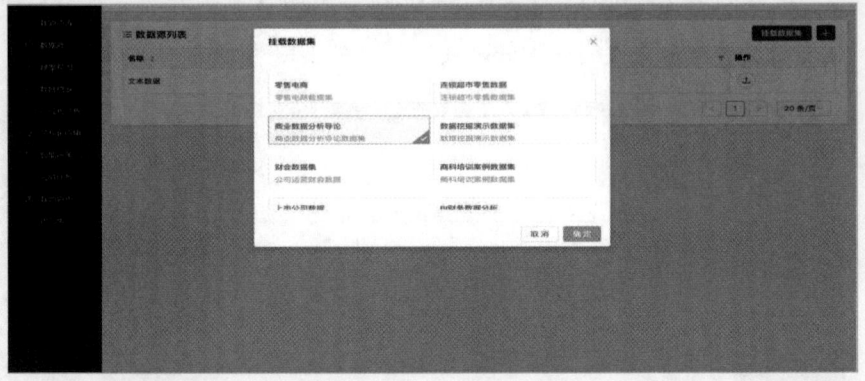

图 2-15　数据挂载

▽ 实验报告

1. 接入文本数据。
2. 接入数据库数据。
3. 挂载数据工场数据。

拓展学习

数据存储与采集

第 3 章 大数据治理

数据治理平台的建设和传统的业务系统建设有很大的差异。企业在数字化转型的过程中,由于不同的应用在不同的技术平台上使用不同的系统进行不同的功能操作,导致各种信息资源难以流动、无法交流。数据治理平台从本质上就是要解决各个独立、异构系统间的数据集成问题,从而实现数据统一标准、统一资产管理、统一数据服务,这就需要一套完整的数据管理体系。

对于数据部门产出的海量数据,如果仅仅简单粗暴地将基础数据直接暴露给对方,不仅效率低、不符合标准,同时还存在安全隐患等诸多问题。如何进行数据的规范处理,形成数据资产,进而方便高效地开放共享,是数据行业一直想解决的问题。目前,解决的方法之一是利用数据治理平台,将数据进行综合治理。数据治理平台建设并不是一成不变的,而是一项不断改进的长期过程。数据标准的规范、数据资产的优化、数据服务的开放等既要注重可扩展性,还要契合未来内外部环境的变化以及业务变化所产生的更改需求,实现可持续发展。

图 3-1 所示为数据标准管理系统架构,从图中可以清晰地看到,数据治理主要分为数据标准管理、数据资产管理和数据服务三大部分。

3.1 数据标准管理

3.1.1 数据服务标准

数据服务标准包含数据应用程序接口(application programming interface,

图 3-1
数据标准管理系统架构

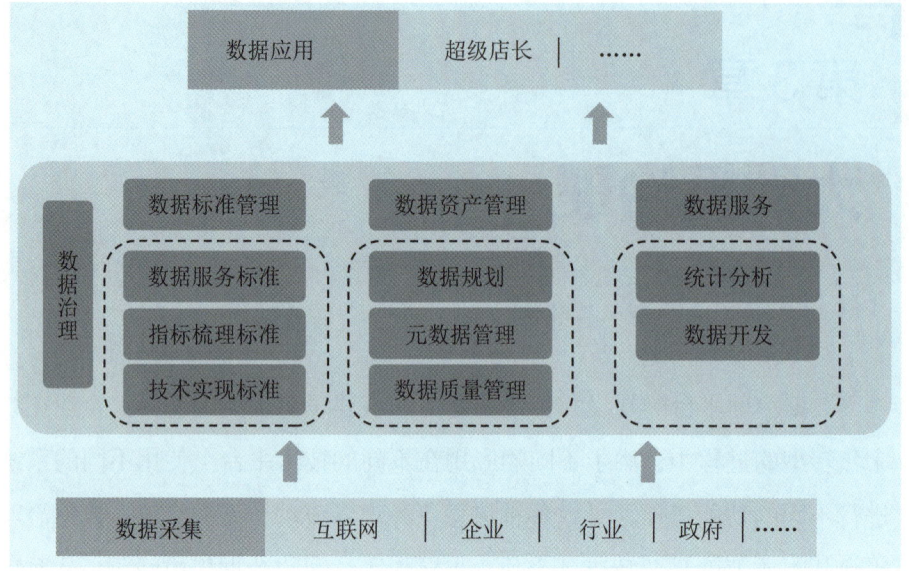

API）、数据交换，以及对数据开放的支撑等，是实现跨部门、跨层级、跨网络的数据标准规范。

数据服务标准提供交换节点之间的数据抽取、转换、传输和加载等数据交换服务，提供了 API 共享标准和数据共享标准管理，通过制定注册、授权、使用、服务、访问和交换等设计规则及字段内容质量约束，保证数据的一致性。例如，制定数据字段内容级约束，重点关注维度、重要属性、时间等内容的数据质量，保证数据的规范。

1. API 共享标准

在数据服务标准中，数据消费方使用自身数据和外部数据进行数据应用开发后，需要把相关应用部署在平台之上。数据应用都是以 API 接口的形式对外进行服务的，并且通过控制台定义 API 接口的各类规范和参数。而使用方则经过平台网关统一完成认证、授权和调用 API 接口等工作。

（1）API 注册管理

数据使用方通过 API 注册管理将 API 注册到对应的 API 共享平台，API 共享平台按照规范和标准对 API 使用方进行统一管控。

（2）API 授权鉴权管控

当使用方调用 API 时，需要使用 API 共享平台提供的授权鉴权服务，按照 API 流程完成身份认证，通过后方可进行对应 API 调用。授权鉴权服务提供安全防护、身份验证、权限控制、请求校验、流量控制等规范管控。

（3）API 使用管控

对 API 的定义、测试、发布、下线等提供全生命周期管理标准。

（4）数据表 API 服务

可对单表或同库单表元数据，通过勾选或 SQL 查询方式完成数据读取 API 自动生成及注册服务。

2. 数据共享标准

在数据服务标准中，不论是以数据提供为主还是以数据使用为主，都是数据平台的参与者。不管是上层的数据应用还是需要服务的业务系统应用，都需要基于数据提供服务，为此数据共享标准提供数据访问控制、数据授权方式、数据安全规范等内容。

（1）数据访问控制

随着数据量的增加以及业务对多种类型数据资源的需求增多，在使用过程中访问数据将成为一种常态，数据共享需提供统一的访问规范和标准。

通过提供平台数据访问规范进行数据访问控制，实现数据不发生物理上的搬移、数据交换不搬家、数据可复用，从而达到真正的数据共享。

（2）数据授权方式

数据平台可提供标准的数据授权方式，包括一些访问控制方式，如控制列表授权（access control list，ACL）、多租户授权等。

（3）数据安全规范

通过数据安全机制，提供数据安全规范区，系统将相应数据放入安全空间中进行不公开计算，仅将计算所得结果提供给使用方，防止使用方直接接触数据，即对应数据可用不可见。安全规范区除了提供对应数据加工内容，还按照数据审计标准进行审计，保障强管控的数据安全交换共享。

3.1.2 指标梳理标准

指标梳理标准包括指标数据接入、指标开发、指标管理、数据质量的全生命周期管理，指标梳理一定是统一的、规范的、可复用的和可服务的智能数据标准体系。

提供数据指标标准的最终目的是满足越来越多的数据指标诉求。搭建数据指标梳理标准应满足易用性、兼容性、统一性的规范标准。从易用性来看，一个指标的数据抽取、分析、写入、应用，相比传统的手工模式，可省大量的开发时间。从兼容性来看，数据指标可以兼容各类数据平台，无须更换底层数据平台，即可实现快速、顺畅的数据同步、数据开发、数据应用，缩短需求的响应周期。从统一性来看，数据指标同时兼容实时与离线等多类开发工作，覆盖采集、分析、计算全链路，为各类数据应用提供统一的数据指标规范支撑。

1. 指标数据接入标准

指标数据接入，即数据同步，是指各类系统数据按规则、按要求接入数据平台中，通过数据指标开发作进一步指标整合、分析等。指标数据接入标准主要分为 3 种，分别是离线批量数据接入标准、服务调用接口数据接入标准、实时数据接入标准。

2. 指标开发标准

在数据指标开发中，数据同步仅仅完成了数据的读取和写入，下一步还要构建指标清洗、统计或数据挖掘的计算逻辑的标准规范。

指标开发需要满足如下多种多样的数据分析场景并符合各自的标准规范，如：

（1）SQL 任务标准规范；

（2）数据同步标准规范；

（3）Python 任务标准规范；

（4）SQL 脚本标准规范；

（5）深度学习标准规范；

（6）Shell 脚本标准规范。

3. 指标管理标准

指标管理是比较宽泛的概念，既包括管理手段也包括技术手段。指标管理使指标标准规范在指标开发过程中落地，达到帮助企业进行数据管理的目的，主要包括如下内容。

（1）指标地图：帮助数据平台全盘掌控指标情况和数据的来源去向。

（2）指标模型：使企业数据标准化、模型化，帮助企业实现数据管理规范化。

4. 数据质量标准

数据质量的保障与提升是数据平台的必备条件。通常意义上的数据质量标准包括及时性、完整性、一致性、有效性、准确性等。

数据质量标准支持对 MySQL、Oracle、DB2、SQL Server、PostgreSQL 等常用的关系型数据表进行质量校验，同时也支持类似 Hive 等大数据存储，用户可方便地对这些数据表配置表级、字段级的质量校验规则。

3.1.3 技术实现标准

制定技术实现标准可对各类数据指标进行约束，规范每类业务实体含有的属性，包括该属性是否必选、该属性内容约束规则等。技术实现标准是对定义、规则、要求等一系列属性描述的技术实现，建立技术实现标准有以下原则。

（1）唯一性：在一个技术实现标准中，每一个技术实现指标仅对应一个代码，一个代码只唯一表示一个指标。

（2）合理性：技术实现结构应与数据服务、指标管理相适应。

（3）可扩充性：技术实现结构应留有适当的后备容量，以便满足不断扩充的需求。

（4）简明性：技术实现结构应尽量简单，长度应尽量短，以便节省机器存储空间和减少代码的差错率。

（5）规范性：在一个技术实现标准中，代码的类型、代码的结构以及代码的编写格式应当统一。

1. 技术实现编码规则

（1）在一定语境下代码应该唯一。

（2）中文全拼由中文名称中的每一个汉字的拼音组成，拼音中间用连字符"-"连接，并全部使用小写。

（3）名称的各个成分之间用空格分隔，不允许使用特殊字符。

（4）允许使用缩写词、首字母缩略词和大写首字母。

（5）要求代码行清晰、整齐，具有一定的可观赏性。

（6）代码编写要充分考虑执行速度最优的原则。

（7）代码行整体层次分明、结构化强。

（8）代码中应有必要的注释，以增强代码的可读性。

（9）代码要做到整个节点可以多次重跑，结果不变。

（10）规则要求非强制性约束代码开发人员的代码编写行为，在实际应用中，在不违反常规要求的前提下允许存在可理解的偏差。

上述所列规则在对日常的代码开发起到指导作用的同时也将得到不断的完善和补充。技术实现编码规则示例如图 3-2 所示。

图 3-2 技术实现编码规则示例

```
--*********************************************************
--所属主题：××客户//日志域
--功能描述：页面引导成交
--创建者　：笑达
--创建日期：20251017
--修改日期　　修改人　　修改内容
--20251115　 YY　　修改订单取数口径，只取支付订单
--20251125　 ZZ　　修改URL字段取数逻辑
--*********************************************************
```

2. 技术实现要求

（1）代码段中应用到的所有 SQL 关键字、保留字都使用全部大写或全部小写输入，如 select/SELECT、from/FROM、where/WHERE 等；不能使用大小写混合的方式输入，如 Select 或 seLECT 等。

（2）代码段中应用到的除关键字、保留字之外，都使用小写输入。

（3）4 个空格为一个缩进量，所有的缩进皆为一个缩进量的整数倍。

（4）最外层禁止使用 select * 操作，所有操作必须明确指定列名。

（5）禁止使用 insert into 语句，用 union all 代替。

（6）where 条件中字段空和空字符串要进行必要的 coalesce 处理。

（7）对应的括号通常要求在同一列的位置上。

3.2 数据清洗

大数据时代，随着信息量不断增长、智能工具不断涌现，对数据进行有效清洗以保证数据的真实性、有效性、唯一性，是在进行大数据分析前十分重要的工作。例如，由于人工智能技术的迅速发展，机器人发帖、聊天、发微博、抢票等现象司空见惯。微软"小冰"和各种聊天机器人在微博、微信上与人频繁互动，这些不同的社交对象所产生的数据对用户轨迹跟踪、网络舆情分析、用户画像生成等方面都产生了重大影响。目前，图灵测试已将社交对象列为测试范畴。因此，如何区分数据是不是人类产生的，如何将机器人产生的数据清洗出去，已经成为当下数据管理的一个研究方向。而针对以上问题，可以从两个方面对数据进行处理。

第一，限制内容产生。例如，可通过网络的实名制、论坛签到制、发帖验证码、网络爬虫的 Robots 协议等来完成。但是，随着模式识别技术的快速发展，普通的验证码已经难以屏蔽机器人。为了有效地阻止这种情况，验证码也朝着日趋复杂的方向发展。例如，中国铁路客户服务中心（中国铁路 12306）使用一组近似图片，需要用户选出多个正确答案才能进行购票。

第二，改进数据清洗方法。依托行业规则和技术特征对机器人产生的数据进行清洗。例如，主流搜索引擎会在用户代理中留下其特定关键字，网络爬虫一般会用 HEAD 发起请求等，可通过识别相应关键字、只保留 GET 请求等方法，过滤掉机器人产生的数据。此外，也可以根据用户发帖时间、频率、IP 地址等进行数据建模，利用机器学习和数据挖掘的方法过滤掉机器人产生的内容。

虽然通过以上技术手段可以避免一些"脏数据"的产生，但是还会在数据收集时产生大量"脏数据"，对数据分析造成不良影响，影响从数据中获得的信息，最终影响决策和管理。为了使数据的记录更准确，数据预处理工作是有必要的。

数据清洗作为数据预处理的一个重要环节，在大数据分析过程中占据重要位置。对于数据仓库而言，数据清洗过程是必不可少的。

3.2.1 数据清洗的作用

数据清洗从字面上可以理解为把"脏"的数据给"洗掉",泛指发现并纠正数据文件中可识别的错误,包括对数据的一致性、无效值和缺失值等方面的检查。从多个业务系统中将面向某一主题的数据集合提取出来形成数据仓库后,其中错误的数据、互相冲突的数据就是"脏数据"。数据清洗就是按照一定的规则把"脏数据""洗掉",过滤掉不符合要求的数据,主要包括不完整的数据、错误的数据、重复的数据,然后将过滤的结果交给业务主管部门,确认是否过滤掉还是修正之后再进行提取。数据清洗与问卷审核有所不同,数据录入后的清洗工作一般是由计算机完成的,而不是人工操作的。因此,如何对数据进行有效的清理和转换,使之成为符合数据分析要求的数据源,是影响数据分析准确性的关键因素。

3.2.2 数据清洗的方法和过程

1. 数据清洗的方法

根据数据清洗的实现方式与涉及范围,数据清洗的方法可分为以下4种。

(1)通过人工检查。需要投入大量的人力、物力、财力,虽能发现错误,但效率低下。在大数据量的情况下,几乎是不可能实现的。

(2)通过专门编写的应用程序。这种方法能解决某个特定的问题,但不够灵活。一般而言,数据清洗一遍就达到要求的情况很少,因此清洗过程的反复会导致程序的繁杂,当清洗过程变化时,修改代码的工作量大。这种方法没有充分利用目前数据库提供的强大数据处理功能。

(3)针对特定应用领域的数据清理。例如,根据概率统计学原理查找数值异常的记录,对姓名、地址、邮政编码等进行清理,这是目前研究得较多的领域,也是应用最成功的一类。

(4)针对与特定应用领域无关的数据清理。这一部分的研究主要集中在清洗重复的记录上,如 Data Cleanser、DataBlade Module、Integrity 等。

由于后两种具有某种通用性和实用性,其应用越来越广泛。

2. 数据清洗的过程

不管采用哪种数据清洗的方法，数据清洗的过程大致都由 3 个阶段组成：第一阶段，数据分析、定义错误类型；第二阶段，搜索、识别错误记录；第三阶段，修正错误。

第一阶段：以人工分析为主。错误类型分为两大类：单数据源与多数据源，它们又各分为结构级与记录级错误。这种分类非常适合于解决数据仓库中的清洗问题。

第二阶段：通过两种基本的思路识别错误：①发掘数据存在的模式，利用这些模式清洗数据；②根据预定义的清洗规则，查找不匹配的记录。目前后者使用居多。

第三阶段：某些特定领域能够根据发现的错误模式，编制程序或借助于外部标准源文件、数据字典在一定程度上修正错误。对数值字段，有时能根据数理统计知识自动修正，但须编制复杂的程序或借助于人工干预才能完成。

对于一般的清洗方案，需要经历耗时较久的排序、比较、匹配过程，并且这些过程多次重复，用户必须等待较长时间。而在一个交互式的数据清洗方案中，系统可将错误检测与清洗紧密结合起来，用户能通过直观的图形化界面一步步地指定清洗操作，且能立即看到清洗结果，对清洗结果不满意时还能立即撤销上一步的操作，直到满意为止。最后将所有清洗操作编译执行。因此，交互式的数据清洗方案对清洗循环错误数据非常有效。

绝大部分数据清洗方案为使用者提供接口服务，便于他们接入编制好的清洗程序。目前许多数据清洗工具也提供了描述性语言来增加用户友好性，降低用户编程的复杂度。例如，ARKTOS 方案提供了 XADL 语言（一种基于预定义的 DTD 的 XML 语言）、SADL 语言，这些描述性语言在一定程度上减轻了用户的编程难度，但各系统一般不具有兼容性，不能通用。

数据清洗属于一个较新的研究领域，直接针对这方面的研究并不多。目前研究的方向主要为解决两个问题：①发现异常；②清洗重复记录。

3.2.3 数据清洗的实例

实际上，现有的数据平台系统会遇到各种各样的关于指标均值计算的问题。根据数理统计的规律，极大的噪声数据对均值计算的负面影响是显著的。DataEye 原始数据源提供一组游戏下载时长数据集，如图 3-3 所示。

图 3-3　游戏下载时长数据集

序号	下载时长/s
1	30
2	1
3	476
4	1 034
5	1
6	59
7	446
…	…
2401	956 449
2402	3 844
2403	2 065 553

如果直接计算游戏平均下载时长，得到的结果为 23 062.57 s，约 6.4 h，与实际情况严重不符，说明这一数据集受到噪声数据的显著影响。

将数据集等分为 240 300 个区间，找到数据集中区域［0，3 266.376］，如图 3-4 所示。

图 3-4　数据集中区域

对取值在［0，3 266.376］之间的数据作箱型图分析，对此区间外的数据剔除离群值，重新计算平均下载时长，如图 3-5 所示。

图 3-5　箱型图分析

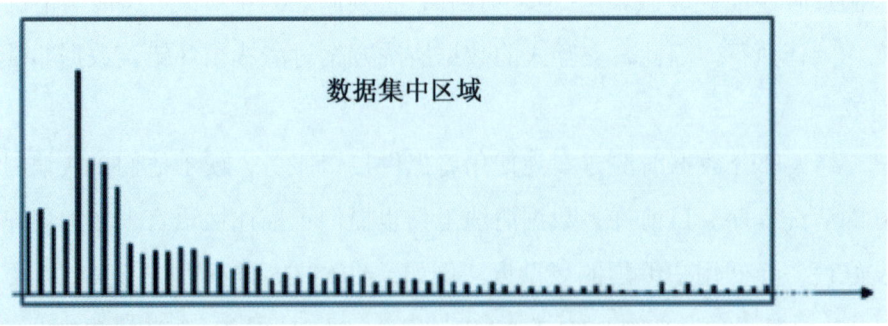

	未作异常值处理	已作异常值处理
平均下载时长	23 062.57 s	192.93 s

最后计算出目标数据源的平均下载时长为 192.93 s，约 3.22 min，符合实际情况。通过数据分布特征及箱型图的方法来识别、剔除噪声数据较为快捷且效果显著。

3.2.4 数据类型

以微软公司的 SQL Server 数据库为例，所存储的数据类型包括数值、字符、时间、日期和图像等。只有定义了数据类型，数据库系统才能正确地存储相应的数据。

1. 整理数据类型

整数数据类型是最常用的数据类型之一。

（1）INT（或 INTEGER）数据类型

INT（或 INTEGER）数据类型存储从 -2^{31}（-2 147 483 648）到 $2^{31}-1$（2 147 483 647）之间的所有整数。每个 INT（或 INTEGER）数据类型的数据占用 4 个字节的存储空间，其中 1 位表示整数的正负号，其他 31 位表示整数的大小。

（2）SMALLINT 数据类型

SMALLINT 数据类型存储从 -2^{15}（-32 768）到 $2^{15}-1$（32 767）之间的所有整数。每个 SMALLINT 数据类型的数据占用 2 个字节的存储空间，其中 1 位表示整数的正负号，其他 15 位表示整数的大小。

（3）TINYINT 数据类型

TINYINT 数据类型存储从 0～255 之间的所有整数。每个 TINYINT 数据类型的数据占用 1 个字节的存储空间。

（4）BIGINT 数据类型

BIGINT 数据类型存储从 -2^{63}（-9 223 372 036 854 775 808）到 $2^{63}-1$（9 223 372 036 854 775 807）之间的所有整数。每个 BIGINT 数据类型的数据占用 8 个字节的存储空间。

2. 浮点数据类型

浮点数据类型用于存储十进制小数。

浮点数据类型的数据在 SQL Server 中采用上舍入方式进行存储。所谓上舍入，是指当且仅当要舍入的数是一个非零数时，将其保留数字部分的最低有效位上的数值加1，并进行必要的进位。若一个数是上舍入数，其绝对值不会减少。例如，对3.141 592 653 589 79分别进行2位和12位舍入，结果为3.15和3.141 592 653 590。

（1）REAL 数据类型

REAL 数据类型可精确到小数点后第 7 位，其范围为 $-3.40E-38$ ～ $3.40E+38$。每个 REAL 数据类型的数据占用 4 字节的存储空间。

（2）FLOAT 数据类型

FLOAT 数据类型可精确到小数点后第 15 位，其范围为从 $-1.79E-308$ ～ $1.79E+308$。每个 FLOAT 数据类型的数据占用 8 字节的存储空间。FLOAT 数据类型可写为 FLOAT [n] 的形式，n 指定 FLOAT 数据的精度，为 1 到 15 之间的整数。当 n 取 1 到 7 时，实际上是定义了一个 REAL 数据类型的数据，需用 4 字节存储；当 n 取 8 到 15 时，系统认为其是 FLOAT 数据类型，需用 8 字节存储。

（3）DECIMAL 数据类型

DECIMAL 数据类型可以提供小数所需要的实际存储空间，但也有一定的限制，可以用 2 到 17 个字节来存储从 -10^{38} ～ $10^{38}-1$ 之间的数值。

（4）NUMERIC 数据类型

NUMERIC 数据类型与 DECIMAL 数据类型完全相同。

3. 二进制数据类型

（1）BINARY 数据类型

BINARY 数据类型用于存储二进制数据。其定义形式为 BINARY（n），n 表示数据的长度，取值为 1 到 8 000。在使用时必须指定数据的大小，至少 1 个字节。BINARY 数据类型占用 $n+4$ 字节的存储空间。在输入数据时必须在数据前加上字符"0X"作为二进制标识。例如，想要输入"bcd"时，应输入"0Xbcd"。若输入的数据过长，将会截掉其超出部分。若输入的数据位数为奇数，则会在起始符号"0X"后添加一个0，如上述的"0Xbcd"会被系统自动识别为"0X0bcd"。

（2）VARBINARY 数据类型

VARBINARY 数据类型的定义形式为 VARBINARY（n）。它与 BINARY

类型相似，n 的取值也为 1 到 8 000，若输入的数据过长，将会截掉其超出部分。不同的是，VARBINARY 数据类型具有变动长度的特性，因为 VARBINARY 数据类型的存储长度为实际数值长度 + 4 字节。当 BINARY 数据类型允许 NULL 值（指空值或无意义的值）时，将被视为 VARBINARY 数据类型。一般情况下，由于 BINARY 数据类型长度固定，因此它比 VARBINARY 数据类型的处理速度快。

4. 逻辑数据类型

BIT 数据类型，占用 1 个字节的存储空间，其值为 0 或 1。如果输入 0 或 1 以外的值，将被视为 1。BIT 数据类型不能定义为 NULL 值。

5. 字符数据类型

字符数据类型是使用得最多的数据类型，它可以用来存储各种字母、数字符号、特殊符号等。一般情况下，使用字符数据类型的数据时须加上单引号或双引号。

（1）CHAR 数据类型

CHAR 数据类型的定义形式为 CHAR [n]。以 CHAR 数据类型存储的每个字符和符号占 1 个字节的存储空间，n 表示所有字符所占的存储空间，n 的取值为 1 到 8 000，即可容纳 8 000 个 ANSI 字符。若不指定 n 值，则系统默认值为 1。若输入数据的字符数小于 n，则系统自动在其后添加空格来填满设定好的空间。若输入的数据过长，将会截掉其超出部分。

（2）NCHAR 数据类型

NCHAR 数据类型的定义形式为 NCHAR [n]。它与 CHAR 数据类型相似，不同的是 NCHAR 数据类型中 n 的取值为 1 到 4 000，因为 NCHAR 数据类型采用 Unicode 标准字符集，Unicode 标准规定每个字符占用 2 个字节的存储空间，所以它比非 Unicode 标准的数据类型多占用一倍的存储空间。使用 Unicode 标准的好处之一是存储单位的容纳量大大增加了，可以将全世界的语言文字都囊括在内，在一个数据列中可以同时出现中文、英文、法文、德文等，而不会出现编码冲突。

（3）VARCHAR 数据类型

VARCHAR 数据类型的定义形式为 VARCHAR [n]。它与 CHAR 数

据类型相似，n 的取值也为 1 到 8 000，若输入的数据过长，将会截掉其超出部分。不同的是，VARCHAR 数据类型具有变动长度的特性，因为 VARCHAR 数据类型的存储长度为实际数值长度，若输入数据的字符数小于 n，系统不会在其后添加空格来填满设定好的空间。一般情况下，由于 CHAR 数据类型长度固定，它比 VARCHAR 数据类型的处理速度快。

（4）NVARCHAR 数据类型

NVARCHAR 数据类型的定义形式为 NVARCHAR［n］。它与 VARCHAR 数据类型相似。不同的是，NVARCHAR 数据类型采用 Unicode 标准字符集，n 的取值为 1 到 4 000。

6. 文本和图像数据类型

文本和图像数据类型用于存储大量的字符或二进制数据。

（1）TEXT 数据类型

TEXT 数据类型用于存储大量文本数据，其容量理论上为 $1 \sim 2^{31}$ 个字节，在实际应用时需要视硬盘的存储空间而定。

SQL Server 2000 以前的版本中，数据库中一个 TEXT 对象存储的实际上是一个指针，它指向一个个以 8 KB（8 192 个字节）为单位的数据页。这些数据页是动态增加并被逻辑链接起来的。在 SQL Server 2000 中，则将 TEXT 和 IMAGE 数据类型的数据直接存放到表的数据行中，而不是存放到不同的数据页中。这就减少了用于存储 TEXT 和 IMAGE 数据类型的空间，并相应减少了磁盘处理这类数据的 I/O 数量。

（2）NTEXT 数据类型

NTEXT 数据类型与 TEXT 数据类型相似，不同的是，NTEXT 类型采用 Unicode 标准字符集，因此其理论容量为 $2^{30}-1$（1 073 741 823）个字节。

（3）IMAGE 数据类型

IMAGE 数据类型用于存储大量的二进制数据，其理论容量为 $2^{31}-1$（2 147 483 647）个字节，其存储数据的模式与 TEXT 数据类型相同，通常用来存储图像等。在输入数据时同 BINARY 数据类型一样，必须在数据前加上字符"0X"作为二进制标识。

7. 日期和时间数据类型

DATETIME 数据类型用于存储日期和时间。它可以存储从公元 1753 年 1 月 1 日零时起到公元 9999 年 12 月 31 日 23 时 59 分 59 秒之间的日期和时间数据。

3.2.5 数据转换

由于每一个软件后台数据库的构架与数据的存储形式都是不相同的，因此就需要对数据进行转换。并且由于数据量的不断增加，原来数据构架可能变得不合理，不能满足各方面的要求，从数据库的更换、数据结构的更换，变为数据本身的转换。

ETL 的过程就是从不同数据源获取数据之后，将其转换为目标系统所兼容的格式，最后将其导入目标系统中。所有的数据集成，不管是批处理还是实时方式、同步还是异步、物理的还是虚拟的，基本上都是围绕着这些基本动作展开。

数据转换是将数据从一种表示形式变为另一种表示形式的过程。

例如，对两个操作数进行运算，当操作数的类型不同，而且不属于基本数据类型时，经常需要将操作数转换为所需要的类型，这个过程即为强制类型转换。强制类型转换有两种形式：显式强制类型转换和隐式强制类型转换。

对于不同类型的数据库文件，现有的通用数据库格式转换工具可快速地实现数据库转换，即支持在 Oracle、Sybase、Informix 和 DB2、SQL Sever、Access、Excel 等数据库间进行互相转换。同时，还可以实现数据库的移植、异构数据库之间的同步。

3.3 数据资产管理

3.3.1 数据规划

数据规划是根据国家标准、行业标准及企业实际业务情况，兼顾各个标准之间的兼容性、一致性以及标准的可扩展性，并结合企业数据特点进行归纳整理，制订规划出企业数据规划体系。在数据规划过程中，应本着尽量减少对业务系统管理过程的影响为原则，以尽量符合企业标准为前提条件，完成企业数据规划。

数据规划需在已有的数据标准的基础上提供完善的数据调研方案。调研方案中需详述要实现的目标、实现的具体方法以及保障目标达成的具体措施，并且要包含合理的历史数据留存方案，以及如何提供保障数据标准长期、稳定、高质量运行的数据规划体系。数据规划主要分为数据操作层、公共数据层、应用数据层三层结构。

1. 数据操作层

数据操作层用来存放源系统的全部历史数据，该区域的数据表与数据源的库表结构及数据内容保持一致，不对原始数据进行其他加工处理。

该区域的结构化数据的模型设计无须建立逻辑模型，只需按源系统库表结构建立物理模型。

2. 公共数据层

公共数据层的数据模型结构按照表命名规则来规范。公共数据层的重点是对数据值（包括实体和明细数据）进行清洗和治理，如对数据值编码规则、取值范围等根据项目中梳理和定义的数据标准进行转换，去除表内重复行数据。

3. 应用数据层

应用数据层的数据模型是根据业务场景设计输出分析得到的数据项需求，对公共数据层中的数据进行整合的结果。整合主要是指横跨业务系统数据源后对业务实体的综合抽象，按照一数一源去除重复属性。

应用数据层主要包括支撑业务场景需要的实体数据、明细数据、公共维度数据以及参考数据等。

3.3.2 元数据管理

元数据平台用来管理接入信息系统的技术元数据、业务元数据与操作元数据。实现元数据平台与现有平台的集成，包括支持采集和导出元数据、管理元数据存储知识库、支持元数据交互、支持开放的元数据标准。

元数据管理为企业元数据管理体系提供可靠的依据，帮助企业绘制数据地图、统计数据口径、标明数据方位、分析数据关系和管理模型变更，从而更加有效地发掘和利用信息资产的价值，实现精准高效的分析和决策，推进系统变更，降低数据使用风险。

元数据管理可以辅助数据质量问题的定位，当出现数据质量问题的时候，可通过元数据管理系统查看元数据的血缘分析，可追溯数据质量问题发生的原因。

元数据管理描述企业信息资产，与企业信息系统息息相关。元数据管理作为企业的基础设施，能够有效地共享元数据信息，将元数据系统逐步渗透到日常工作中，最大程度地帮助企业人员更好地理解和使用信息资产。

1. 元数据采集

元数据采集是指获取数据源数据，对数据进行转换，然后将数据写入元数据系统中的过程。元数据采集整体上可分为客户端与服务器端，客户端包括适配器、数据源、采集任务等的配置，服务器端则负责真正的采集数据、转换数据、入库等操作。

2. 元数据维护管理

元数据维护管理为用户提供元数据实例的添加、删除、修改、查询功能。元数据版本管理功能是用来管理元数据版本信息，其中包括定版、版本比较、版本查询、历史对比等功能。用户定版后，可对不同时段的版本进行差异比对。

3. 元数据导出

可以将多种元数据导出到 Excel 文件中，导出文件的格式取决于元模型，每个元数据的输出与元模型类的属性对应，并且输出选定的元数据之间的依赖关系，组合关系在每个元数据的输出中体现。

4. 元数据更新管理

当元数据发生变更后，可以查询到该变更的具体内容及相关的影响分析。

3.3.3 数据质量管理

数据质量管理按数据规划层次划分为数据操作层、公共数据层和应用数据层,对每个层级数据分别进行管理,其中各层级要求数据质量管理实现如下。

1. 数据操作层质量管理

数据操作层质量管理主要针对采集的数据质量和存储的数据质量进行管理。数据质量管理系统采集源系统和数据存储平台所需的质量监控数据,它是数据质量管理和应用的基础。

采集的数据质量管理范围包括:源系统关键数据、源系统接口信息、元数据和主数据接口信息、数据处理过程信息和业务指标数据等。

存储的数据质量管理范围包括:数据质量规则库,用于存储数据质量系统的相关规则信息,包括质量监控和质量评估涉及的相关规则和模型等;数据质量监控信息库,用于存储数据质量所有的告警信息、质量评估信息、数据质量监控报表等;数据质量问题信息库,用于存储数据质量所有的质量问题、问题处理方案、问题处理信息等。

2. 公共数据层质量管理

公共数据层是数据质量管理的基础,它为数据质量管理的前端应用提供了基本的支撑,主要包括以下6个部分。

(1)源系统变更协同管理

源系统变更协同管理是数据质量管理人员获取源系统变更信息,调用元数据管理模块相关分析功能,对源系统变更进行影响分析,以对源系统变更进行事前管理的过程,主要包括变更受理、变更分析、变更确认、变更上线和任务管理等。

(2)数据质量监控

数据质量监控是根据配置的规则或算法,对采集数据进行数据质量监控,对发现的数据质量异常情况进行告警和拓扑呈现的过程,包括源系统关键数据稽核、实体数据检查、处理过程检查、关键指标检查、告警管理和规则配置等。

(3)数据质量评估

数据质量评估包括源接口基础数据质量评估和数据平台指标分析。源接口基础数据质量评估是根据评估指标和评估方法,对源接口基础数据的数据质量进行评价。数据平台指标分析是通过对指标进行关联性检查发现潜在的数据质量问题，将得到的评估结果作为系统质量改进的参考和依据。

（4）**数据质量报告**

数据质量报告是对数据质量管理各环节累积的各种信息进行汇总、梳理、统计和分析，形成统计报告的过程，其基本功能主要包括报告生成、报告发布、报告查询和报告归档。

（5）**数据质量问题处理**

数据质量问题处理是指按照问题处理流程，对在系统监控时发现的问题以及手工提交的问题进行处理的过程，包括问题生成、问题分析、问题处理（包括流转）和问题总结。

（6）**数据质量对外服务**

数据质量对外服务负责数据质量管理系统与外部系统的信息交互，主要包括质量检测规则制定、质量评价权重配置、质量检测任务配置、质量报告反馈和修正（指通过确定的规则在清洗过程中修正）、量化质量评价的解释。

3. 应用数据层质量管理

在数据质量管理公共数据层的支持下，应用数据层质量管理为数据质量管理各环节管控和处理提供具体的应用解决方案，主要包括源系统变更协同管理、源系统数据质量稽核、ETL 数据质量监控、前端应用数据质量监控、数据质量信息查询应用。应用数据层质量管理对系统中的数据质量问题进行统计分析和预警，找出其中的问题分布比率，包括数据质量问题类型分析、数据质量问题发生曲线图等。

3.4 数据服务

3.4.1 统计分析

传统的数据分析工具或者解决方案解决的是"看什么和要什么"的问题，这种模式可能解决部分问题，但其最大的问题在于"只能复述过去，但不能发现现在的问题"。换言之，这种模式能达到的最高等级就是将过去的数据粗浅地展现而已，而不能发现问题的所在，对解决问题以及后续的工作和管理流程改进没有贡献。如果不能改进工作和管理流程，那将失去数据智能分析建设的意义。

因此，统计分析必须具有仪表盘、电子表格、数据门户、在线分享、多屏等分析方式，将数据层层剥离，深入问题本质，解决"掌控现在"的问题，从而可以切实改进工作和管理流程。

统计分析整合并优化内外各类计算能力，形成一套完整的数据智能化分析模式来完成各类分析操作。

统计分析自助式的拖曳分析模式，可以让业务人员方便地使用数据进行分析，更快速地从数据中获取潜在的价值。

用户可以随机选择一个数据分析维度作为出发点，系统会根据底层的数据关系，为用户不断提供其他的分析视角，适合用户不知道需要分析什么的场景，通过系统引导，可以发现意想不到的结果。

1. 仪表盘图表统计分析

仪表盘图表统计分析是拖曳式的在线分析与可视化制作功能，支持拖曳式页面布局且一次制作自动适配PC、移动、大屏等多终端；支持云图、柱状图、指标墙等40种图表组件；支持多组件关联查询、组件联动分析等联动分析组件；支持筛选器、文本、图片等多种控件组件。

2. 电子表格统计分析

电子表格统计分析是采用类似Excel的方式提供在线的数据分析能力，以单元格为数据单元，支持本地复制录入及数据集方式获取数据，所有的单元格之间支持关联。

3. 数据门户场景分析

数据门户是制作完成的仪表盘及电子表格等，用于业务场景的统计分析，它基于业务场景、业务部门、营销等进行目录组织，帮助团队一站式访问。

4. 在线分享统计分析

在线分享统计分析践行"人人都是数据分析师"的同时，提供公开、分享、协同编辑等能力，基于场景打造在线分享服务能力。

5. 多屏统计分析

多屏统计分析可适配 PC、移动、大屏等多终端，根据自动适配达到最好的展示效果，最优化展示数据分析内容。

3.4.2 数据开发

数据开发在数据治理、大数据应用等领域很好地解决了数据管理领域中的数据标准化和数据质量管理等问题。通过规范建模的方式，大大简化复杂业务逻辑和业务功能的实现，提高数据开发的易用性。

数据开发是一种全域数据汇聚、融合、开放共享的数据创新，为智能数据应用提供全量、干净、标准、智能的数据。数据开发的主体是数据，其表现形态是表，包含元数据、内容、状态、使用情况、权限、生命周期、数据关联和业务视图等。数据开发体系包括了业务板块划分、数据域提炼、业务过程梳理、原子指标 / 度量定义、派生指标定义及管理，维度分析整理以及数据模型的设计。

数据开发包含数据集成管理、数据治理服务、数据标签管理、数据健康管理等模块，可实现标准数据模型管理、应用数据模型管理、数据质量管理、血缘及影响分析和业务算法模型管理及应用。

1. 数据集成管理

基于"即时、全量、全网、全视频"的数据资源平台特性要求，跨网业务系统间的安全数据共享需求日趋迫切，如何在确保数据传输和应用安全的同时，实现数据信息的共享与服务共享，是数据资源平台快速落地交付的迫切需求。

针对安全性、实时性较高的数据接入需求，在跨网数据接入中规划设计智能数据集成管理，可实现各个业务数据在不同网络之间的数据聚合需求。

2. 数据治理服务

数据治理服务根据数据质量管理的要求，利用相关技术的数据清洗规则，将问题数据转化成满足数据质量要求的数据。数据治理的内容如下：

（1）对不符合要求的数据进行正确处理。

（2）删除重复数据：只保留一份权威数据。

（3）补全缺失数据：对于不完整数据，经过新增或者补录成为完整数据。

（4）纠正错误数据：对于错误数据，通过已建的纠错系统，修改为正确数据。

（5）数据格式、代码转换：对于格式不正确、代码不正确的非标准数据，通过 ETL 工具的清洗转换，修改为标准数据。

（6）数据整合：确认权威数据源，将两系统相同字段进行去重处理，扩展数据维度。

3. 数据标签管理

数据标签管理提供数据治理工作后的数据以业务化视角查看、管理、使用的功能，并提供自定义业务标签的制作，为应用开发提供统一的数据目录和调用接口。

4. 数据健康管理

数据健康管理拥有全链路的数据监控能力，可自定义（拖曳式）创建数据监控链路，节点监控类型包括第三方应用异常上报、任务状态监控信息和数据质量监控信息等。

实验 3 数据预处理

实验操作视频

数据预处理

> **实验原理**
>
> 许多数据是杂乱无章的，需要进行预处理操作。借助蓝鹰数据分析平台，能够执行一系列的数据预处理操作，如过滤、合并等。
>
> **实验内容**
>
> 我们已经备妥了电商数据集，这些数据集将导入蓝鹰数据分析平台进行处理。接下来，将利用这些数据集执行一系列预处理步骤。
>
> **实验指导**
>
> 实验 3.1 进行数据预处理实验
>
> （1）选择"数据视图"菜单，单击"新增"按钮，输入名称"数据预处理"后单击保存，如图 3-6 所示。

图 3-6
新增数据视图

（2）选择"电商数据集"，如图 3-7 所示。

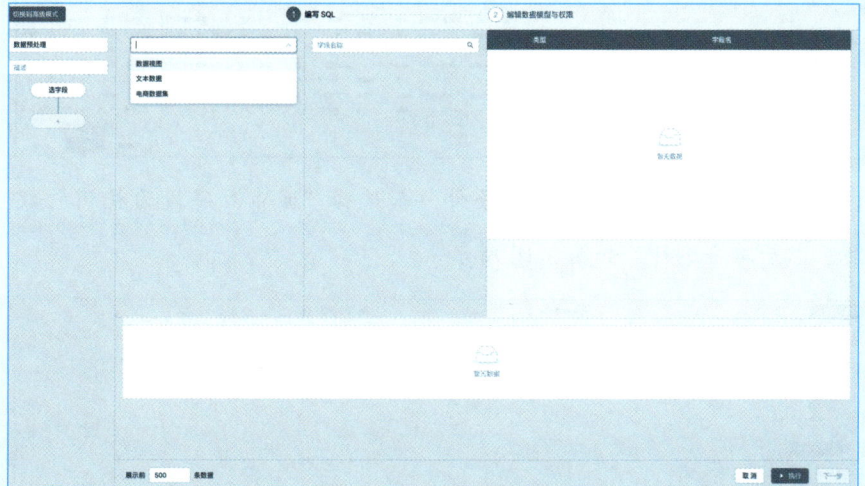

图 3-7
选择"电商数据集"

（3）选择"超市销售数据表"，再单击任意字段，选择要使用的分析字段，单击"执行"按钮，如图 3-8 所示。

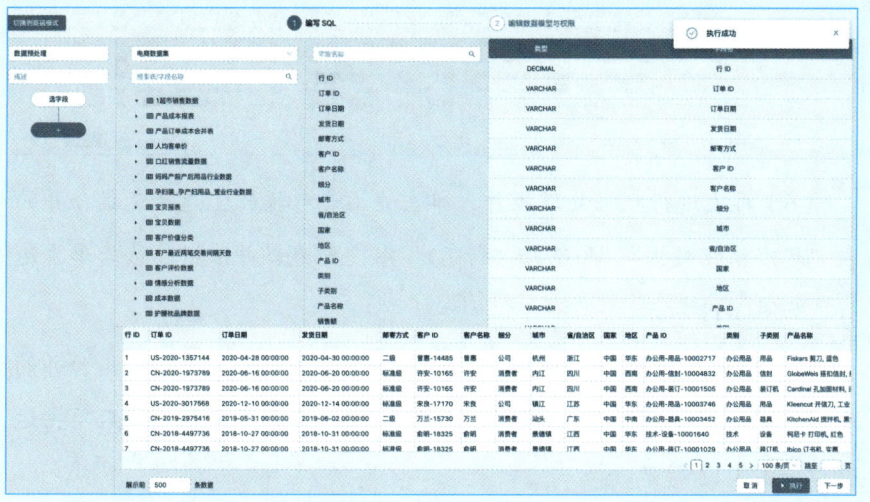

图 3-8
分析字段

（4）单击左侧"+"号，显示字段相关操作（过滤等），如图3-9所示。

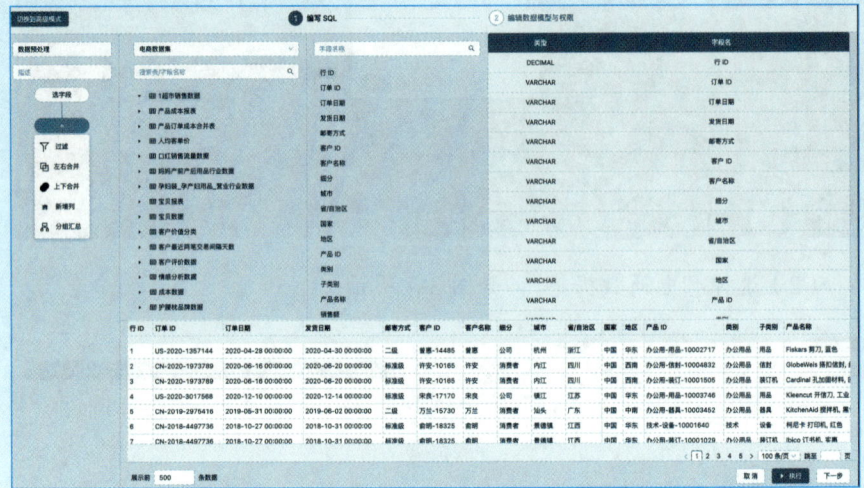

图 3-9
显示数据操作

（5）单击过滤操作，添加条件，如选择"城市"字段为杭州的数据，然后单击运行，如图3-10所示。

图 3-10
执行过滤操作

（6）再次进行数据处理操作，单击左右合并操作，选择交集合并的表"超市销售数据"，如选择"行ID"字段作为合并依据，然后单击运行，如图3-11所示。

（7）再次进行数据处理操作，单击上下合并操作，选择交集合并的表"超市销售数据"，如选择"行ID"字段作为合并依据，然后单击运行，如图3-12所示。

图 3-11
合并操作

图 3-12
上下合并

（8）进行"新增列"操作，执行拼接操作，将"产品 ID"和"产品名称"拼接在一起，如图 3-13 和图 3-14 所示。

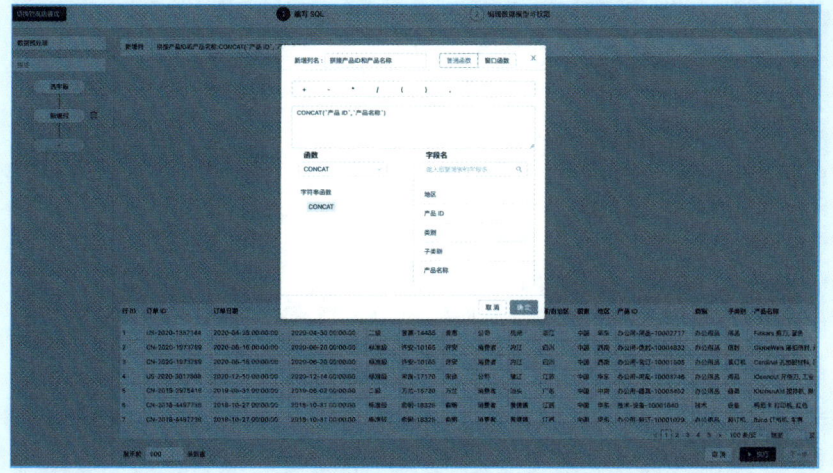

图 3-13
新增列

图 3-14 拼接结果

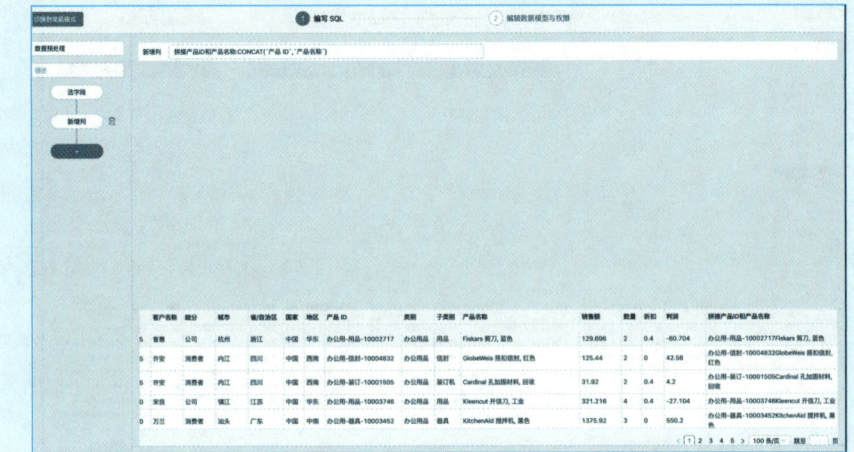

（9）进行"分组汇总"操作，将数据按"城市"分组，如图 3-15 所示。选择汇总方式，如图 3-16 所示。

图 3-15 分组汇总

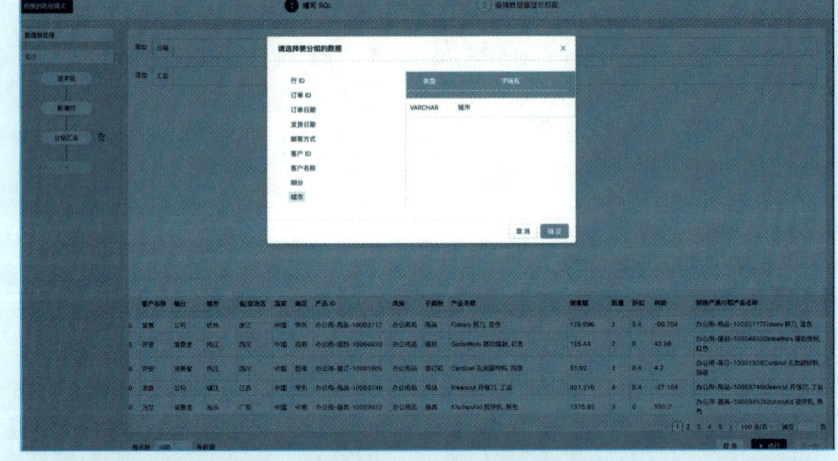

图 3-16 汇总方式

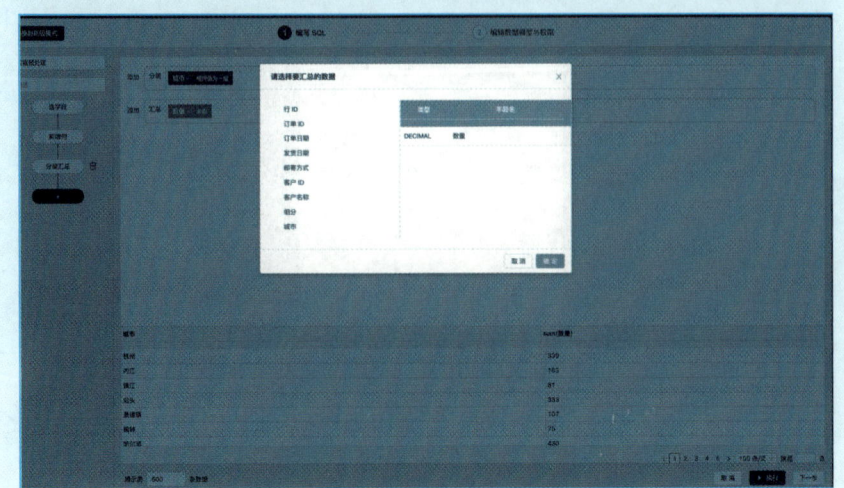

(10)最后得到分组汇总结果,如图 3-17 所示。

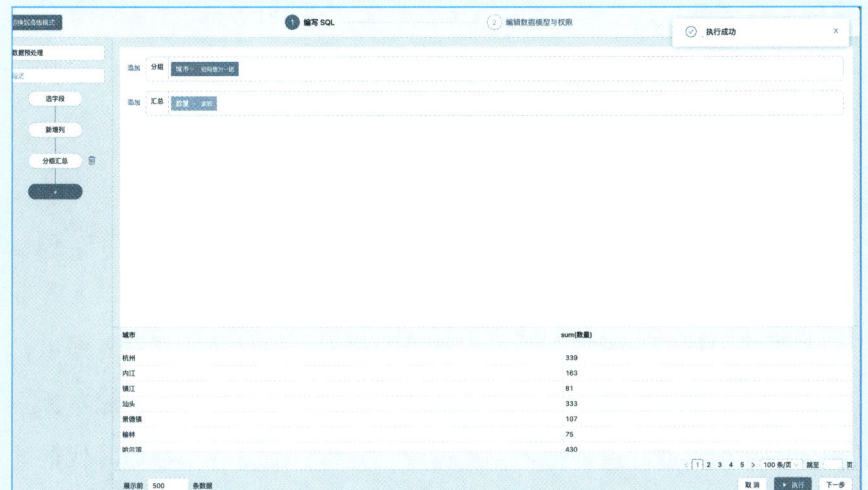

图 3-17
汇总结果

实验报告

1. 完成数据过滤处理操作。
2. 完成数据左右合并处理操作。
3. 完成数据上下合并处理操作。
4. 完成数据新增列处理操作。
5. 完成数据分组汇总处理操作。

拓展学习

数据的清洗、
转化和加载

第 4 章

大数据统计分析技术

大数据相对于一般数据，不仅是量的积累，更是质的飞跃。海量、不同来源、不同形式、包含不同信息的数据通过整合、分析，将原本孤立的数据变得互相联通。这使得人们通过数据分析，能发现小数据时代很难发现的新知识，创造新的价值。大数据不能被直接拿来使用，必须进行必要的大数据分析，而统计分析是大数据分析的灵魂。

4.1 统计分析概述

4.1.1 统计分析的概念

1. 统计分析的定义

统计分析是指运用统计方法及与分析对象有关的知识，定量与定性相结合，对样本数据进行的研究活动。它是继统计设计、统计调查、统计整理之后的一项十分重要的工作，是在前几个阶段工作的基础上通过分析从而达到对研究对象更为深刻的认识，它又是在一定的选题下，集分析方案的设计、资料的收集和整理而展开的研究活动。

大数据分析是指用适当的统计分析方法对收集来的大量数据进行分析，提取有用的信息，以及对数据加以详细研究和概括总结的过程。大数据分析可帮助人们作出判断，以便采取适当行动。

大数据时代，在总数据量相同的情况下，与个别分析独立的小型数据集相比，将各个小型数据集合并后进行分析，可得出许多额外的信息和数据关系，可用来察觉商业趋势、判定研究质量、避免疾病扩散、打击犯罪或测定实时交通路况等，这样的用途正是大型数据集盛行的原因。但是，大数据不能被直接拿来使用，大数据告知信息但不解释信息，"全数据"并不是真正意义上的全数据，而且全数据仍然具有不确定性。因此，大数据时代，统计学依然是数据分析的灵魂，数据分析的很多根本性问题和小数据时代并没有本质区别。当然，大数据的特点确实对数据分析提出了全新挑战。例如，将许多传统统计方法应用到大数据上，巨大的计算量和存储量往往使其难以承受；对结构复杂、来源多样的数据，如何建立有效的统计学模型也需要新的探索和尝试。对于新时代的数据科学而言，这些挑战需要创造新的思想、方法和技术。

2. 统计分析的意义

大数据技术的战略意义不在于掌握庞大的数据信息，而在于对这些数据进行专业化处理。可以说，大数据分析是决策过程中的决定性因素，也是大数据时代发挥数据价值的关键环节。大数据分析技术帮助企业了解客户、锁定资源、规划生产、开拓新的业务。目前，我国越来越多的企业对大数据分析需求大幅上升，需要借助大数据分析专业服务机构的服务或引进专业的大数据分析师，快速挖掘数据背后的潜在价值，为其经营管理决策、投资决策提供科学和理性的依据。

大数据分析行业在欧美等国家已经发展得十分成熟，并早已广泛应用于各个领域，很多国家成立了相应的行业组织或管理机构，拥有专业的大数据分析人员和机构。在我国，大数据分析行业在十多年的发展中取得了一些成就，但仍然有极大的空间和领域有待拓展，大数据分析也将越来越多地应用于国民经济的各个领域。以零售、电商、通信、金融服务等行业领域为例，这些领域是目前大数据分析应用相对较成熟的领域。企业可通过对消费者的爱好、需求以及品牌忠诚度等因素进行大数据分析，来制订服务和营销的智能决策；通过对通信、金融活动记录的大数据分析，来精准地拓展业务和更好地服务客户。

任何一个行业的发展都离不开专业人才的培养。大数据分析质量的高低在一定程度上可反映一个国家经济管理领域的发达程度，而大数据分析人才的数量和质量又决定着大数据分析的质量，因此，培养高素质的大数

据分析专业人才是非常重要的。随着越来越多的企业认识到大数据分析的重要性，对大数据分析人才的需求近年来呈现快速增长的态势。然而，由于大数据分析师需要具备多方面的素质，符合企业招聘条件的人才严重不足，专业的大数据分析人才的培养显得尤为迫切，这也为有志在大数据分析行业谋求发展的个人提供了非常好的机遇。

我国的大数据分析行业的发展前景十分光明，大数据分析的重要价值必将在社会管理、企业经营等方面表现得越来越明显，每个人也将从中受益。大数据分析不仅会带来社会经济价值，更将会使人们的生活变得更美好。

4.1.2 统计分析的特点

1. 传统统计分析的特点

基于抽样样本数据进行的统计分析实质是透过现象的质量表现来揭示现象的本质及其规律性，并预测其发展趋势的一种认识活动，这也决定了传统统计分析认识论的特点。

（1）目的与对象相统一。统计分析是从调查、整理所掌握的大量数据出发，对客观社会经济现象的变动进行分析研究的，因而资料的收集、整理与统计分析方法的运用，均要服从研究对象的性质。

（2）定性与定量相结合。统计分析虽然是从数据入手，但在分析过程中始终是定量分析与定性分析相结合的。定量分析是指采用统计的方法分析研究事物的数量表现、数量关系及决定事物本质的数量界限，其特点是具体生动。定性分析是指对客观事物进行逻辑推理的分析研究，以寻求事物的本质与规律。在统计分析中，把这两种分析有机地结合起来，用定量证明定性，用定性统率定量，使对事物的分析既有理论原则，又有量化特点的有说服力的实证；使决策建议具有科学性和可操作性（或可行性）。

（3）系统性与全面性。统计分析是把相关的指标数值联系起来，对被研究现象进行全面、系统的分析。唯物辩证法认为，客观事物都是相互联系、相互制约的；任何事物孤立起来都是不可知的，只有把事物放在联系的总体中才能认识事物的本质；而每一个相对独立的事物都是作为系统而存在的。因此，对任何一种社会经济现象的变动进行分析时，都不能仅局限在一两个指标上，而应进行系统分析，从整体上考虑问题，对事物的内在联系、相互关系和发展规律进行综合分析，找出解决问题的最佳方案。

（4）原则性。统计分析是在一定的理论原则指导下进行的，要掌握相应的科学技术知识才能保证分析的质量，提高分析的水平。

（5）能动性。统计分析的过程是认识上质变的过程，即由感性认识能动地过渡到理性认识。

（6）变化性。统计分析是具体的。统计分析所说明的是在一定时间、地点、条件下的具体情况和具体事物的本质及其发展规律。因此，随着时间的推移，为了满足改造客观世界的需要，统计分析需要连续不断地进行，并且将对其不断提出新的、更高的要求。

2. 大数据统计分析的特点

美国著名课堂观察应用软件开发商的研究表明，在一节 40 分钟的普通中学课堂中，一个学生所产生的全息数据有 5～6 GB，而其中可归类、标签并进行分析的量化数据有 50～60 MB，这相当于他在传统数据领域中积累 5 000 年的数据总和。而要处理这些数据，需要运用云计算技术，并且需要采用 MATLAB、R 等软件进行处理并进行数据可视化。而能够处理这些数据的专业人才一般来自数学或计算机工程领域，需要极强的专业知识与培训。更为难能可贵的是，大数据挖掘并没有固定的方法，更多地需要依靠挖掘者的天赋与灵感。

（1）**大数据分析与传统数据分析的区别**

传统数据分析诠释宏观、整体的状况，用于影响宏观政策决策；而大数据可以分析微观、个体的状况，用于调整决策行为与实现个性化需求。

传统数据挖掘方式、采集方法、内容分类、采信标准等都已存在既有规则，方法论完整；而大数据挖掘的为新鲜事物，还没有形成清晰的方法、路径及评判标准。

传统数据来源于阶段性的、针对性的评估，其采样过程可能有系统误差；大数据来源于过程性的、即时性的行为与现象记录，这种第三方、技术型的观察采样的方式误差较小。

传统数据分析所需要的人才、专业技能以及设施设备都较为普通，易获得；大数据挖掘对需要的人才及其专业技能以及设施设备要求较高，并且从业者需要有创新意识与数据挖掘的灵感，而不是按部就班，这样的人才十分稀缺。

（2）大数据分析与传统数据仓库分析的区别

大多数传统数据仓库都有一个精致的提取、转换和加载的流程以及数据库限制，这意味着加载进数据仓库的数据是容易理解的、清洗过的，并符合业务的元数据。大数据最大的优点是针对非结构化数据，意味着不能保证输入的数据是完整的、清洗过的，这使其更具有挑战性，但也提供了更多的洞察力范围。

传统分析是建立在关系数据模型之上的，主题之间的关系在系统内已经创立过，分析也在此基础上进行。非结构化数据以图片、视频、移动信息、无线射频识别等形式存在，对于这样的数据很难以一种正式的方式建立关系。

传统分析是一种定向的批处理，而且人们在获得洞察力之前需要完成提取、转换和加载的工作，而大数据分析是利用软件进行实时分析。

传统分析系统是通过昂贵的硬件如 MPP 或 SMP 实现的，而大数据分析是通过诸如 Hadoop、Spark、Storm 等分析数据库来实现的。

4.1.3 统计分析的应用

在大数据时代，如何挖掘大数据的价值一直是一个难题。下面介绍国内外一些利用大数据分析创造价值的成功案例。

1. 利用大数据帮助能源公司设置发电机地点

丹麦能源公司维斯塔斯利用业界领先的 IBM 大数据分析软件和卓越的

IBM系统优化风力涡轮机配置方案，从而实现最高效的能量输出。对于可再生能源行业而言，风力涡轮机的选址和配置是一项重大挑战。维斯塔斯正是面临该项挑战，希望将公司业务拓展到全新市场，并积极促进风能在全球的普及。

通过在IBM"烈焰风暴"超级计算机上运行IBM BigInsights软件，维斯塔斯公司得以分析诸多类型的拍字节结构化和非结构化数据，如气象报告、潮汐相位、地理空间与传感器数据、卫星图像、森林砍伐地图，以及用于精确安装定位的气象建模研究等。通过对这些数据的分析，可以迅速确定风力涡轮机和风电场的最佳位置。这些以前需要数周时间完成的分析工作现在只需不到一小时即可完成。

据悉，维斯塔斯在丹麦的厂房选址与预测部门充分运用IBM在分析上的专长，为客户设计新一代风力发电方案。IBM安排一支大数据分析项目专家团队为该部门提供全天候24小时技术支持。此外，维斯塔斯能够以虚拟访问方式访问IBM位于硅谷的大数据开发实验室，进一步帮助其探索发掘分析技术在风能领域的全新应用途径。

IBM信息管理软件总经理表示："维斯塔斯与IBM的合作展现了大型组织如何利用大数据分析和超级计算机制订智慧商务决策，在有力推动增长的同时推动大数据分析这个全球最前沿研究的进展。现在，我们正在帮助客户在不受数据传播速度和数据来源的限制下从各种类型数据中获得洞见。我们相信这种至关重要的能力将为整个行业带来变革。"

2. 大数据帮助零售企业制订促销策略

沃尔玛公司拥有全球最大的数据仓库系统之一。为了能够准确了解顾客在其门店的购买习惯，沃尔玛对其顾客的购物行为进行了购物篮关联规则分析，从而知道顾客经常一起购买的商品有哪些。在沃尔玛庞大的数据仓库里集合了其所有门店的详细原始交易数据，

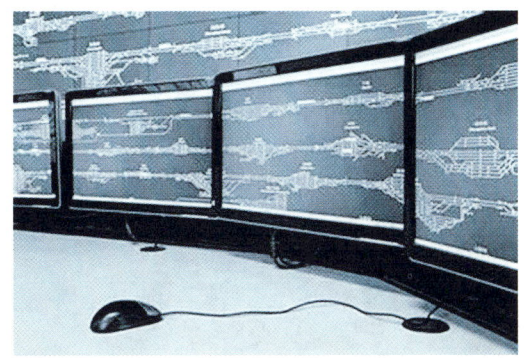

在这些原始交易数据的基础上,沃尔玛利用大数据挖掘工具对这些数据进行分析和挖掘。一个令人惊奇和意外的结果出现了:跟纸尿裤一起购买最多的商品竟是啤酒。这是大数据挖掘技术对历史数据进行分析的结果,反映的是数据的内在规律。那么,这个结果符合现实情况吗?是否是一个有用的知识?是否有利用价值?

为了验证这一结果,沃尔玛派出市场调查人员和分析师对这一结果进行调查分析。经过大量实际调查和分析,他们揭示了隐藏在"啤酒与纸尿裤"背后的美国消费者的一种行为模式:在美国,到超市去买婴儿纸尿裤是一些年轻的父亲下班后的日常安排,而他们中有30%~40%的人同时也会为自己买一些啤酒。产生这一现象的原因是:美国的太太们常叮嘱她们的丈夫不要忘了下班后为小孩买纸尿裤,而丈夫们在买纸尿裤后又随手带回了他们喜欢的啤酒。另一种情况是丈夫们在买啤酒时突然记起他们的责任,又去买了纸尿裤。既然纸尿裤与啤酒一起被购买的机会很多,那么沃尔玛就在其所有的门店里将纸尿裤与啤酒并排摆放在一起,结果是得到了纸尿裤与啤酒销售量的双双增长。按常规思维,纸尿裤与啤酒风马牛不相及,若不是借助大数据分析与大数据挖掘技术对大量交易数据进行挖掘分析,沃尔玛是不可能发现数据内这一有价值的规律的。

3. 大数据对交通行为的预测

基于用户和车辆的移动定位服务(location based service,LBS)的定位数据,可分析人车出行的个体和群体特征,进行交通行为的预测。交通部门可预测不同时间不同道路的车流量,进行智能的车辆调度或应用潮汐车道。用户则可以根据预测结果选择拥堵概率更低的道路。

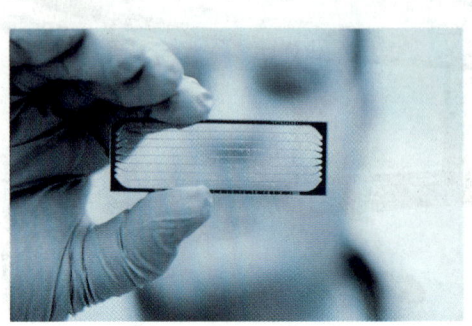

百度基于地图应用的LBS预测涵盖范围更广。春运期间预测人们的迁徙趋势,指导火车线路和航线的设置;节假日预测景点的人流量,指导人们的景区选择;平时还有百度热力图来告诉用

户城市商圈、景点等区域的人流情况，指导用户的出行选择和商家的选点选址。

多尔戈夫的团队利用机器学习算法来创造路上行人的模型。无人驾驶汽车行驶的每千米路程的情况都会被记录下来，汽车计算机就会保存这些数据，并分析各种不同对象在不同环境中的表现。有些司机的行为可能会被设置为固定变量（如"绿灯亮，汽车行"），但是汽车计算机不会死搬硬套这种逻辑，而是从实际的司机行为中进行学习。

这样一来，跟在一辆垃圾运输卡车后面行驶的汽车，如果卡车停止行进，那么汽车可能会选择变道绕过去，而不是也跟着停下来。截至 2025 年 7 月，谷歌已建立了约 1.609×10^7 km 的行驶数据，这有助于谷歌汽车根据自己的学习经验来调整自己的行为。

4. 大数据在能源领域的应用

在能源领域，大数据的应用也日益广泛。以智能电网为例，欧洲已实现了终端设备——智能电表的全面覆盖。在德国，家庭太阳能利用政策鼓励民众安装太阳能设备，不仅为民众省了电费，还能回购多余的电量。电网系统每五分钟或十分钟收集一次数据，这些数据可用于分析客户的用电习惯，进而预测未来 2 到 3 个月的用电需求。

5. 大数据在体育领域的应用

在运动大数据分析系统方面，如今发展较为迅速，尤其在竞技体育、大众健身和体育产业等领域，结合大数据、人工智能、物联网等技术，构建了多种数据分析平台和系统。

如上海创冰科技、北京同道伟业、深圳魔方元科技等国内著名竞技数据分析公司，它们在足球、篮球等职业体育领域主要服务于职业球队、国家队和青训机构，能够将实时比赛数据进行建模，支持博彩、转播和青训等应用，提供比赛战术分析、运动员表现评估、伤病预测等服务。它们能轻松查看所需的数据统计、球员个人表现以及比赛反应等信息。这一过程不仅高效，还能确保所有可量化的数据都被充分利用，为球队提供有力的决策支持。

4.2 统计分析的常见指标

4.2.1 统计指标概述

1. 统计指标概念

统计指标简称指标，是反映同类社会经济现象总体综合数量特征的范畴及其具体数值。统计指标属于十分重要的统计学基本范畴，对统计指标通常有两种理解和使用方法：一是用来反映现象总体数量状况的基本概念，如年末全国人口总数、全年国内生产总值、国内生产总值年度总增长率等；二是反映现象总体数量状况的概念和数值。

2. 统计指标的特点

（1）数量性。统计指标反映的是客观事物的数量属性，而不是品质属性，不存在不能用数字表示的统计指标。只有当客观事物的特定方面表现为可观测的数量时，才能构成统计指标。

（2）总体性。统计指标反映的是客观事物的总体现象，而不是个体现象。统计指标总是对在大量个体中反复出现的某种共同的数量特征进行概括和综合而形成的。个别现象和数量特征不是统计指标。但是统计指标的形成离不开个体资料，它是统计指标进行概括和综合的基础。

（3）具体性。统计指标反映的总体数量特征总是客观存在的，而不是主观抽象的概念和数字。它总是反映一定的时间、地点和条件下发生的客观事实，并且这一事实的数量表现能被观察出来，不存在脱离了质的内容的统计指标。

3. 统计指标的种类

统计指标按所说明的总体现象内容的不同，可分为数量指标和质量指标。数量指标（外延指标）用绝对数表示，有单位，指标数值随总体外延规模范围的大小而增减，如全校人数大于一班人数。数量指标也称总量指标，它可分为总体单位总量指标（即总体中单位的总数目）和总体标志总量指标（即总体中各单位某一标志值的总和）。质量指标（内涵指标）以相对数和平均数的形式表示，与总体范围的变化无内在联系，如劳动生产率、平均工资等。

统计指标按作用和表现形式的不同，可分为总量指标、相对指标、平均指标、标志变异指标四类，分别反映现象的规模、水平、结构、比例、集中分散程度的数量特征。例如，人口数是总量指标，人口的增长速度是相对指标，平均工资是平均指标，而标志变异指标说明差异程度。总量指标是基础指标，其数值大小随研究范围大小而增减；而相对指标和平均指标属于总量指标的派生指标，其数值大小与研究范围大小无关。

按作用和功能的不同，统计指标可以分为描述指标、评价指标、监测指标和预警指标。描述指标是反映总体及其组成部分的规模、水平和数量关系的统计指标。评价指标表示总体运行结果的质量好坏。监测指标是对总体的运行是否偏离计划目标，亦即总体运行的平衡或协调情况进行跟踪和监测的指标。预警指标是对总体运行规律或去向作出显示，从而发出警报的指标。

4. 统计指标体系

统计指标体系是由若干个相互联系、相互作用的统计指标组成的整体，用以说明所研究对象各方面相互依存和相互制约的关系。统计指标体系通常表现为两种情况：一种是可以通过数学公式形式表现出来的统计指标体系。例如，工业总产值 = 工业产品产量 × 产品价格商品销售额。另一种是指标之间不存在数学公式形式的关系，而只是存在着一种相互联系、相互补充的关系。例如，反映国内商品流转情况的指标（购进量、销售量、调拨量、库存量）所形成的指标体系，考核商业企业经济效益的指标（劳动生产率、人均利税率、资金利税率、费用利税率、流动资金周转次数）所组成的指标体系都属于这种情况。

4.2.2 总量指标

1. 总量指标概念

总量指标是反映社会经济现象在一定时间、空间条件下的总规模或总水平的最基本的综合指标，用绝对数表示，因此，总量指标又叫统计绝对数。例如，某企业去年总工资为 100 万元，去年上半年总工资为 30 万元，相减

图 4-1 全国铁路发送旅客人次

得去年下半年总工资。比如全国铁路发送旅客人次，如图 4-1 所示。

2. 总量指标的作用

总量指标是认识社会经济现象的起点。例如，为了科学地指导国民经济和社会的协调发展，就必须通过总量指标正确地反映社会再生产的基本条件和国民经济各部门的工作成果，即反映土地面积、人口和劳动资源、自然资源、国民财富、钢产量、工业总产值、粮食产量、农业总产值、国民收入额以及教育文化等方面的发展状况。

总量指标是实行社会经济管理的依据之一。一个国家或地区为更有效地指导经济建设，保持国民经济协调发展，就必须了解和分析各部门之间的经济关系。它虽然可以用相对数、平均数来反映，但归根结底还是需要掌握各部门在各个不同时间的总量指标。

总量指标是计算相对指标和平均指标的基础。总量指标是统计整理汇总后，首先得到的能说明具体社会经济总量的综合性数字，是最基本的统计指标。相对指标和平均指标一般都是由两个有联系的总量指标相对比而计算出来的，它们是总量指标的派生指标。总量指标计算是否科学、合理、准确，将会直接影响相对指标和平均指标的准确性。

3. 总量指标的种类

（1）总体单位总量指标和总体标志总量指标

总体单位总量指标和总体标志总量指标是相对的，随着总体的变化，单位总量可以变为标志总量，或标志总量变为单位总量。例如，研究某地区全体学生的状况时，所有学生数是总体单位总量指标；而研究该地区所有中学的发展状况，中学数为总体单位总量指标，所有学生数为总体标志总量指标。

（2）时期总量指标和时点总量指标

总量指标按其所反映的时间状况不同，可分为时期总量指标和时点总量指标。时期总量指标是反映总体在某一段时间内累计规模的总量指标，如 2024 年某地区总税收、总产值。时点总量指标是反映总体在某一时刻状态上的规模的总量指标，如 2024 年底存款总额、设备台数等。

时期总量指标与时点总量指标又各有不同的特点：时期总量指标数值一般是连续登记计数，而时点总量指标数值只能间断计数；时期总量指标数值具有可加性，而时点总量指标数值一般不具有可加性；时期总量指标数值的大小与包含时期的长短有直接关系，而时点总量指标数值的大小与时点总量指标的间隔长短无直接关系。简单来说，时期总量指标一般在指标前可以加上形容一段时间的状语，如 2024 年；时点总量指标一般在指标前可以加上形容一个时点的状语，如 2024 年底（初）。

时期总量指标与时点总量指标在经济上又常称为流量和存量，两者之间有密切关系。存量是以前流量的积累，而存量的变动又是流量的一种表现形式。有的流量有对应的存量，如产品产量是流量，相应的存量是产品存货；有的流量没有对应的存量，如出口量是流量，但是没有对应的存量。但是无论哪种情况，流量和存量都有相互依存、相互制约的关系，都有如下的平衡关系：期末存量 = 期初存量 +（本期增加的流量－本期减少的流量）。

4. 总量指标的计量

总量指标的计量形式都是有名数，都有计量单位。根据总量指标所反映现象的性质不同，其计量单位一般有实物单位、价值单位和劳动单位 3 种。

（1）实物单位

实物单位是根据事物的外部特征或物理属性而采用的单位。它又分为：自然单位，如人、台、辆等；国际度量衡单位，如 kg（千克）、m（米）、s（秒）等；复合单位，即两个单位的乘积，如货物周转量 t·km（吨千米）、电的度数 kW·h（千瓦时）等；标准实物单位，按统一的折算标准来计量，它主要用于计量存在差异的工业产品和农产品，如把含氮量不同的化肥都折合成含氮 100% 的标准化肥，把各种能源都折合成热量值为 7 000 kcal/kg 的标准煤等。

（2）价值单位

价值单位是以货币作为价值尺度来计量社会财产和劳动成果。例如，国内生产总值、城乡居民储蓄额、外汇收入、财政收入都必须用货币单位来计量。常见的货币单位有元（人民币）、美元、欧元等。用货币单位计量的总量指标称为价值指标。价值指标具有十分广泛的综合能力，在国民经济管理中起着重要的作用。

（3）劳动单位

劳动单位主要用于企业内部计量工业产品的数量，它是用生产工业产品所必需的劳动时间来计量生产工人的劳动成果。企业首先根据自身的生产状况制订出生产单位产品所需的工时定额，再乘以产品的实物数量，即得以劳动单位计量的产量指标——劳动指标，也称为定额工时总产量。

5. 总量指标的计算方法

（1）直接计算法

直接计算法是对研究对象用直接的计数、点数和测量等方法，登记各单位的具体数值加以汇总，得到总量指标。例如，统计报表或普查中的总量资料，基本上都是用直接计算法计算出来的。

（2）间接推算法

间接推算法是采用社会经济现象之间的平衡关系、因果关系、比例关系或利用非全面调查资料推算总量的方法，如利用样本资料推算某种农产品的产量、利用平衡关系推算某种商品的库存量等。

（3）总量指标计算的原则

一是必须科学地确定总量指标的含义、计算范围，二是必须注意其计算口径、计算方法和计量单位的统一，才能进行汇总。

4.2.3 相对指标

1. 相对指标的概念

相对指标又称相对数，是应用对比的方法，将两个相互联系的指标数值加以对比计算的一种比值，用来说明现象之间的数量对比关系。其数值表现为相对数，如比重、比例、速度、密度。比如，某年某月某日国内外主要钢铁企业的 PE 估值对比，如图 4-2 所示。

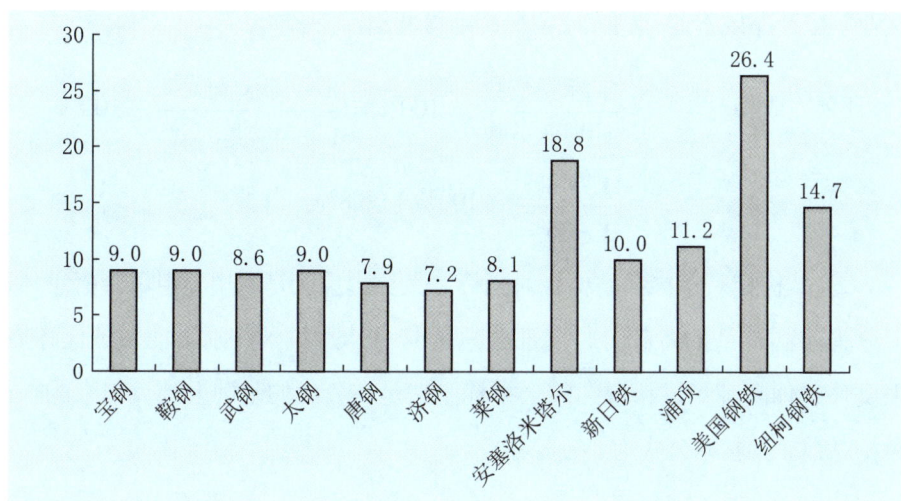

图 4-2 国内外主要钢铁企业的 PE 估值对比

相对指标计算公式为

$$相对指标 = 分子 / 分母（基数）$$

相对指标数值的计量形式有两种：一种是复名数，以分子分母的复合单位计量，如万元 GDP 耗能的计量单位为吨/万元；另一种是无名数，通常以百分数、千分数、系数或倍数、成数等表示。

2. 相对指标的作用

相对指标反映现象之间的相互联系程度，说明总体现象的质量、经济效益和经济实力情况。使原来不能直接相比的数量关系变为可比，有利于对所研究事物进行分析比较。

相对指标还可表明事物的发展程度、内部结构以及比例关系，为人们深刻认识事物提供依据。

3. 相对指标的种类和计算原则

（1）同一总体内部之比的相对指标

① 计划完成相对指标：某种现象在某一段时间内同一总体的实际完成数与计划任务数对比的相对数，一般用百分数表示。其基本公式为

$$计划完成相对指标 = \frac{实际完成数}{计划任务数} \times 100\% = \frac{1 \pm 实际增（减）率}{1 \pm 计划增（减）率} \times 100\%$$

例如，某企业计划产品单位成本降低5%，实际降低了8%。若要求该企业单位产品成本的计划完成情况，则可利用以下公式

$$\text{计划完成相对指标} = \frac{\text{实际完成数}}{\text{计划任务数}} \times 100\% = \frac{1 - \text{实际降低率}}{1 - \text{计划降低率}} \times 100\%$$

$$= \frac{1 - 8\%}{1 - 5\%} \times 100\% = 96.8\%$$

② 结构相对指标：结构相对指标（又称比重）是利用分组法，将总体区分为不同特征的各部分，以部分总量与总体总量对比求得比重或比率，来反映总体内部组成状况的综合指标。它是在分组的基础上计算出来的一种相对数。其基本公式为

$$\text{结构相对指标} = \frac{\text{总体中的部分数值}}{\text{总体的全部数值}} \times 100\%$$

例如，对市场上销售的冷饮产品的质量进行抽查，抽查结果为100件产品中有5件不合格品，则合格品的数量占全部抽查产品数量的95%。

③ 比例相对指标：比例相对指标是在总体分组的基础上，各组成部分之间的数量对比的比值，反映总体内部的比例关系。它是同一总体内不同部分之比，基本公式为

$$\text{比例相对指标} = \frac{\text{总体中某一部分的数值}}{\text{总体中另一部分的数值}} \times 100\%$$

例如，某班级共100人，男生60人，则男生与女生的比例相对指标为 $\frac{60}{40} \times 100\% = 150\%$。

④ 动态相对指标：动态相对指标是同一总体中同一指标在不同时间上的指标数值对比，以表明现象的发展速度。统计上把用来作为比较标准的时期称为基期，把和基期对比的时期称为报告期。其计算公式为

$$\text{动态相对指标} = \frac{\text{报告期水平}}{\text{基期水平}} \times 100\%$$

例如，某企业去年总产值100万元，今年总产值120万元，求发展速度（动态相对指标），则发展速度 $= \frac{120}{100} \times 100\% = 120\%$。

（2）两个总体之间对比的相对指标

① 比较相对指标：由不同单位的性质相同的指标对比而确定的相对指标，说明某一种现象在同一时间内各单位发展的不平衡程度。一般用百分数、系数或倍数表示。其计算公式为

$$比较相对指标 = \frac{甲空间某类现象的数值}{乙空间同类现象的数值} \times 100\%$$

例如，甲城市居民的平均年收入是 15 万元，乙城市居民的平均年收入是 10 万元，则甲城市居民平均年收入是乙城市居民平均年收入的 1.5 倍。

② 强度相对指标：不属于同一总体的两个性质不同但相互间有联系的总量指标对比的比值，用来反映现象的强度、密度和普遍程度、利用程度的综合指标。其计算公式为

$$强度相对指标 = \frac{某一总量指标数值}{另一有联系而又性质不同的总量指标数值}$$

强度相对指标有正、逆之分，正指标是指强度相对指标的数值大小与现象的发展程度或密度成正比，逆指标是指强度相对指标的数值大小与现象的发展程度或密度成反比。

例如，某区共有 20 万人口，共有 2 000 位医生、5 000 张病床，则

正指标：医生密度 $= \frac{2\,000}{20} = 100$（位/万人），病床密度 $= \frac{5\,000}{20} = 250$（张/万人）；

逆指标：医生密度 $= \frac{200\,000}{2\,000} = 100$（人/位），病床密度 $= \frac{200\,000}{5\,000} = 40$（人/张）。

③ 计算相对指标的原则：一要正确选择对比基数，二要保持对比指标的可比性。

例如，某工厂生产产品 A。全年计划生产 100 台，到三季度结束生产了 90 台，最后全年生产了 120 台。去年全年生产了 90 台。今年这个单位共 100 名员工，男员工 60 人。另外一家生产相同产品的厂家，今年年产量是 80 台。求计划完成相对指标、结构相对指标、比例相对指标、动态相对指标、比较相对指标、强度相对指标，则

$$计划完成相对指标 = \frac{120}{100} \times 100\% = 120\%$$

$$结构相对指标 = \frac{60}{100} \times 100\% = 60\%$$

$$比例相对指标 = \frac{60}{100-60} \times 100\% = 150\%$$

$$动态相对指标 = \frac{120}{90} \times 100\% = 133.3\%$$

$$比较相对指标 = \frac{120}{80} \times 100\% = 150\%$$

$$强度相对指标 = \frac{100}{100} = 1（台/人）$$

4.2.4 平均指标

1. 平均指标的概念

平均指标是反映总体的一般水平的综合指标，又称平均数，它是将一个总体内各个单位在某个数量标志上的差异抽象化，以反映这个总体一般水平的综合指标。比如，某年度某市职工平均工资（又称社会平均工资）为 7.76 万元，月平均工资为 6 466 元。

（1）平均指标的特点

① 平均指标是代表值，代表总体各单位标志值的一般水平。

② 把总体各个单位某一标志数值的差异抵消掉。即总体内各同质单位存在数量差异，但在计算平均数时并不考虑这种差异，就把这种差异平均掉了。

（2）平均指标的作用

① 反映总体各单位标志值分布的集中趋势。

② 用来比较同类现象在不同单位发展的一般水平及同一单位的同类指标在不同时期的发展状况。

2. 平均指标的分类

平均指标分为数值平均指标和位置平均指标。数值平均指标按计算方法分为算术平均数、调和平均数和几何平均数。位置平均指标有众数和中位数。

（1）算术平均数

算术平均数是将总体各个单位的某一标志值相加除以总体单位数求得的标志值，计算公式为

$$\bar{x} = \frac{总体标志总量}{总体单位总量}$$

在实际工作中，算术平均数计算公式为

$$\bar{x} = \frac{\sum x}{n}$$

式中，x 表示总体各单位标志值；n 表示总体单位数。

例如，6名学生的考试成绩分别为 79，82，97，60，95，91，则他们的平均成绩为

$$\bar{x} = \frac{\sum x}{n} = \frac{79+82+97+60+95+91}{6} = 84$$

当变量值已经分组，且各个标志值出现的次数不相同时，就可以采用加权算术平均数的形式计算平均指标。

加权算术平均数适用于分组的统计资料，根据分组资料计算算术平均数，平均数的大小不仅受到各组变量值大小的影响，而且受到各个变量值出现次数多少的影响。加权算术平均数的计算公式为

$$\bar{x} = \frac{\sum xf}{\sum f}$$

式中，x 表示总体各单位标志值；f 表示权数。

因为各组变量值出现次数的多少对平均数的形成产生权衡轻重的作用，所以 f 称为权数。权数既可以表现为"次数"的形式，也可以表现为"比重"的形式。用"比重"权数计算算术平均数的公式为

$$\bar{x} = \sum x \frac{f}{\sum f}$$

例如，某企业生产资料见表4-1，根据资料计算工人的平均日产量，则按第一个公式计算：

$$\bar{x} = \frac{\sum xf}{\sum f} = \frac{15 \times 10 + 16 \times 20 + 17 \times 30 + 18 \times 50 + 19 \times 40}{150} = \frac{2\,640}{150} = 17.6 \approx 17（件）$$

而按第二个公式计算：

$$\bar{x} = \sum x \frac{f}{\sum f} = 15 \times 7\% + 16 \times 13\% + 17 \times 20\% + 18 \times 33\% + 19 \times 27\% = 17.6 \approx 17（件）$$

表 4-1 某企业生产资料

日产量/件	工人数/人	
x	f	$f/\sum f$
15	10	7%
16	20	13%
17	30	20%
18	50	33%
19	40	27%
合计	150	100%

如果是组距数列，计算平均指标时 x 采用组中值进行处理。

（2）调和平均数

在不掌握各组单位数以及总体单位数，只掌握各组的标志值和各组的标志总量及总体总量的情况下，用调和平均数。与算术平均数一样，由于掌握的资料不同，调和平均数分为简单调和平均数与加权调和平均数。

① 在各个标志值相对应的标志总量均为一个单位的情况下求平均数时，用简单调和平均数。其计算公式为

$$\bar{x} = \frac{n}{\sum \frac{1}{x}}$$

② 加权调和平均数计算公式为

$$\bar{x} = \frac{\sum m}{\sum \frac{m}{x}} = \frac{\sum xf}{\sum \frac{1}{x}xf} = \frac{\sum xf}{\sum f}$$

式中，$m = xf$。社会经济统计中使用的权数主要是这种形式。

例如，某车间各班组工人劳动生产率和实际产量资料见表 4-2，计算 5 个班组工人的平均劳动生产率。

表 4-2　某车间各班组工人劳动生产率和实际产量资料

班组	劳动生产率/（件/工时）x	实际产量/件 m	总工时 m/x
一	10	1 000	100
二	12	2 400	200
三	15	4 500	300
四	20	6 000	300
五	30	6 000	200
合计	—	19 900	1 100

则平均劳动生产率为

$$\bar{x} = \frac{\sum m}{\sum \frac{m}{x}} = \frac{19\,900}{1\,100} \approx 18（件/工时）$$

（3）几何平均数

几何平均数是用 n 个变量相乘后开 n 次方的算术根来计算的平均数，在统计中，几何平均数常用于计算平均速度和平均比率。几何平均数也有简单平均和加权平均两种形式。

① 简单几何平均数计算公式为

$$\bar{x}_G = \sqrt[n]{x_1 \cdot x_2 \cdot \cdots \cdot x_n}$$

例如，某企业生产某种产品要经过三道工序，各工序的合格品率分别为 95%、96% 和 98%，该产品三道工序的平均合格品率为 $\bar{x}_G = \sqrt[3]{0.95 \cdot 0.96 \cdot 0.98} = 96.32\%$。

② 加权几何平均数计算公式为

$$\bar{x}_G = \sqrt[f_1 + \cdots + f_n]{x_1^{f_1} \cdot x_2^{f_2} \cdot \cdots \cdot x_n^{f_n}} = \sqrt[\sum f_i]{\prod x_i^{f_i}}$$

例如，某投资银行某笔投资的年利率是按复利计算的，25 年的年利率分别是：有 1 年为 3%，有 4 年为 5%，有 8 年为 8%，有 10 年为 10%，有 2 年为 15%，求平均年利率。

首先，将年利率换算成年本利率计算平均年本利率：

$$\bar{x}_G = \sqrt[25]{(1+3\%)(1+5\%)^4(1+8\%)^8(1+10\%)^{10}(1+15\%)^2} = 108.6\%$$

然后,再将平均年本利率换算成平均年利率:$\bar{x}_G - 1 = 8.6\%$。

3. 中位数

中位数是根据变量值的位置来确定的平均数。将变量值按大小顺序排序,处于中间位置的变量值(或数据)即中位数,用 m_e 表示。由于中位数是位置代表值,所以不会受极端值的影响,具有较高的稳定性。

中位数计算方法如下所述。

(1)未分组资料

将总体中各单位的标志值按大小顺序排列,处于数列中点位置的标志值就是中位数。

(2)根据单项数列计算中位数步骤

① 计算数列的中间位置点。

② 计算累计次数,找出中位数所在的组。

③ 确定中位数。

(3)根据组距数列计算中位数步骤

① 计算数列的中间位置点。

② 计算累计次数,找出中位数所在的组。

③ 用公式计算中位数。

$$m_e = L + \frac{\frac{\sum f}{2} - S_{m-1}}{f_m} d$$

式中,L 为中位数组的下限;$\sum f$ 为总次数;S_{m-1} 为中位数组前一组的向上累计次数;f_m 为中位数组的次数;d 为中位数组的组距。

例如,根据某工厂工人日产量的分组数据(表4-3),计算工人日产量的中位数为

$$m_e = L + \frac{\frac{\sum f}{2} - S_{m-1}}{f_m} d = 80 + \frac{\frac{164}{2} - 79}{36} \times 10 = 80.83 \text{(kg)}$$

表 4-3　按日产量分组数据

按日产量分组 / kg	工人数 / 人 f	较小累计制	较大累计制
50～60	10	10	164
60～70	19	29	154
70～80	50	79	135
80～90	36	115	85
90～100	27	142	49
100～110	14	156	22
110 以上	8	164	8
合　计	164	—	—

4. 众数

众数是指总体中出现次数最多的标志值，用 m_o 表示。众数也是一种位置平均数，在实际工作中往往可以代表现象的一般水平，如市场上某种商品大多数的成交价格，多数人的服装和鞋帽尺寸等，都是众数。但只有在总体单位数多且有明显的集中趋势时，才可计算众数。在单位数很少，或单位数虽多但无明显集中趋势时，计算众数是没有意义的。

根据组距数列确定众数方法：①由最多次数来确定众数所在组；②利用比例插值法推算众数的近似值。其公式为

$$m_o = L + \frac{\Delta_1}{\Delta_1 + \Delta_2} d$$

式中，L 是众数所在组的下限；Δ_1 是众数所在组与前一组次数之差；Δ_2 是众数所在组与后一组次数之差；d 是众数组的组距。

例如，根据某工厂工人日产量数据（表 4-4），计算工人日产量众数为

$$m_o = L + \frac{\Delta_1}{\Delta_1 + \Delta_2} d = 70 + \frac{50-19}{(50-19)+(50-36)} \times 10 = 76.89 \text{（kg）}$$

表 4-4　工人日产量

按日产量分组 / kg	工人数 / 人
60 及以下	10
60～70	19
70～80	50
80～90	36
90～100	27
100～110	14
110 以上	8

4.2.5 变异指标

1. 变异指标的概念

社会经济现象总体各单位某一标志值之间，客观上存在着各种各样的差异，平均指标把这种差异抽象化，反映的是该标志值达到的一般水平，说明的是总体标志值的集中趋势，却掩盖了其差异，有时这种差异可能很大，是不能被忽视的。

变异指标又称标志变动指标，它反映了总体各单位标志值的差异程度，可说明总体标志值的变异、离散程度。例如，用于股市投资分析的 MACD 指标（指数离差指标），如图 4-3 所示。

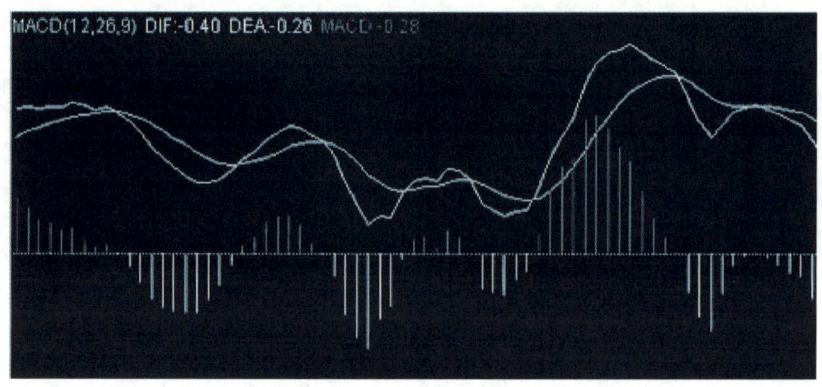

图 4-3 股市 MACD 指标

2. 变异指标的作用

（1）反映变量分布的离散趋势。

（2）反映平均数的代表性，总体单位变量值的离中趋势。

（3）量度事物发展的均衡性。

3. 变异指标的种类与计算

（1）全距（极差）：总体各单位标志值中最大值和最小值的差距。它最简明地说明标志值的变动范围，计算公式为

$$R = R_{max} - R_{min}$$

全距指标的优点是计算方便，易于理解；缺点是全距只考虑数列两端数值的差异，它是测定标志变动度的一种粗略方法，不能全面反映总体各单位标志的变异程度。

（2）平均差：总体各单位标志值与平均数离差绝对值的平均数。它表示总体各标志值与平均数的平均差异程度，用 A.D 表示平均差。

① 对未分组资料采用简单平均差，计算公式为

$$A.D = \frac{\sum |x - \bar{x}|}{n}$$

② 对于分组资料采用加权平均差，计算公式为

$$A.D = \frac{\sum |x - \bar{x}| f}{\sum f}$$

例如，某车间工人日产量分组数据见表 4-5，则

$$\bar{x} = \frac{4\,200}{100} = 42\text{（kg）}, \quad A.D = \frac{\sum |x - \bar{x}| f}{\sum f} = \frac{660}{100} = 6.6\text{（kg）}$$

表 4-5 某车间 100 个工人日产量

按日产量分组 /kg	工人数 / 人 f_i	组中值 x_i/kg	$x_i f_i$/kg	$(x_i - \bar{x})$/kg	$|x_i - \bar{x}| f_i$/kg
20 ~ 30	5	25	125	−17	85
30 ~ 40	35	35	1 225	−7	245
40 ~ 50	45	45	2 025	3	135
50 ~ 60	15	55	825	13	195
合计	100	—	4 200	—	660

（3）方差和标准差：方差和标准差是测度标志变异最重要、最常用的指标，它以变量值与平均数的离差平方为基础，讨论平均数的代表性，是变量值与平均数的离差平方的平均数。标准差用 σ 表示。

① 对于未分组资料，采用简单标准差公式为

$$\sigma = \sqrt{\frac{\sum (x - \bar{x})^2}{n}}$$

② 对于分组资料，采用加权标准差公式为

$$\sigma = \sqrt{\frac{\sum (x - \bar{x})^2 f}{\sum f}}$$

例如，根据表 4-6，计算工人的平均日产量，则

$$\bar{x} = \frac{\sum xf}{\sum f} = 74 \text{ kg}$$

计算工人日产量标准差，则

$$\sigma = \sqrt{\frac{\sum (x-\bar{x})^2 f}{\sum f}} = 11 \text{ kg}$$

表 4-6　工人日产量数据

日产量 /kg x	工人数 / 人 f/kg	xf/kg	$(x-\bar{x})$/kg	$(x-\bar{x})^2 f$/kg^2	$x^2 f$/kg^2
55	10	550	−19	3 610	30 250
65	24	1 560	−9	1 944	101 400
75	36	2 700	1	36	202 500
85	22	1 870	11	2 662	158 950
95	8	760	21	3 528	72 200
合计	100	7 440	—	11 780	565 300

4.3　回归与预测

4.3.1　回归

1. 回归的概念

"回归"这个概念最初是 1877 年英国遗传学家高尔顿提出来的，他在研究人类身高的遗传性时，发现父母身高在子女身高遗传上有回归现象。高尔顿在 1889 年发表的著作《自然的遗传》中提出，虽然有一个趋势，父母高，儿女也高；父母矮，儿女也矮，但给定父母的身高，儿女辈的平均身高却趋向于或者"回归"到全体人口的平均身高。此后，回归的含义被进一步扩大。回归的现代含义与过去大不相同，现被广泛应用于变量间的数量关系分析中。

一般来说，回归就是在分析自变量和因变量之间相关关系的基础上，建立变量之间的方程。图 4-4 所示就是根据变量 x 与 y 之间的关系建立起来的回归方程。

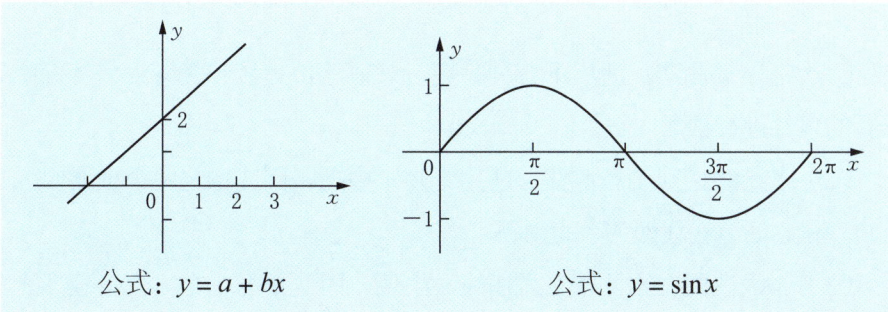

图 4-4
变量之间的回归方程

回归分析是确定两种或两种以上变量间相互依赖的定量关系的一种统计分析方法，运用十分广泛。回归的本质是一种数学模型，通过建立变量间适当的依赖关系，分析数据内在规律，并可用于预报、控制等问题。例如，根据用户满意度 y 与产品质量 x 调查数据，建立用户满意度与产品质量关系的回归方程为

$$y = 0.41 + 0.76x$$

变量 x 系数表达的意义是：质量每提高 1 分，用户满意度平均上升 0.76 分，或者质量每提高 1 分，对用户满意度的贡献是 0.76 分。

2. 回归的分类

按照自变量和因变量的个数，分为一元回归分析和多元回归分析。

按照自变量和因变量之间的关系类型，分为线性回归分析和非线性回归分析。

如果在回归分析中，只包括一个自变量和一个因变量，且两者的关系可用一条直线近似表示，这种回归分析称为一元线性回归分析。

如果回归分析中包括两个或两个以上的自变量，且因变量和自变量之间是线性关系，则称为多元线性回归分析。

4.3.2 预测

1. 预测的概念

统计预测属于预测方法的研究范畴，即如何利用科学的统计方法对事物的未来发展进行定量推测，并计算概率置信区间。这是一种具有通用性的方法。最简单的预测方法就是回归预测，即将回归方程作为模型，根据自变量在预测期的数量变化来预测因变量的值。

2. 预测的方法

（1）定性预测法：适用于各种时期，对缺乏历史统计资料或趋势面临转折的事件进行预测。

（2）多元线性回归预测法：适用于短、中期，因变量与两个或两个以上自变量之间存在线性关系的预测。

（3）非线性回归预测法：适用短、中期，因变量与一个自变量或多个其他自变量之间存在某种非线性关系的预测。

（4）趋势外推法：适用于中、长期预测，当被预测项目的有关变量用时间表示时，用非线性回归预测法。

（5）移动平均法：适用短期，不带季节变动的反复预测。

（6）指数平滑法：适用短期，具有或不具有季节变动的反复预测。

（7）自适应过滤法：适用短期，用于趋势形态的性质随时间而变化，而且没有季节变动的反复预测。

（8）平稳时间序列预测法：适用短期，用于任何序列的发展形态的一种高级预测方法。

（9）干预分析模型预测法：适用短期，用于当时间序列受到政策干预或突发事件影响的预测。

（10）灰色预测法：适用短、中期，用于时间序列的发展呈指数趋势的预测。

（11）状态空间模型和卡尔曼滤波：适用短、中期，用于各类时间序列的预测。

3. 预测的步骤

（1）确定预测目的。明确预测的具体目标，也就确定了因变量。比如，预测具体目标是下一年度的销售量，那么销售量就是因变量。通过市场调查和查阅资料，寻找与预测目标相关的影响因素，即自变量，并从中选出主要的影响因素。

（2）选择预测模型和方法。根据问题背景，选择合适的预测模型，依据自变量和因变量的历史统计资料进行计算，在此基础上建立预测模型。

（3）分析预测误差，改进预测模型。对原有预测模型的测试结果进行分析，结合历史的预测结果和数据分析，总结产生误差的主要影响因素，针对问题提出改进方案并进行验证。

（4）提出预测报告。结合问题背景，依据预测模型的分析结果给出预测分析报告。

实验 4 数据分析指标

实验原理

在实际场景中，大量数据呈现出杂乱无序的状态。因此，需先开展数据预处理工作，进而构建数据视图。在此基础上，针对数据进行求和、求最大值或计算平均数等，并将运算结果作为关键指标，最终通过可视化手段予以展示。

实验内容

我们已经备妥了电商数据集，同时这些数据集已导入蓝鹰数据分析平台构建了相关的数据视图。接下来，我们将利用已生成的数据视图，计算分析指标，进而进行可视化展示。

实验指导

实验 4.1 计算分析指标

（1）选择"可视化分析"菜单，单击"+"按钮，如图 4-5 所示。选择"数据分析"视图，如图 4-6 所示。

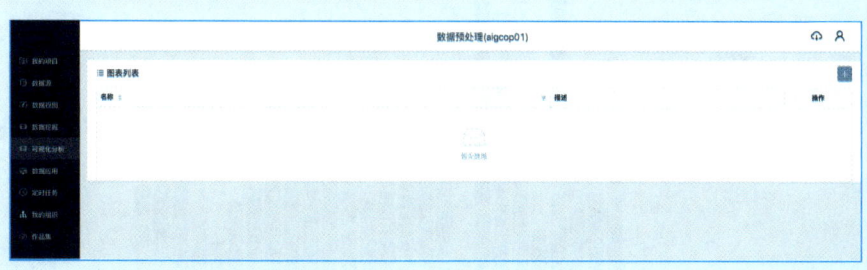

图 4-5
新增可视化分析

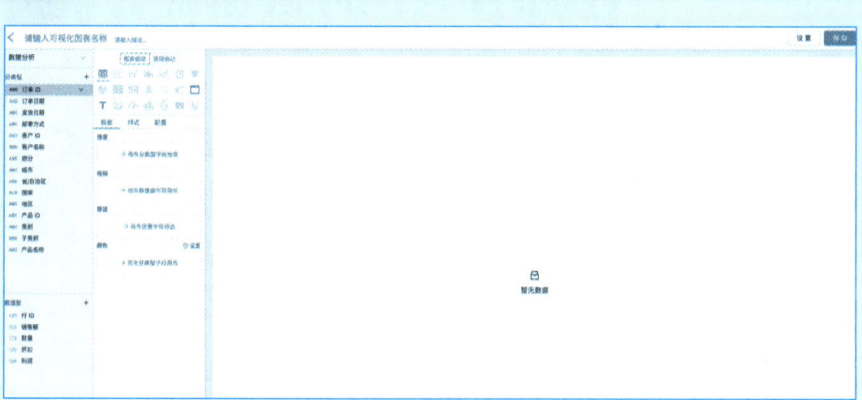

图 4-6
可视化分析图表编辑

(2)将字段"省/自治区/直辖市"拖到维度框中,将字段"销售额"拖到指标框中,将图表改成柱状图,如图4-7所示。

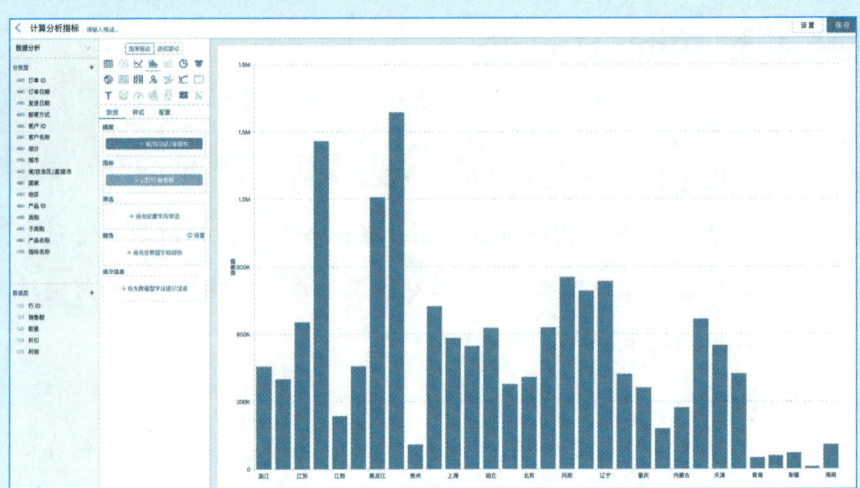

图 4-7
拖曳字段到维度框和指标框

单击指标框中向下箭头,其中会有总计、平均数、计数、去重等各种指标计数方式,如图4-8所示。

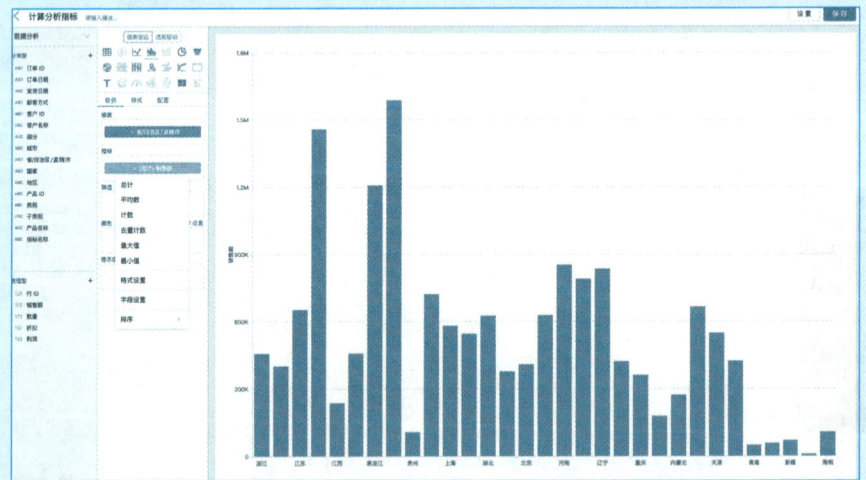

图 4-8
展示指标计算方式

(3)进行平均数计算,维度选择字段"省/自治区/直辖市",指标选择"[平均数]销售额",图表选择柱状图,即得出各省/自治区/直辖市的平均销售额的柱状图,如图4-9所示。

(4)进行计数计算,维度选择字段"省/自治区/直辖市",将订单ID转换为"指标",指标选择"[计数]订单ID",图表选择表,即得出各省/自治区/直辖市的总订单数,如图4-10所示。

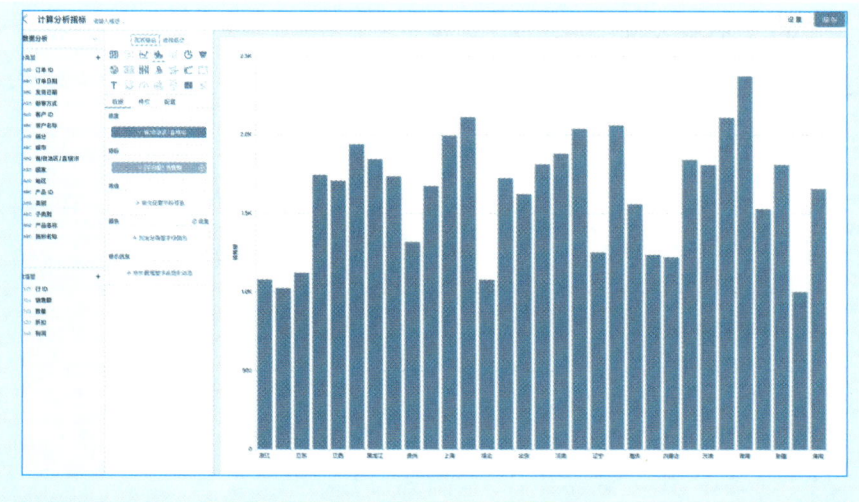

图 4-9
平均销售额柱状图

图 4-10
计数操作

（5）进行去重计算，和计数计算类似，维度选择字段"省/自治区/直辖市"，将订单 ID 转换为"指标"，指标选择"［计数去重］订单 ID"，图表选择表格，即得出各省/自治区/直辖市的去重后的总订单数，如图 4-11 所示。

图 4-11
计数去重

（6）进行最大值计算，维度选择字段"省/自治区/直辖市"，指标选择"[最大值]折扣"，图表选择表格，即得出各省/自治区/直辖市的最大折扣，如图4-12所示。

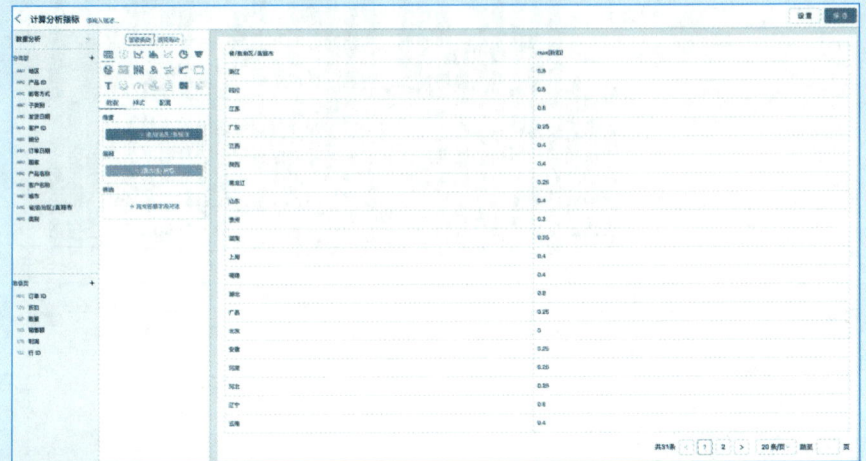

图 4-12 最大值计算

（7）进行最小值计算，维度选择字段"产品ID"，指标选择"[最小值]利润"，图表选择表格，即得出各产品的最小利润，如图4-13所示。

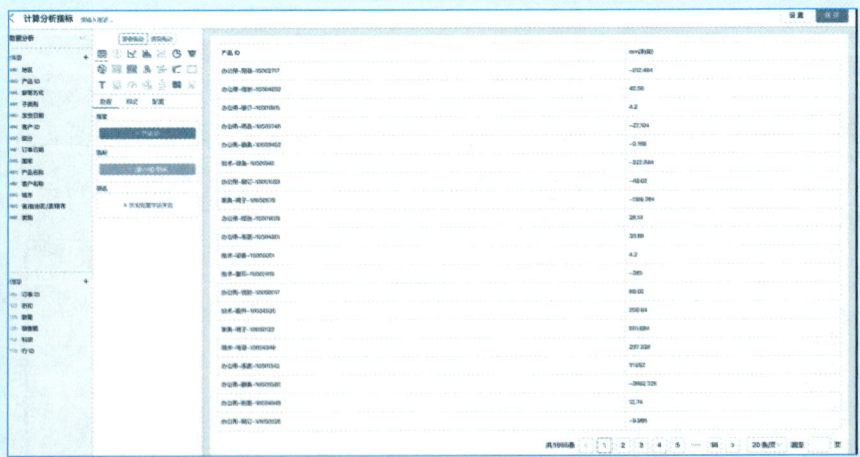

图 4-13 最小值计算

实验报告

1. 完成总计各城市销售额的操作。
2. 完成计算各产品的平均利润的操作。
3. 完成计算各城市的客户总量的操作。

4. 完成计算各城市的去重后产品总数的操作。

5. 完成计算各类别产品中利润的最大值的操作。

6. 完成计算各地区中利润的最小值的操作。

拓展学习

用数据分析诠释数据统计

第 5 章 数据挖掘

近年来,数据挖掘引起了信息产业界的极大关注。人们迫切需要将这些海量数据转换成有用的信息和知识并用于各种领域,包括商务管理、生产控制、市场分析、工程设计和科学探索等。

对大型的、复杂的、信息丰富的数据集的理解实际上是所有的商业、科学、工程领域的共同需要。在商务领域,公司和顾客的数据逐渐被认为是一种战略资产。在当今世界,吸取隐藏在这些数据后面的有用知识并利用这些知识变得愈加重要。借助计算机和互联网,运用传统及现代的计算方法及统计技术,从数据中获得有用知识和信息的整个过程,称为数据挖掘。

数据挖掘是一个反复迭代的过程,在这个过程中,所取得的结果用"发现"来定义,而这种发现是通过自动或手工方法取得的。数据挖掘从大量的数据中搜寻有价值的、非同寻常的新信息,是人和计算机合力的结果。

在实践中,数据挖掘的两个基本目标就是预测和描述。一方面,预测涉及使用数据集中的一些变量或域来预测其他变量的未知或未来的值;另一方面,描述关注的则是找出可由人类解释的数据模式。因此,可以把数据挖掘活动分成下述两类:

(1)预测性数据挖掘:生成已知数据集所描述的系统模型。

(2)描述性数据挖掘:在可用数据集的基础上生成新的、非同寻常的信息。

在预测领域的后期,数据挖掘的目标是得出一种模型,以可执行码来表示。这种可执行码可以用于执行分类、预测、评估或者其他相似的任务。而描述性领域的后期,数据挖掘的目标是利用大型数据集中的未知模式和关系获得对所分析系统的理解。对特定的数据挖掘的应用，预测和描述的相对意义有相当大的变化。预测和描述的目标都是通过数据挖掘技术来实现的。

数据挖掘是计算机行业中发展最快的领域之一，通过数据挖掘，能够使得数据价值最大化。例如，在商业界，数据挖掘可用于发现客户的购买倾向，向顾客提供更集中的支持和关注，从而提高销售业绩。再如，数据挖掘技术也被情报部门广泛使用，通过数据挖掘能辅助分析人员识别各种犯罪行为模式、洗黑钱活动、内部贸易操作以及越境走私的目标等。

5.1 数据挖掘概念

5.1.1 数据挖掘的起源

大部分数据挖掘问题和相应的解决方法都起源于传统的数据分析。数据挖掘起源于多种学科，其中最重要的两种是统计学和机器学习。统计学起源于数学，因此，它强调数学上的精确，在实践测试之前建立理论基础。相比之下，机器学习更多地起源于计算机实践，更倾向于通过检验来查看它表现的好坏，而不是去等待有效的证据。

数据挖掘的统计学方法与机器学习方法之间的区别不仅在于运算与逻辑推理的不同，还在于模型和算法规则之间侧重点不同。现代统计学几乎完全是由模型概念驱动的，是一个假定的结构，或者说是一个结构的近似，这个结构能够产生数据。统计学强调模型，而机器学习倾向于强调算法。"学习"这个词包含了过程的概念，即一种含蓄的算法。

数据挖掘中的基本模型法则也起源于控制理论，控制理论主要应用于工程系统和工业过程。通过观察一个未知系统（也称为目标系统）的输入输出信息，以决定其数学模型的问题通常称为系统识别。系统识别的目标是多样化的，并且是从数据挖掘的立场出发的。其中最重要的是预测系统的行为，并解释系统变量之间的相互作用和关系。

系统识别通常包括两个组织严密的步骤。

（1）结构识别。在这一步骤中，要应用关于目标系统的先验知识来决定模型类别，再在这类模型中搜寻最适合的模型。这类模型通常都用一个参数函数 $y = f(u, t)$ 来表示，y 表示模型的输出，u 是一个输入向量，t 是一个参数向量，函数 f 的测定是依赖于问题的，函数基于设计者的经验、直觉和控制目标系统的自然法则。

（2）参数识别。在这一步骤中，当模型结构已知时，应用优化技术来测定参数向量 t，以便结果模型 $y^* = f(u, t^*)$ 能恰如其分地描述目标系统。

一般而言，系统识别不是一个一次通过的过程，结构和参数识别都要重复进行，直到找到满意的模型为止，如图 5-1 所示。每次迭代中的典型步骤如下：

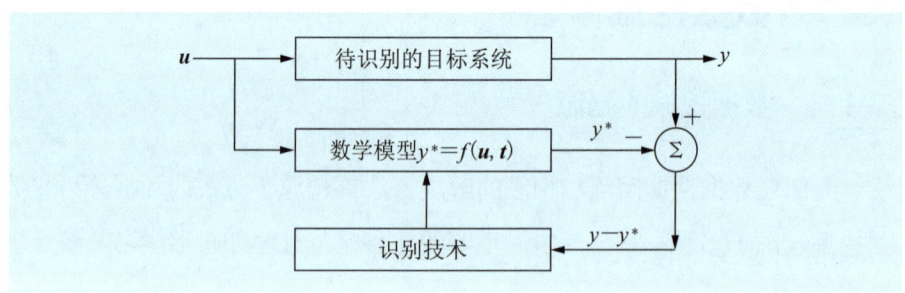

图 5-1 参数识别结构图

① 详细说明一类公式化（数学化）的模型并对它们进行参数化，$y^* = f(u, t)$ 代表需识别的系统。

② 选择最适合可用数据集的参数 [差值 $(y - y^*)$ 最小]，完成参数识别。

③ 导入正确性检验来检测识别出来的模型是否能正确响应没见过的数据集（通常称为检验、确认，或核查数据集）。

④ 一旦正确性检验的结果满足要求，就停止这一过程。

如果对目标系统一无所知，结构识别就会变得困难，必须在通过试验和在有误差的情况下选择结构。人们对大多数工程系统和工业过程了解较多，而在大多数应用数据挖掘技术的目标系统中，这些结构完全是未知的，或者这些结构太复杂，难以得到一个适当的数学模型。因此，用于参数识别的新技术已经被开发出来了，而且这些技术是当今一系列数据挖掘技术的一部分。

在数据挖掘中,"模型"和"模式"的区别是什么?"模型"是一个大型的结构,或许是对多数(有时是全部)案例的关系的总结。反之,"模式"是一个局部结构,满足于少数的案例或者很小的数据空间区域。值得注意的是,"模式"这个词用于模式识别时的意义和用于数据挖掘时的意义有很大的区别。在模式识别中,它是指将一个特定对象特征化的一个度量向量,是多维数据空间里的一个点;在数据挖掘中,模式仅仅是一个局部模型。

5.1.2 数据挖掘的定义

数据挖掘(data mining),又译为资料探勘、数据采矿。它是数据库知识发现(knowledge discovery in databases,KDD)中的一个步骤。数据挖掘一般是指从大量的数据中通过算法搜索隐藏的信息的过程。数据挖掘通常与计算机科学有关,并通过统计、在线分析处理、情报检索、机器学习、专家系统(依靠过去的经验法则)和模式识别等诸多方法来实现上述目标。

5.2 数据挖掘任务

数据挖掘技术的目标是从大量数据中,发现隐藏的规律或数据间的关系,从而服务于决策。数据挖掘一般有以下 4 类主要任务。

5.2.1 数据总结

数据总结的目的是对数据进行浓缩,给出它的总体综合描述。通过对数据的总结,数据挖掘能够将数据库中的有关数据从较低的个体层次抽象总结到较高的总体层次上,从而实现对原始基本数据的总体把握。

最简单的数据总结方法是利用统计学中的传统方法,计算出数据库中各个数据项的总和、平均、方差、最大值、最小值等基本描述统计量,或者利用统计图形工具,制作数据直方图、饼状图等。

利用联机分析处理技术(on line analytical processing,OLAP)实现数据

的多维查询也是一种广泛使用的数据总结方法。

5.2.2 分类

分类的主要功能是使用一个分类函数或分类模型（也称作分类器），该模型能够根据数据的属性将数据分派到不同的组中，亦即分析数据的各种属性，并找出数据的属性模型，确定哪些数据属于哪些组。这样就可以利用该模型来分析已有数据，并预测新数据属于哪一个组。

分类应用的实例很多。例如，可以将银行网点以业务量分为好、一般和较差3种类型，并依此分析这3种类型银行网点的各种属性，特别是位置、盈利情况等，并决定它们分类的关键属性及其相互关系。此后就可以根据这些关键属性对每一个预期的银行网点进行分析，以便决定预期银行网点属于哪一种类型。

5.2.3 关联分析

数据库中的数据一般都存在着关联，也就是说，两个或多个变量的取值之间存在某种规律。这种关联有简单关联和时序关联两种。简单关联，如购买面包的顾客中有90%的人同时购买牛奶。时序关联，如若AT&T股票连续上涨两天且DEC股票不下跌，则第三天IBM股票上涨的可能性为75%。它在简单关联中增加了时间属性。

关联分析的目的是找出数据库中隐藏的关联网，描述一组数据项目的密切度或关系。有时并不知道数据库中数据的关联是否存在精确的关联函数，即便知道也是不确定的，因此关联分析生成的规则带有置信度，置信度级别度量了关联规则的强度。

关联模型的一个典型例子是市场菜篮分析，通过挖掘数据派生关联规则，可以了解客户的行为。

采用关联模型比较典型的案例是前面介绍过的"纸尿裤与啤酒"的故事。超市调整了货架的摆放，把纸尿裤和啤酒放在一起，结果明显增加了销售额。同样，还可以根据关联规则在商品销售方面进行各种促销活动。

5.2.4 聚类

当要分析的数据缺乏描述信息，或者是无法组织成任何分类模式时，可以采用聚类分析。聚类分析是按照某种相近程度度量方法，将用户数据分成一系列有意义的子集合。每一个集合中的数据性质相近，不同集合之间的数据性质相差较大。

统计方法中的聚类分析是实现聚类的一种手段，它主要研究基于几何距离的聚类。人工智能中的聚类分析是基于概念描述的。概念描述就是对某类对象的内涵进行描述，并概括这类对象的有关特征。概念描述分为特征性描述和区别性描述，前者描述某类对象的共同特征，后者描述不同类对象之间的区别。

5.3 数据挖掘流程

数据挖掘是一个循环往复的探索过程，其流程大致可分为业务理解、数据理解、数据准备、建立模型、结果评价5个阶段，如图5-2所示。但在具体实践过程中，这些阶段并不一定按直线顺序进行，某些阶段有可能反复。例如，如果在建立模型阶段发现数据无法满足建模的要求，则可能重新回到数据准备阶段；如果在结果评价阶段发现建模效果不理想，也可能重新回到业务理解阶段重新审视业务问题的界定是否合理，是否需要调整。

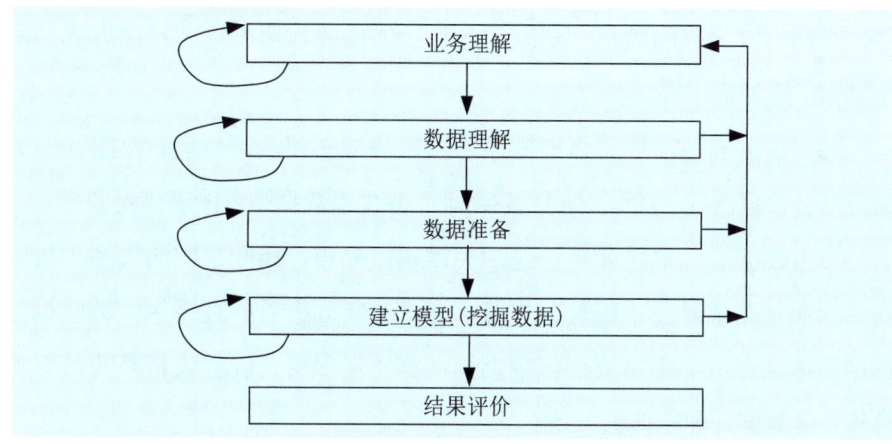

图 5-2
数据挖掘过程

5.3.1 业务理解

业务理解阶段的主要任务是把项目的目标和需求转化为一个数据挖掘问题，确定实现这些目标的初步计划，并确定对数据挖掘结果进行评价的标准。该阶段的主要步骤包括以下几点。

（1）确定业务目标：数据挖掘分析人员从业务的角度全面理解用户的要求，发现其深层次需求，明确用户的最终目标及业务需求。

（2）形势评估：详细了解用户的已有资源和需求、假定和限制、成本收益等多方面因素，为下一步确定数据挖掘目标和制订项目实施计划做准备。

（3）确定数据挖掘目标：将用户目标转化为相应的数据挖掘目标并确定数据挖掘是否成功的评价标准。例如，一个业务目标是"增加对现有客户的销售量"，其相应的数据挖掘目标是"给定客户过去五年的购买记录、商品的价格表，预测他们还会购买哪些商品"。

（4）制订项目实施计划：制订完成数据挖掘目标的项目计划及其执行时序，同时，还需确定要用到的资源、挖掘工具及挖掘方法等。

5.3.2 数据理解

数据理解阶段的主要任务是对客户已有数据资源的认识和清理。在此阶段的主要步骤包括以下几点。

（1）数据的初步收集：数据初步收集的内容包括数据源、拥有者、费用、存储方式、表的数目、记录的数目、字段的数目、物理存储方式、使用限制、隐私需求等。

（2）数据描述：从总体上描述所获得数据的属性，包括数据格式、数据质量、数据出处、收集时间及频率等，并检查数据是否能够满足要求。

（3）数据的探索性分析：包括关键属性分布、属性之间的关系、数据简单的统计结果及简单统计分析等，通过这些分析可能直接达到某些数据挖掘目标，也可能丰富或细化数据描述和质量报告，或者为将来的数据转换和其他数据处理工作做准备。

（4）数据质量检验：检验数据是否满足数据挖掘的要求，如数据是否完整，是否有缺失值和缺失属性；如果有缺失值，缺失值出现的位置及缺失情况是否普遍；数据是否有错误；如果包含错误，错误是否普遍；是否存在奇异数据；等等。

5.3.3 数据准备

数据准备阶段和数据理解阶段是数据处理的核心，是建立模型之前的最后一步，其任务是将原始数据转化为适合数据挖掘工具处理的目标数据，主要步骤包括以下几点。

（1）选择数据：制订数据进入、剔除的标准，确定分析所要用到的数据。

（2）数据清洗：对于奇异数据进行清洗，保证数据的准确性和一致性。解决数据缺失问题，根据问题背景及缺失情况，对数据进行适当的拟合，将数据质量提高到能满足分析精度要求的程度。

（3）数据构建：通过一个或几个已有属性构建新的属性数据。

（4）数据融合：将来自不同表或记录的数据合并起来以产生新的记录或属性值，对数据进行一致化。

（5）数据格式化：对数据进行语法上的修改，以便满足建立模型的需要。

5.3.4 建立模型

数据挖掘涉及的学科、领域和方法众多，挖掘任务和对象以及涉及的知识模式也有差异，因而很难有一个统一的数据挖掘模型解决所有应用问题。针对不同的具体应用，需建立不同的数据模型，运用不同的数据挖掘技术，达到各自的应用效果。在数据挖掘过程中经常需要回到数据准备阶段重新进行数据的选择、清洗、转换等活动。建模阶段的主要步骤包括以下几点。

（1）选择建模技术：了解相应的建模技术的特点及该技术对数据的假定要求。

（2）生成检验：分析如何对模型的效果进行检验。

（3）建立模型：设定模型参数，在准备好的数据集上建立模型，记录和描述构建的模型。

（4）评估模型：根据数据挖掘的评价标准评价模型的使用情况并调整模型参数。

5.3.5 结果评价

由业务人员和领域专家从业务角度全面评价数据挖掘得到的结果，并作出是否应用数据挖掘结果的决策。根据科学的数据挖掘结果，进行科学决策，制订实施计划。

5.4 数据挖掘的常用方法

数据挖掘方法是由传统的统计分析方法结合模糊数学、人工智能、机器学习等现代科学与工程计算方法发展而来的，下面介绍几种具体的分析方法。

5.4.1 决策树

决策树起源于概念学习系统（concept learning system，CLS）。决策树方法就是利用信息论的原理建立决策树。该类方法的实用效果好，影响较大。决策树可高度自动化地建立起易于被用户所理解的模型，而且系统具有较好地处理缺省数据及噪声数据等能力。决策树学习算法的一个最大的优点就是它在学习过程中不需要使用者了解很多背景知识。只要实例能够用"属性-值"的方式表达出来，就能使用该算法来进行学习。研究大数据集分类问题常用决策树方法。决策树方法速度较快，可被转换成简捷易懂的分类规则，也可转换成处理数据的 SQL 语句。另外，决策树分类与其他分类方法比较，具有相同甚至更高的精度。

1. 决策树表示法

决策树是一个树状结构，它从根节点开始，对数据样本（由实例集组成,实例有若干属性)进行测试,根据不同的结果将数据样本划分成不同的数据样本子集,每个数据样本子集构成一个子节点。生成的决策树中每个叶节点对应一个分类。构造决策树的目的是找出属性和类别间的关系,用它来预测将来未知类别的记录的类别。这种具有预测功能的系统叫决策树分类器。

例如,为了适应市场的需要,某地准备扩大电视机生产。市场预测表明,产品销路好的概率为0.7,销路差的概率为0.3。备选方案有3个。第一个方案是建设大工厂,需要投资600万元,可使用10年。如销路好,每年可赢利200万元;如销路不好,每年会亏损40万元。第二个方案是建设小工厂,需投资280万元。如销路好,每年可赢利80万元;如销路不好,每年也会赢利60万元。第三个方案是先建设小工厂,如销路好,3年后扩建,扩建需投资400万元,可使用7年,扩建后每年会赢利190万元。这样一棵典型的决策树如图5-3所示。

各点期望:

点②: $0.7 \times 200 \times 10 + 0.3 \times (-40) \times 10 - 600$(投资)$= 680$(万元)

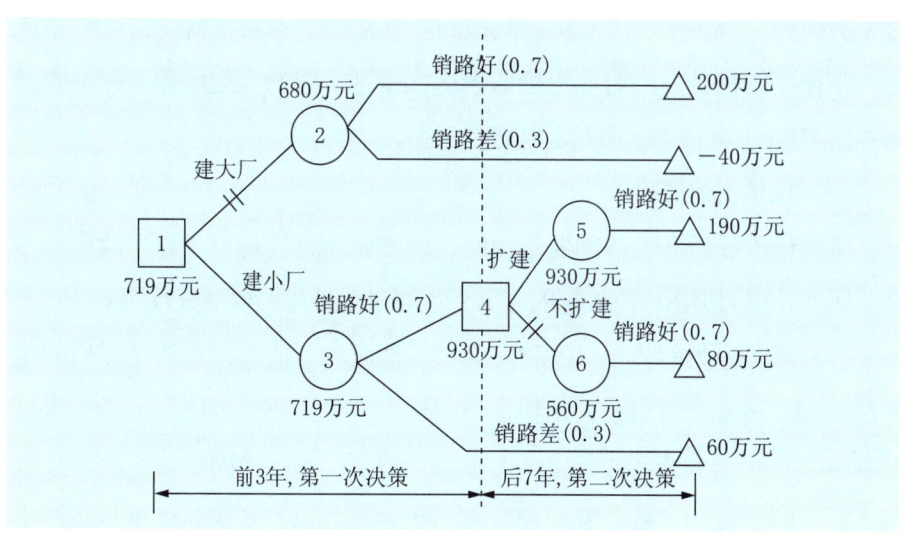

图 5-3
一棵典型的决策树

点⑤: $1.0 \times 190 \times 7 - 400 = 930$(万元)

点⑥: $1.0 \times 80 \times 7 = 560$(万元)

比较决策点④的情况可以看到,由于点⑤(930万元)与点⑥(560万元)相比,点⑤的期望利润值较大,因此应采用扩建的方案,而舍弃不扩建的方案。把点⑤的 930 万元移到点④来，可计算出点③的期望利润值。

点③：$0.7 \times 80 \times 3 + 0.7 \times 930 + 0.3 \times 60 \times (3+7) - 280 = 719$（万元）

最后比较决策点①的情况。由于点③（719 万元）与点②（680 万元）相比，点③的期望利润值较大，因此取点③而舍点②。这样，相比之下，建设大工厂的方案不是最优方案，合理的策略应采用前 3 年建小工厂，如销路好，后 7 年进行扩建的方案。

2. 决策树构造思想

构造一个决策树分类器通常分为两步：决策树的生成和修剪。

（1）决策树的生成

决策树的生成是一个从上至下、"分而治之"的过程，也是一个递归的过程。设数据样本集为 S，算法框架如下。

① 如果数据样本集 S 中所有样本都属于同一类或者满足其他终止准则，则 S 不再划分，形成叶节点。

② 否则，根据某种策略选择一个属性，按照属性的各个取值，对 S 进行划分，得到 n 个子样本集，记为 S_i。再对每个 S_i 迭代执行步骤（1）。经过 n 次递归，最后生成决策树。从根到叶节点的一条路径就对应着一条规则，整棵决策树就对应着一组析取表达式规则。树的构成步骤中，主要就是找出节点的属性和如何对属性值进行划分。

（2）决策树的修剪

决策树生成后面临的问题是树的过度细化，特别是存在噪声数据或不规范属性时更为突出，决策树的修剪就是对过度细化的模型进行调整。

修剪算法分为前剪枝算法和后剪枝算法两种。前剪枝算法是在树的生长过程完成前就进行剪枝。例如，限制最小节点大小的方法，是当节点处的实例数目小于阈值 k 时，就停止生长该节点；不纯度阈值法，若划分该节点后不纯度减小量低于某一阈值则停止生长。这类算法的优点是在树生长的同时就进行剪枝，因而效率高；但是它可能剪去了某些有用但还没有生成的节点。

后剪枝算法是当决策树的生长过程完成后再进行剪枝。它分为需要单独剪枝集和不需要单独剪枝集两种情况。后剪枝有一些优点，例如，单独的两个属性似乎没什么用处，结合在一起时却有强大的预测能力，即产生一种结合效果，在两个属性值正确结合时是非常有用的，而单个属性则没有用。

3. 决策树方法的特点

决策树是一种常用于预测模型的算法，它通过将大量数据进行有目的的分类，从中找到一些有价值的、潜在的信息。它的主要优点是描述简单，分类速度快，特别适合大规模的数据处理。

5.4.2 遗传算法

遗传算法是由美国密歇根大学的约翰·霍兰德教授于1969年提出，后经德容、高柏等人归纳总结所形成的一类模拟进化算法。它来源于达尔文的进化论、魏茨曼的物种选择学说和孟德尔的群体遗传学说。遗传算法是模拟自然界生物进化过程与机制求解极值问题的一类自组织、自适应人工智能技术，其基本思想是模拟自然界遗传机制和生物进化论而形成的一种过程搜索最优解的算法，具有坚实的生物学基础；它提供从智能生成过程观点对生物智能的模拟，具有鲜明的认知学意义；它适合于无表达或有表达的任何类函数，具有可实现的并行计算行为；它能解决任何种类的实际问题，具有广泛的应用价值。因此，遗传算法广泛应用于自动控制、计算科学、模式识别、工程设计、智能故障诊断、管理科学和社会科学等领域，适用于解决复杂的非线性和多维空间寻优问题。虽然遗传算法在许多领域中都有成功的应用，但其自身也存在不足，如局部搜索能力差、存在未成熟收敛和随机游走等现象，这些都将导致算法的收敛性能差，需要很长时间才能找到最优解等问题。这些不足阻碍了遗传算法的推广应用。如何改善遗传算法的搜索能力和提高算法的收敛速度，使其更好地应用于实际问题的解决中，是各国研究者一直探索的主要课题。

1. 遗传算法特点

遗传算法是一种基于自然群体遗传演化机制的高效探索算法。它具有以下特点。

（1）遗传算法从问题可能潜在的解集中的一个种群开始搜索，而不是从单个解开始。

这是遗传算法与传统优化算法的极大区别。传统优化算法是从单个初始值迭代求最优解的，容易误入局部最优解。遗传算法从串集开始搜索，覆盖面大，利于全局择优。

（2）遗传算法求解时使用特定问题的信息极少，容易形成通用算法程序。

由于遗传算法使用适应值这一信息进行搜索，并不需要与问题直接相关的信息。遗传算法只需适应值和串编码等通用信息，故几乎可处理任何问题。

（3）遗传算法有极强的容错能力。

遗传算法的初始串集本身就带有大量与最优解甚远的信息，通过选择、交叉、变异操作能迅速排除与最优解相差极大的串。这是一个强烈的滤波过程，并且是一个并行滤波机制。故而，遗传算法有很高的容错能力。

（4）遗传算法采用随机方法进行最优解搜索，选择体现了向最优解迫近，交叉体现了最优解的产生，变异体现了全局最优解的覆盖。

（5）遗传算法具有隐含的并行性。

2. 遗传算法流程

遗传算法包含5个基本要素：问题编码，初始群体的设定，适应值函数的设计，遗传操作设计，控制参数设定。

遗传算法的步骤可以简要给出如下描述：

（1）选择一个初始的群体。

（2）确定每个个体的适应度。

（3）执行选择。

（4）执行交叉。

（5）执行突变。

（6）确定每个个体的适应度。

（7）判断是否满足停止准则，不满足的话执行步骤（3）。

某种停止准则一般是指个体的适应度达到给定的阈值，或者个体的适应度的变化率为零。遗传算法处理流程如图5-4所示。

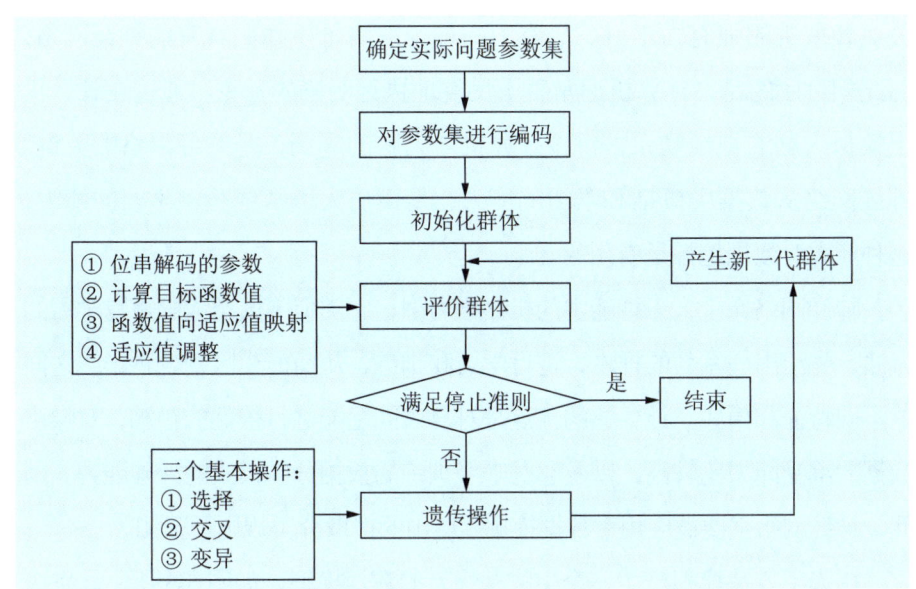

图 5-4
遗传算法处理流程

3. 遗传算法优缺点

遗传算法是一种基于生物自然选择与遗传机理的随机搜索算法，是一种仿生全局优化方法。遗传算法具有的隐含并行性、易于和其他模型结合等性质使得它在数据挖掘中被广泛应用。遗传算法的应用还体现在与神经网络、粗糙集等技术的结合上，如利用遗传算法优化神经网络结构，在不增加错误率的前提下，删除多余的连接和隐层单元；用遗传算法和 BP 算法结合训练神经网络，然后从神经网络中提取规则等。但遗传算法比较复杂，在适应度函数选择不当的情况下有可能收敛于局部最优，而不能达到全局最优。

5.4.3 神经网络

神经网络是一种反复学习的方法，面对新的例证，神经网络即可根据其过去学习的成果归纳后，推导出新的结果，这属于机器学习的一种。数据挖掘的相关问题也可采用类神经学习的方式，其学习效果十分正确并具有预测功能。

1. 神经网络概述

在许多数据挖掘和决策支持应用中，由于有公认的轨迹记录，神经网络已经成为一种普遍采用的方法。神经网络是一种可以容易地应用于预测、分类和聚类的强有力工具。最有力的神经网络是生物所具有的神经网络，与此相对应的是，计算机通常善于反复地执行明确的指令。通过在计算机上模拟人脑的神经联系，桥接计算机与人脑的隔阂，是神经网络的关键。神经网络从数据中概括和学习的能力，是模仿人类从经验中学习的能力，这种能力对数据挖掘是有用的。

神经网络属于人工智能中的机器学习型，它类似于人类大脑重复学习的方法，先给出一系列的样本，进行学习和训练，从而产生区别各种样本之间的不同特征和模式。该算法的优点是对复杂问题能进行很好的预测，对噪声数据的承受能力比较高，以及它对未经训练的数据分类模式的处理能力。因此，神经网络主要被应用于数据挖掘领域中的提取分类规则及预测。

用人工方法模拟产生一个生物神经元的数学模型，如图5-5所示，它由一个多输入、单输出的非线性元件表达。单个神经元是前向型的，由基本模型和激励函数合在一起构成，就是著名的 McCulloch-Pitts 模型，简称为 M-P 模型。这种模型是对生物神经元的抽象、模拟与简化。

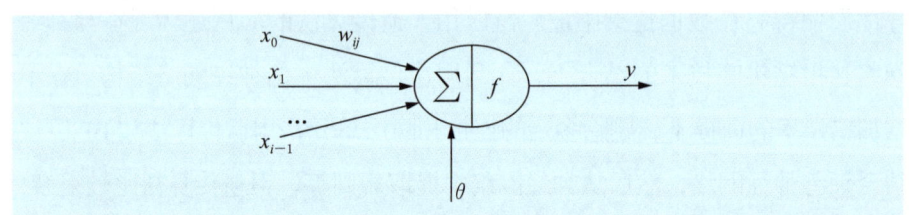

图 5-5
M-P 模型

上面所示的 M-P 模型属于一种阈值元件模型，它是由美国麦卡洛克（McCulloch）和皮茨（Pitts）提出的最早的神经元模型之一。M-P 模型是大多数神经网络模型的基础。该人工神经元具有许多输入信号，针对每个输入都有一个加权系数 w，称为权值，权值的正负模拟了生物神经元中突触的兴奋和抑制，其大小则代表了突触的不同连接强度。而中间的神经元对所有的输入信号进行计算处理，然后将结果输出。在神经元中，对信号进行处理采用的是数学函数，通常称为激活函数、激励函数或挤压函数。其输入、输出关系可描述为

$$\begin{cases} u_j = f\left(\sum_{i=1}^{n} w_{ij} x_i - \theta_j\right) \\ y = f(u_j) \end{cases}$$

式中，x_i（$i = 1, 2, \cdots, n$）是从其他神经元传来的输入信号；θ_j 是该神经元的阈值；w_{ij} 表示从神经元 i 到神经元 j 的连接权值；f 为激活函数。由于神经元采用了不同的激活函数，使得神经元具有不同的信息处理特性，而神经元的信息处理特性是决定神经网络整体性能的主要因素之一，因此激活函数具有重要的意义。

2. 神经网络方法的特点

神经网络具有良好的鲁棒性、自组织自适应性、并行处理、分布存储和高度容错等特性，非常适合解决数据挖掘的问题，用于分类、预测和模式识别的前馈式神经网络模型；以 Hopfield 的离散模型和连续模型为代表，分别用于联想记忆和优化计算的反馈式神经网络模型；以 ART 模型、Koholon 模型为代表，用于聚类的自组织映射方法。神经网络的缺点是"黑箱性"，人们难以理解网络的学习和决策过程。

5.4.4　关联规则

关联规则是数据挖掘领域中的一个非常重要的研究课题，广泛应用于各个领域，既可以检验行业内长期形成的知识模式，也能够发现隐藏的新规律。有效地发现、理解、运用关联规则是完成数据挖掘任务的重要手段，因此对关联规则的研究具有重要的理论价值和现实意义。

关联规则挖掘问题是拉凯什·阿格拉瓦（R. Agrawal）等人于 1993 年首先提出来的。关联规则是描述数据库中一组数据项之间的某种潜在关系的规则。一个典型的关联规则的例子是：在超市中，90% 的顾客在购买面包和黄油的同时也会购买牛奶。其直观的意义是顾客在购买某种商品时有多大的倾向也会购买另外一些商品。找出所有类似这样的规则，对于企业确定生产销售、产品分类设计、产品摆放、市场分析以及市场营销策略等方面都是很有价值的。

此后，人们对关联规则的挖掘问题进行了大量研究，包括 Apriori 算法优化、多层次关联规则算法、多值属性关联规则算法等，以提高算法挖掘规则的效率。

5.4.5 粗糙集

粗糙集是数据挖掘的方法之一，它是处理模糊和不确定知识的一种数学工具。粗糙集处理的对象是类似二维关系表的信息表，目前成熟的关系数据库管理系统和数据仓库管理系统，为基于粗糙集的数据挖掘奠定了坚实的基础。由于粗糙集的优点及其客观性，现在粗糙集已被国内外的研究者所重视，并广泛应用于数据挖掘、模式识别等领域。

粗糙集理论不需要除问题所需处理的数据集合之外的任何先验信息，仅仅以对观测数据的分类能力为基础，解决模糊或不精确性数据的分析和处理。粗糙集理论的基本框架可归纳为：以不可区分关系划分论域的知识，形成知识表达系统，引入上、下近似逼近描述对象，并考察属性的重要性，从而删除冗余属性，简化知识表达空间、挖掘规则。

属性约简是粗糙集应用于数据挖掘的核心概念之一。通过约简的计算，粗糙集可以用于特征约简或特征提取、属性关联分析。计算属性约简类似于机器学习中的最小属性子集选择问题，高效的约简算法是粗糙集理论应用于数据挖掘与知识发现领域的基础。

1. 粗糙集理论

粗糙集合和普通集合的概念有本质的区别，粗糙集中的成员关系、集合的等价关系都与集合的不可区分关系表达的论域知识有关，一个元素是否属于一个集合不是由其客观性决定的，而是取决于人们的知识。因此，粗糙集的特性都不是绝对的，与人们对事物的了解程度有关。从某种意义上来讲，粗糙集方法可以被看作对经典集合理论的拓展。其主要概念有不可区分关系、上近似与下近似、约简与核、相对约简与相对核信息系统与决策表。

粗糙集理论所有的概念和计算都是以不可区分关系为基础，通过引入上近似集和下近似集，在集合运算上定义的。这通常被称为粗糙集理论的代数观。另外也有一些学者从信息论的角度对粗糙集理论进行研究，以信息熵为基础提出了相应的粗糙集理论的信息观。在协调的决策表中，粗糙集理论的代数观和信息观是等价的；而在不协调的决策表中，其代数观和信息观是不等价的。

2. 粗糙集方法的特点

粗糙集理论是一种研究不精确、不确定知识的数学工具。粗糙集方法有几个优点：不需要给出额外信息；简化输入信息的表达空间；算法简单，易于操作。粗糙集处理的对象是类似二维关系表的信息表，但粗糙集的数学基础是集合论，难以直接处理连续的属性，而现实的信息表中连续属性是普遍存在的，因此，连续属性的离散化是制约粗糙集理论实用化的难点。

5.4.6 判别分析

当问题的因变量只能定性描述，而自变量（预测变量）可以定量描述时，判别分析是非常适当的技术，它通常应用于分类问题。若因变量由两个群体构成，则称之为双群体判别分析；若因变量由多个群体构成，则称之为多元判别分析。

1. 判别分析的基本思想

当被解释变量是属性变量而解释变量是度量变量时，判别分析是合适的统计分析方法。

判别分析是多元统计分析中用于判别样本所属类型的一种统计分析方法。在现实世界中，经常会遇到需要判别的问题。

例如，根据人均国民收入、人均工农业产值、人均消费水平等多种指标来判定一个国家的经济发展程度所属类型。

在对教师的课堂教学质量评价中，根据教学效果、能力培养、教学目的和要求、教学方法等指标来评判一个教师的课堂教学水平所属等级。

在医疗诊断上，一个病人肺部有阴影，医生要根据阴影大小、阴影部位、是否有痰、是否有低烧等多项指标来判断病人是患肺结核、肺部长有良性肿瘤还是肺癌。

判别分析所要解决的问题是：在一些已知研究对象用某种方法已分成若干类的情况下，确定新的观测数据属于已知类别中的哪一类。用判别分析方法处理问题时，通常要给出一个衡量新样品与已知各类别接近程度的描述指标，即判别函数，同时也指定一种判别规则，即以之判定新样品的归属。

判别规则可以是统计性的，决定新样品所属类别时用到数理统计的显著性检验；也可以是确定性的，决定样品归属时，只考虑判别函数值的大小。

2. 判别分析的分类

判别分析按判别的组数来分，有两组判别分析和多组判别分析。

在很多情况下，被解释变量包含两组或者两类，比如，雄性与雌性、高与低。另外，有多于两组的情况，比如低、中、高的分类。判别分析能够解决两组或者更多组的情况。当包含两组时，称作两组判别分析。当包含三组或者三组以上时，称作多组判别分析。

按区分不同总体所用的数学模型来分，有线性判别和非线性判别；按判别对所处理变量的不同，有逐步判别、序贯判别等；按判别准则的不同，有距离判别、贝叶斯（Bayes）判别、费希尔（Fisher）判别等。

判别分析在教育评价中可用于判断学校的等级、进行人才类型的评价等。在气候分类、农业区划、土地类型划分中，判别分析有着广泛的应用。

判别分析最基本的要求是：分组类型在两组及以上；在第一阶段工作中每组案例的规模至少一个以上。解释变量必须是可测量的，才能够计算其平均值和方差，使其能合理地应用于统计函数。

与其他多元线性统计模型类似，判别分析的假设之一，是每一个判别变量（解释变量）不能是其他判别变量的线性组合。这时，为其他变量线性组合的判别变量不能提供新的信息，更重要的是在这种情况下无法估计判别函数。不仅如此，有时一个判别变量与另外的判别变量高度相关，或与另外的判别变量的线性组合高度相关，虽然能求解，但参数估计的标准误差将很大，以至于参数估计在统计上不显著。这就是通常所说的多重共线性问题。

判别分析的假设之二，是各组变量的协方差矩阵相等。判别分析最简单和最常用的形式是采用线性判别函数，它们是判别变量的简单线性组合。在各组协方差矩阵相等的假设条件下，可以使用很简单的公式来计算判别函数和进行显著性检验。

判别分析的假设之三，是各判别变量之间具有多元正态分布，即每个变量对于所有其他变量的固有值有正态分布。在这种条件下可以精确计算显著性检验值和分组归属的概率。当违背该假设时，计算的概率将非常不准确。

实验 5　数据挖掘

实验原理

数据挖掘技术融合了数理统计、人工智能、机器学习以及人工神经网络等多种先进技术，已经成为研究和应用领域中的热点。借助蓝鹰数据分析平台，我们能够执行一系列基础的数据挖掘任务。

实验操作视频

数据挖掘

实验内容

目前，我们已经准备了多个数据集，这些数据集可导入蓝鹰数据分析平台进行处理。我们将创建相应的维度和度量，进而执行数据挖掘任务。通过蓝鹰数据分析平台，您将学会如何进行聚类分析、决策树分析、相关性分析、逻辑回归等多种数据挖掘技术。

实验指导

实验 5.1　进行聚类分析实验

在聚类分析中，聚类要素的选择是十分重要的，它直接影响分类结果的准确性和可靠性。被聚类的对象常常是由多个要素构成的，不同要素的数据往往具有不同的单位和量纲，其数值的变异可能是很大的，这就会对分类结果产生影响。不同的聚类算法、不同的距离表示法对聚类分析的结果也可能有微小的差异。

（1）数据集信息展示。案例数据集字段信息如表 5-1 所示。

表 5-1　案例数据集字段信息

序　号	字段名	字段说明
1	城市	城市
2	综合指数	综合指数
3	社会结构	社会结构
4	经济与技术发展	经济与技术发展
5	人口素质	人口素质
6	生活质量	生活质量
7	法制与治安	法制与治安

（2）挂载数据。选择项目中的"数据源"菜单，单击"挂载数据集"按钮，如图5-6所示。

图 5-6　选择数据源菜单

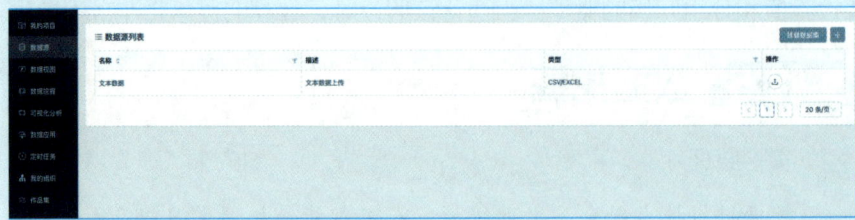

（3）选择列表中的"数据挖掘演示数据集"，单击"确定"，如图5-7所示。

图 5-7　挂载数据集

（4）选择"数据视图"菜单，单击"新增"按钮，输入名称"kmeans"，单击"保存"，如图5-8所示。

图 5-8　新增数据视图

（5）选择"数据挖掘演示数据集"，如图5-9所示。

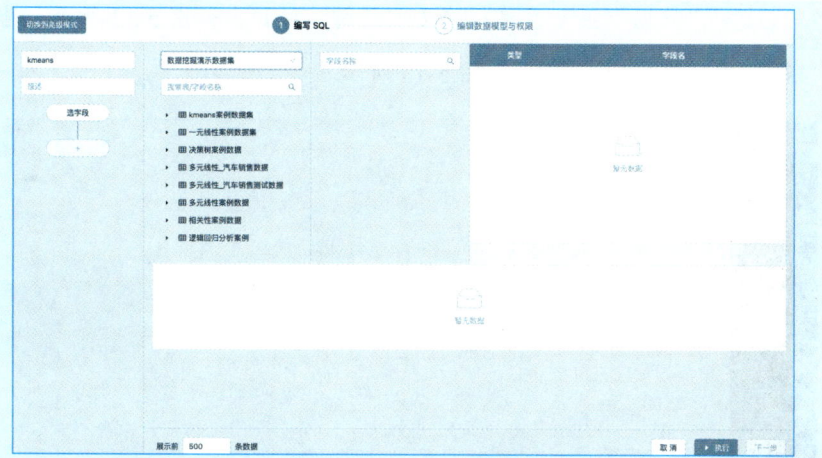

图 5-9
选择"数据挖掘演示数据集"

选择"kmeans 案例数据集",再单击任意字段,选择要使用的分析字段,单击"执行",如图 5-10 所示。

图 5-10
分析字段

(6)输入名称,单击"下一步",调整字段所属维度和指标,并保存视图,如图 5-11 所示。

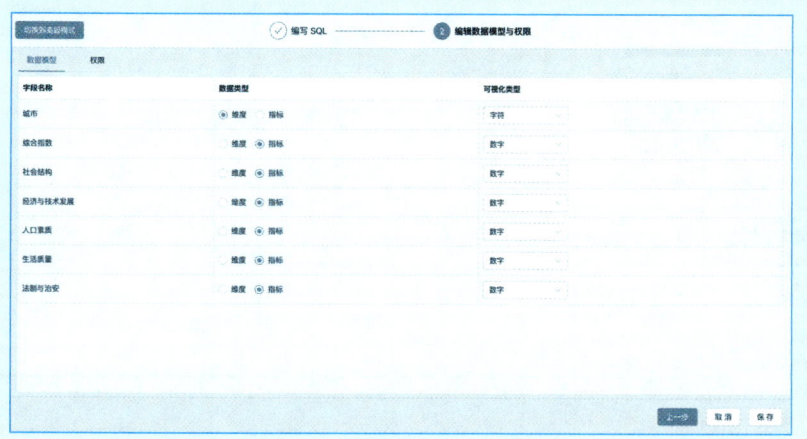

图 5-11
调整所属维度和指标

选择"数据挖掘"菜单，单击"新增"按钮，如图 5-12 所示。选择"kmeans 案例分析视图"，如图 5-13 所示。

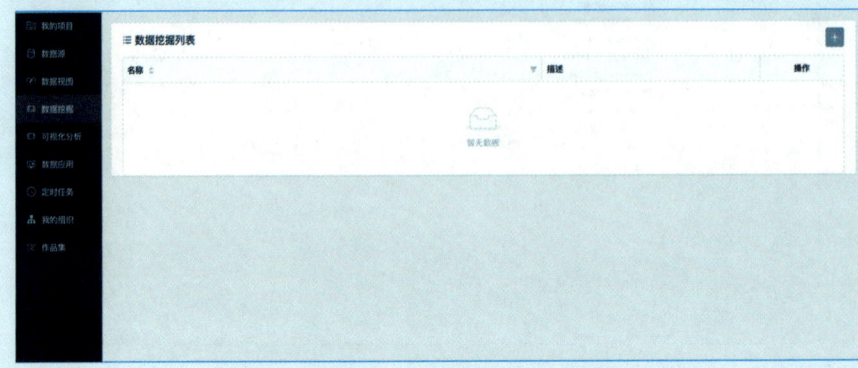

图 5-12
选择"数据挖掘"菜单

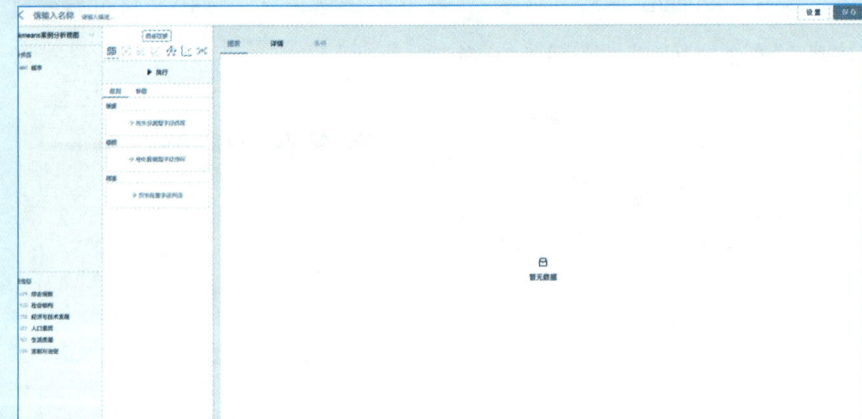

图 5-13
选择"kmeans 案例分析视图"

（7）将分析字段拖入相应的维度/指标框内（注意：只能有一个分析维度），如图 5-14 所示。再单击选择"聚类"算法，如图 5-15 所示。

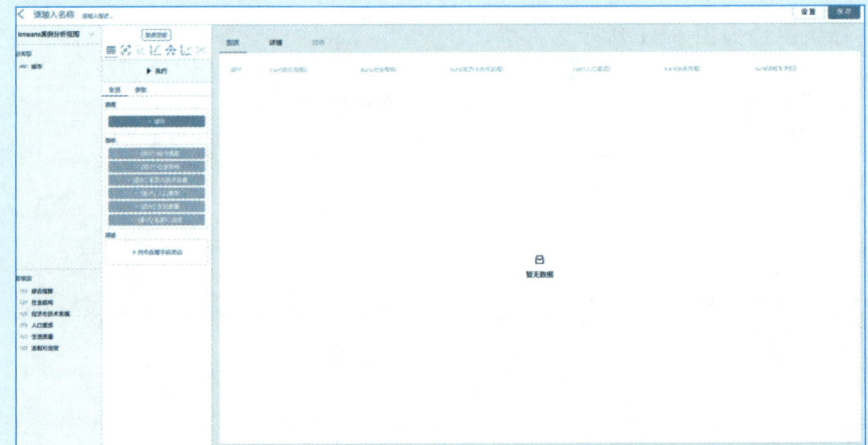

图 5-14
拖入分析字段

图 5-15
选择"聚类"算法

（8）单击"参数"tab 页。调整执行参数，修改聚类数为 3，初始化质心方法调整为 Farthest first（一般选择默认即可），如图 5-16 所示。

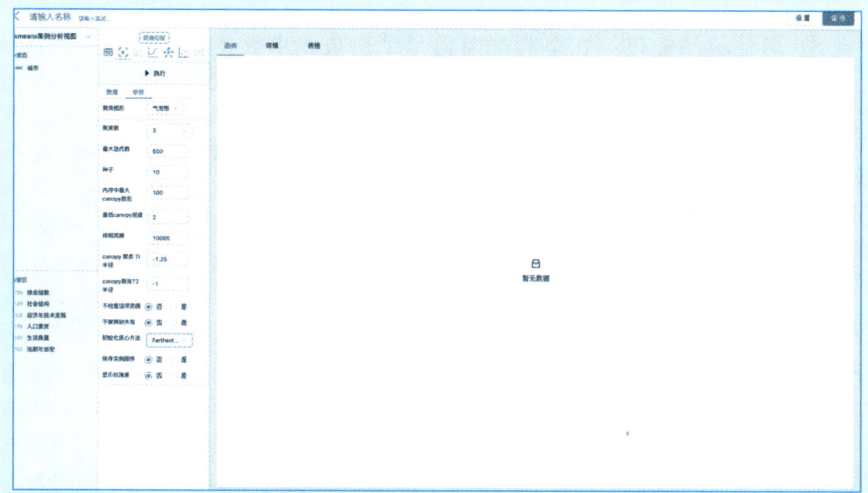

图 5-16
调整执行参数

参数说明：

① 聚类图形：产品支持散点图和气泡图，默认是气泡图。散点图支持一个维度两个指标；气泡图支持一个维度一个到多个指标。

② 聚类数：簇的数量，默认值为 5。

③ 最大迭代数：最多迭代的次数，默认值为 500。

④ 种子：要使用的随机数种子，默认值为 10。

⑤ 内存中最大 canopy 数目：如果使用冠层聚类进行初始化和/或加速，这是在冠层聚类器训练期间，在主存储器中保留的候选冠层的最大

数量定位实际数,默认值为100。

⑥ 最低canopy密度:如果使用冠层聚类进行初始化和/或加速,这是基于t2的最小密度,低于这个密度的冠层将在周期性修剪期间被修剪,默认值为2。

⑦ 修剪周期:如果使用冠层聚类进行初始化和/或加速,这是在训练期间修剪低密度冠层的频率,默认值为10 000。

⑧ canopy聚类T1半径:当小于0时,ti=(—value)×t2,默认值为—1.25。

⑨ canopy聚类T2半径:当值为负数时,根据属性标准差求出,默认值为—1。

⑩ 不检查适用范围:在聚类之前,检查聚类器的适用范围,默认值为false。

⑪ 不替换缺失值:在全局范围内用平均值或中数替换缺失值,默认是false。

⑫ 初始化质心方法:初始化质心方法有"Random""k-means++""Canopy""Farthest first",默认值为"random"。

⑬ 保存实例顺序:是否保存实例顺序,默认值为false。

⑭ 显示标准差:是否显示数值属性的标准差,是否统计标准属性每类的数目,默认值为false。

单击"执行"按钮,如图5-17所示。

图 5-17
执行

得到聚类结果，如图 5-18 所示。还可以单击"详情"选项卡，查看详情信息，如图 5-19 所示。

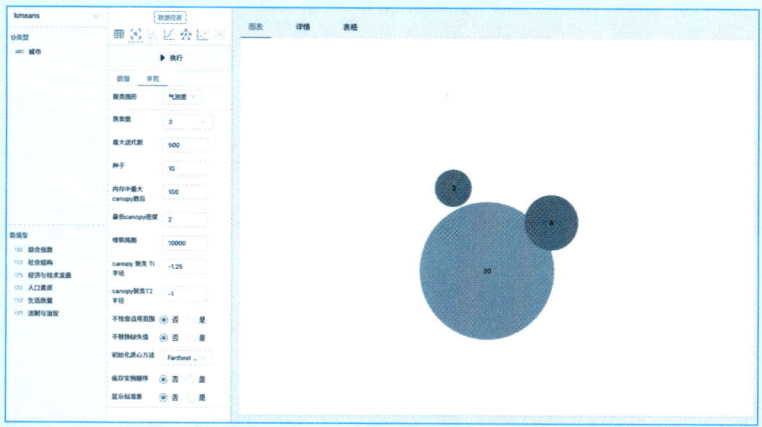

图 5-18
聚类结果

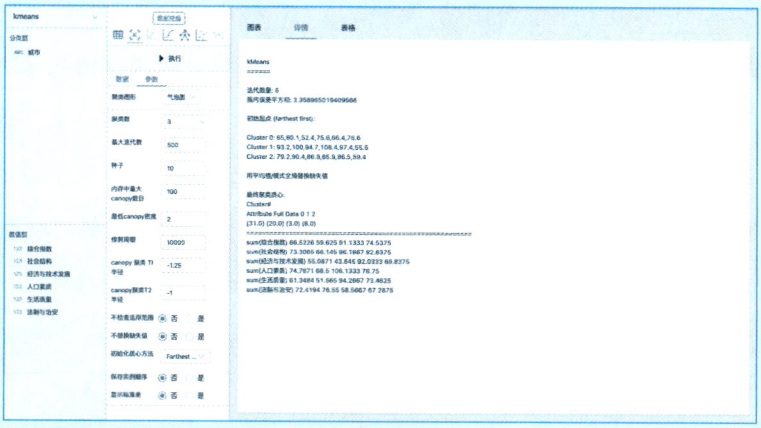

图 5-19
详情

（9）单击"表格"选项卡，查看表格展示信息，如图 5-20 所示。输入名称"kmeans"，单击"保存"，如图 5-21 所示。

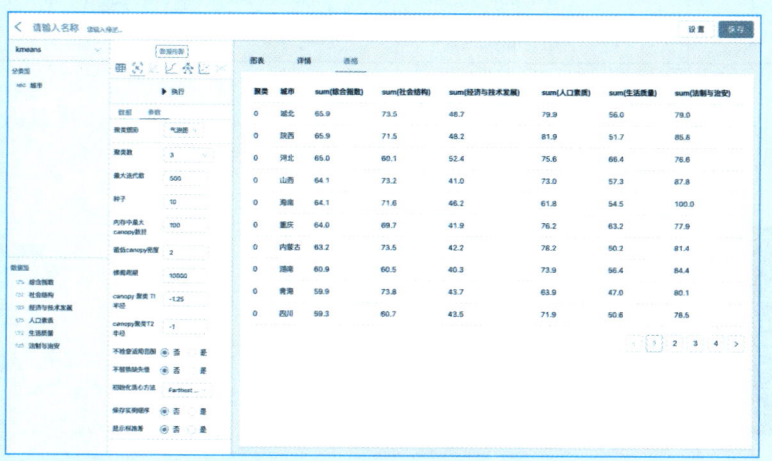

图 5-20
查看表格展示信息

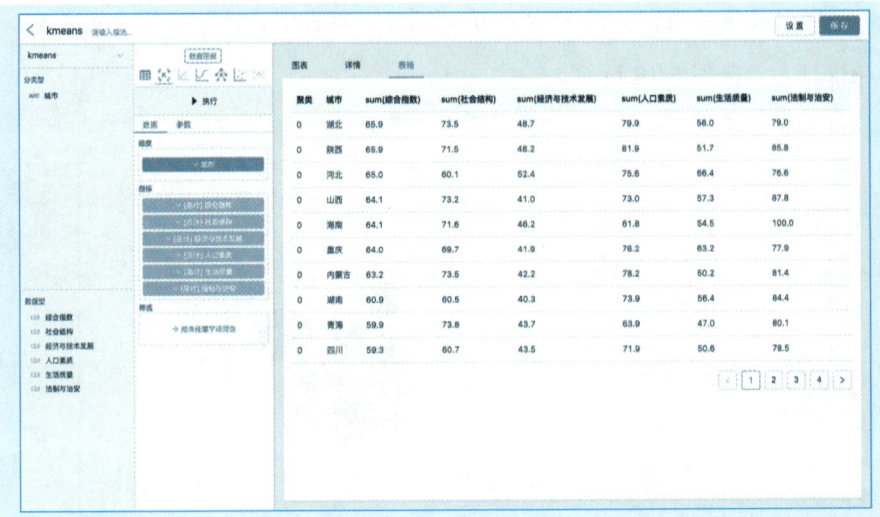

图 5-21 保存

实验 5.2 进行决策树分析实验

决策树分析是一种基于概率的风险决策方法，它通过树状图展示决策过程，帮助决策者分析不同方案的风险和收益，从而选择最优方案。这种方法直观易懂，适用于多种决策场景，如项目管理、金融投资等。通过使用决策树分析，决策者可以更加系统地考虑各种因素，作出明智的决策。

（1）数据集信息展示。案例数据集字段信息如表 5-2 所示。

表 5-2 案例数据集字段信息

序 号	字段名	字段说明
1	outlook	天气情况
2	temperature	温度
3	humidity	湿度
4	windy	是否有风
5	play	是否适合运动

（2）挂载数据。选择项目中的"数据源"菜单，单击"挂载数据集"按钮，如图 5-22 所示。

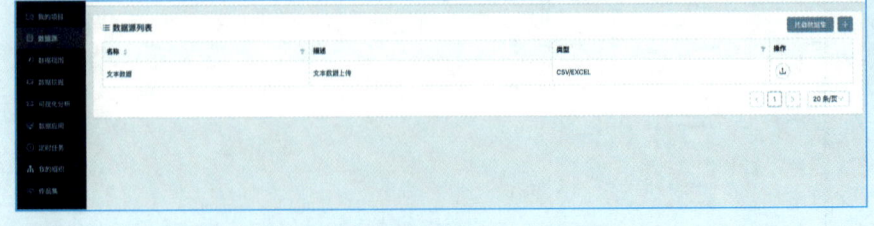

图 5-22 选择"数据源"菜单

选择列表中的"数据挖掘演示数据集",单击"确定"按钮,如图 5-23 所示。

图 5-23
挂载数据集

选择"数据视图"菜单,单击"新增"按钮,输入名称"决策树案例分析视图",单击保存,如图 5-24 所示。

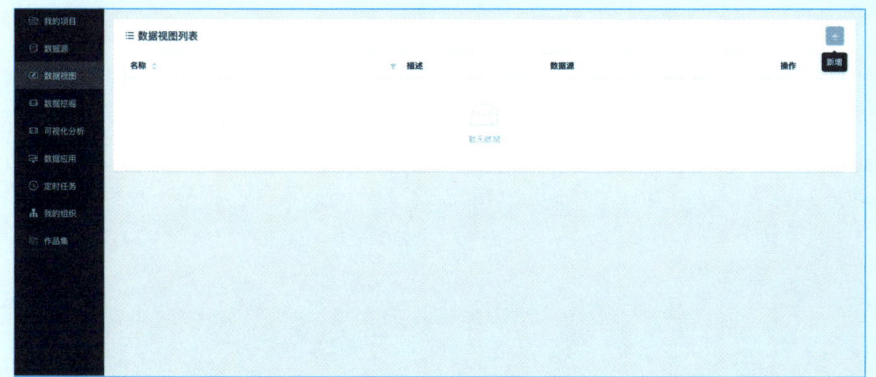

图 5-24
新增数据视图

(3)选择"数据挖掘演示数据集",选择"决策树案例数据",如图 5-25 和图 5-26 所示。

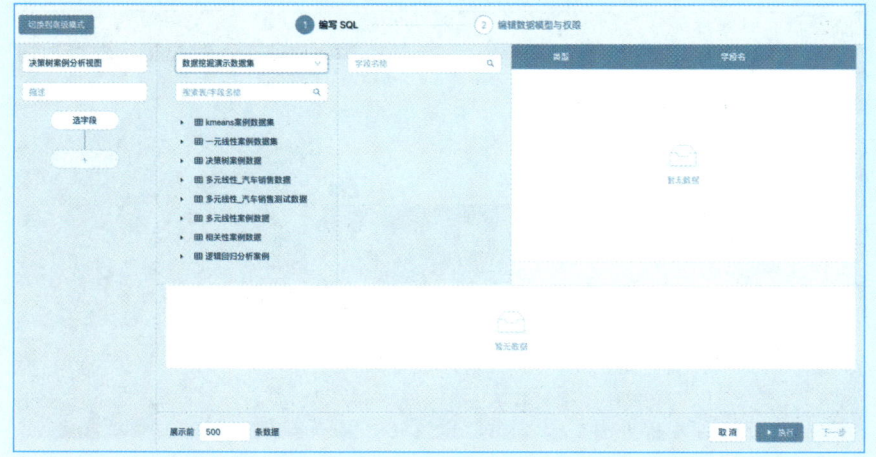

图 5-25
选择"数据挖掘演示数据集"

图 5-26
选择"决策树案例数据"

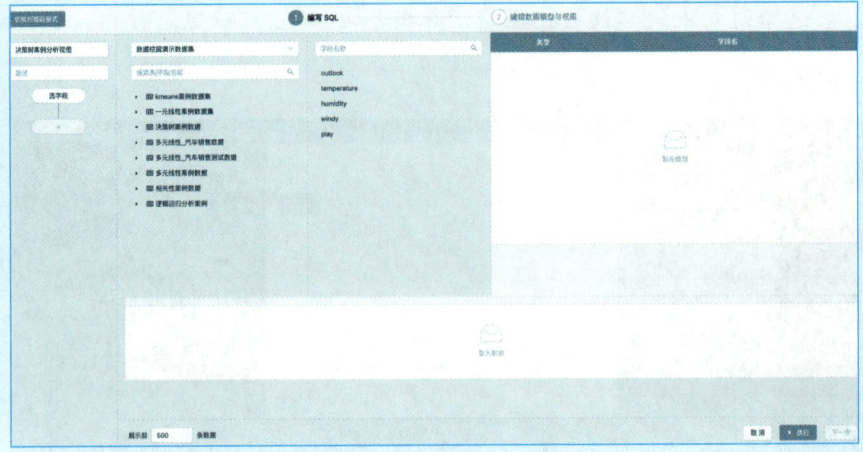

再单击任意字段,如图 5-27 所示。

图 5-27
单击任意字段

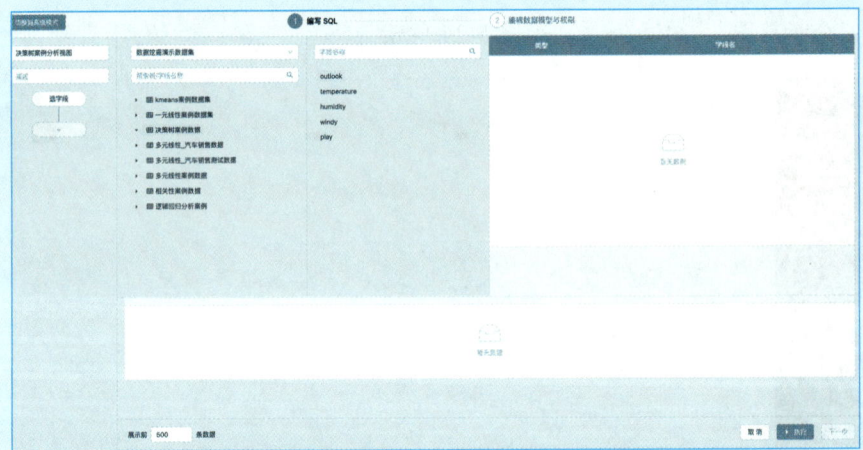

(4)选择要使用的分析字段,单击"确定"按钮,如图 5-28 所示。单击"执行"按钮,如图 5-29 所示。

图 5-28
选择分析字段

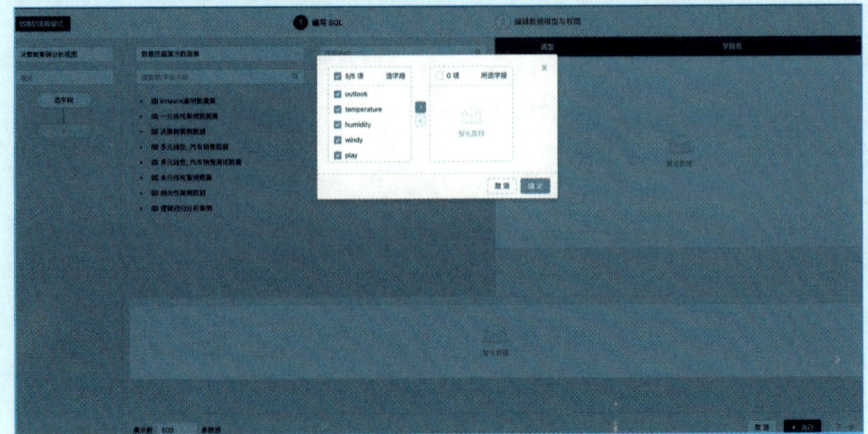

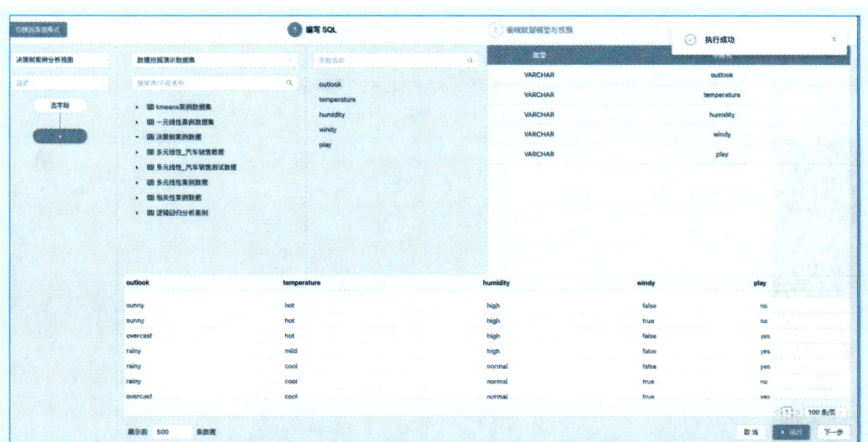

图 5-29
执行

（5）输入名称，单击"下一步"按钮，如图 5-30 所示。随后单击"保存"按钮，如图 5-31 所示。

图 5-30
输入名称

图 5-31
保存

（6）选择"数据挖掘"菜单，单击"新增"按钮，如图5-32所示。接着选择"决策树案例分析视图"，如图5-33所示。

图 5-32
选择"数据挖掘"菜单

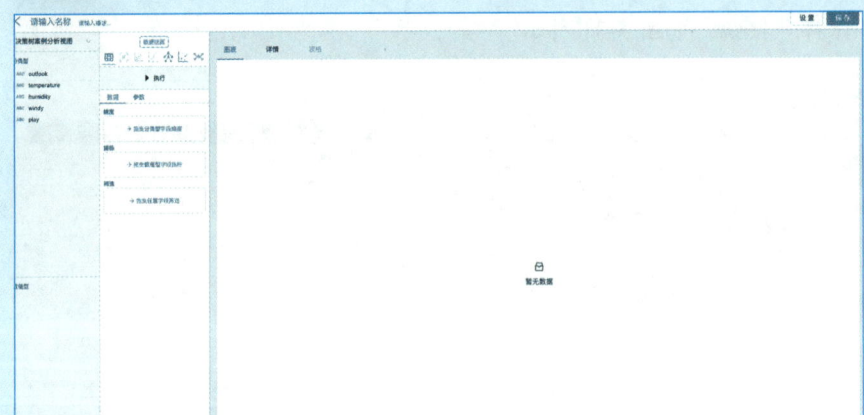

图 5-33
选择"决策树案例分析视图"

（7）将分析字段拖入分析框内（注意：第一个字段为最终要得出结论的字段），如图5-34所示。再单击选择"决策树"算法，如图5-35所示。

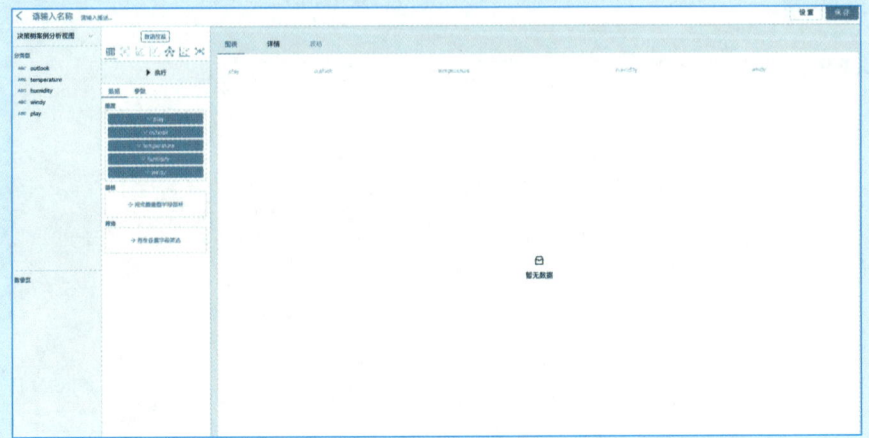

图 5-34
将分析字段拖入分析框内

图 5-35
单击选择"决策树"算法

（8）单击"参数"选项卡。调整执行参数（一般选择默认即可），如图 5-36 所示。

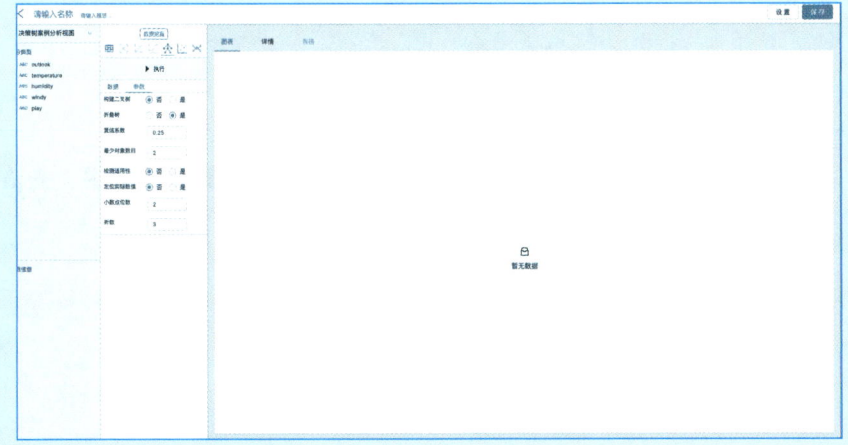

图 5-36
调整执行参数

参数说明：

① 构建二叉树：表示每个根节点可以有多个叶节点；true 表示每个根节点有两个叶节点，默认为 false。

② 折叠树：表示无论剪掉哪些分支，都不降低训练误差，默认为 true。

③ 置信系数：用于修剪的置信系数（数值越小，导致更多的修剪），默认值为 0.25。

④ 最少对象数目：每个节点中最小的实例数目，默认值为 2。

⑤ 检测适用性：表示在计算前不检测数据的适用性，默认为 false。

⑥ 定位实际数：如果为 true，则分割点不会重新定位到实际数据

值，默认为 false。

⑦ 小数点位数：用于模型中数字输出的小数位数，默认值为 2。

⑧ 折数：确定用于减少错误修剪的数据量，默认值为 3。

单击"执行"按钮，如图 5-37 所示。

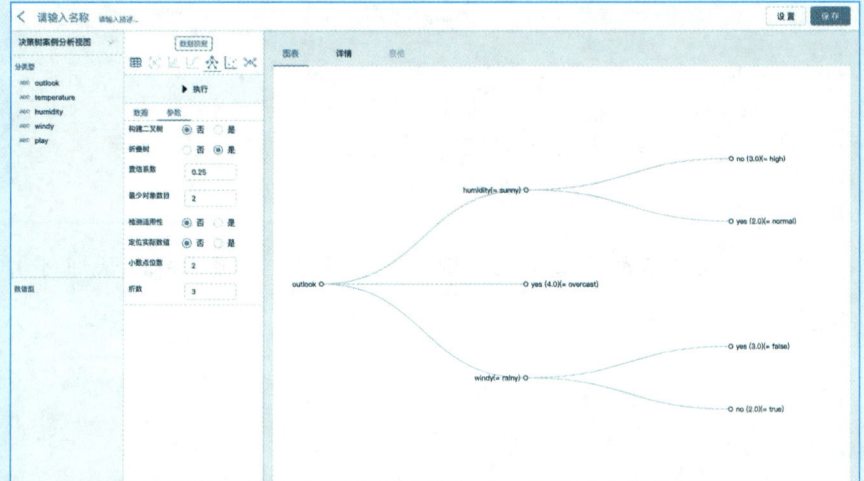

图 5-37
执行

得到树形结果，如图 5-38 所示。还可以单击"详情"选项卡，查看详情信息，如图 5-39 所示。

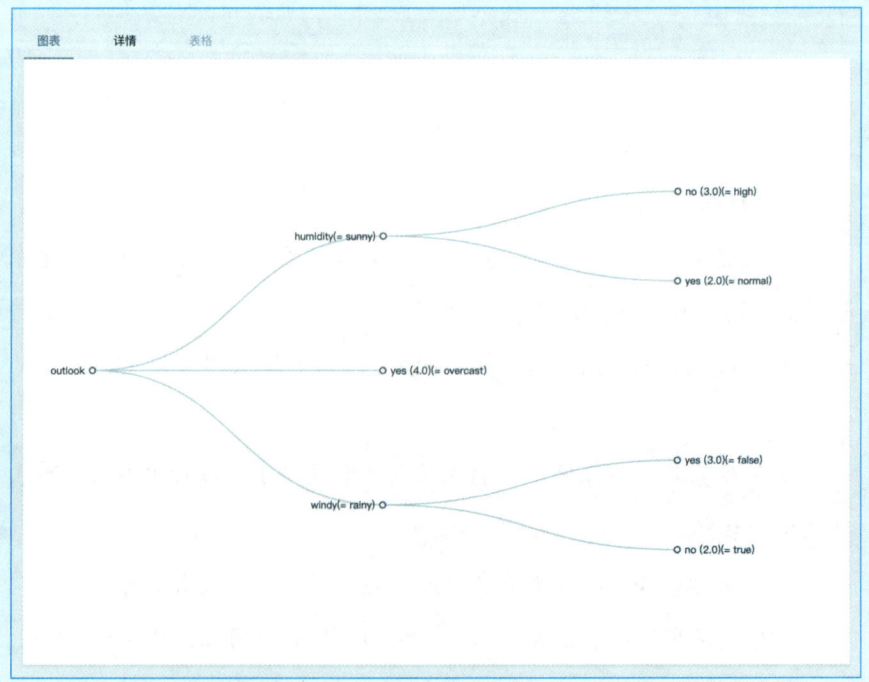

图 5-38
树形结果

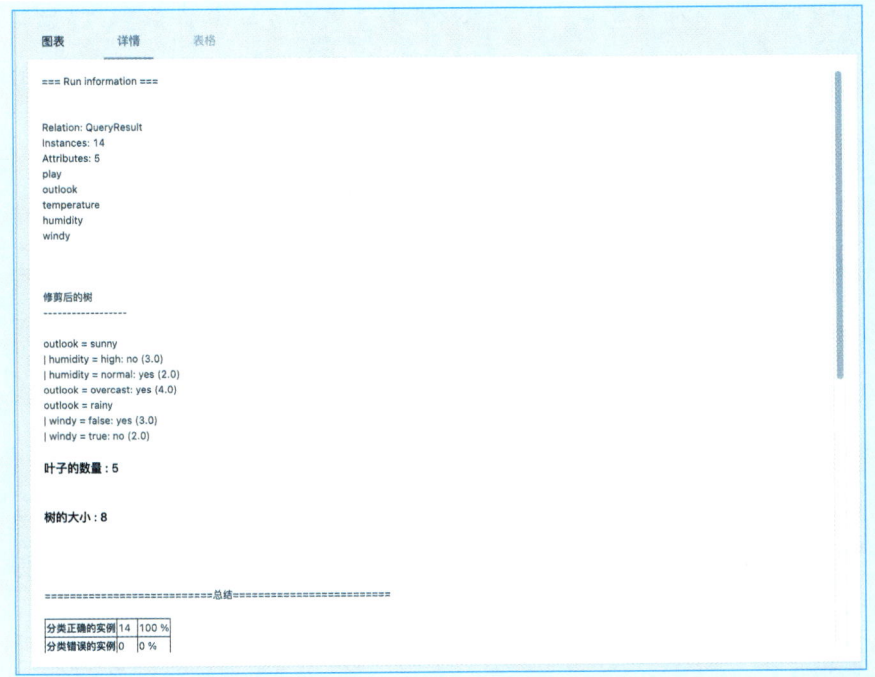

图 5-39
详情信息

（9）输入名称"决策树分析案例"，单击"保存"按钮，如图 5-40 所示。

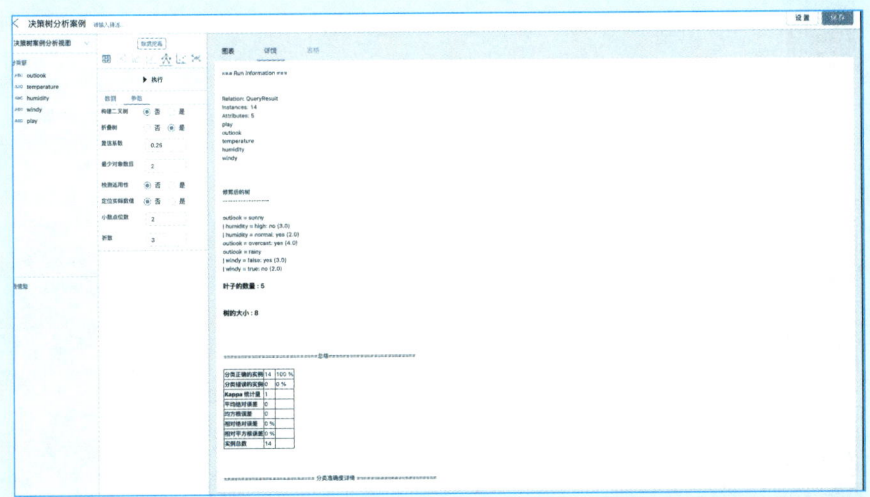

图 5-40
保存

实验 5.3 进行相关性分析实验

相关性分析是一种统计方法，用于探究两个或多个变量之间的线性或非线性关系。在商业、社会科学和自然科学中，它常被用来理解变量间的相互影响。例如，在市场营销中，分析广告投入与销售额的相关性；在医学研究中，探究患者年龄与疾病发病率的关系。通过相关性分析，我们可以更好地预测趋势、制定策略，并作出更明智的决策。

（1）数据集信息展示。案例数据集字段信息如表 5-3 所示。

表 5-3 案例数据集字段信息

序 号	字段名	字段说明
1	年龄段	年龄段
2	是否近视	是否近视
3	是否散光	是否散光
4	玻璃体混浊	玻璃体混浊
5	隐形眼镜	隐形眼镜

（2）挂载数据。选择项目中的"数据源"菜单，单击"挂载数据集"按钮，如图 5-41 所示。

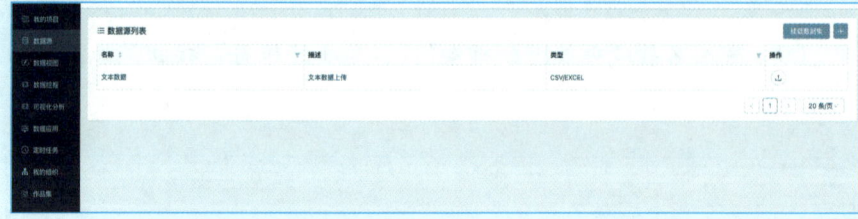

图 5-41
选择"数据源"菜单

选择列表中的"数据挖掘演示数据集"，单击"确定"按钮，如图 5-42 所示。

图 5-42
挂载数据集

（3）选择"数据视图"菜单，单击"新增"按钮，输入名称"相关性分析视图"，单击"保存"按钮，如图 5-43 所示。选择"数据挖掘演示数据集"，如图 5-44 所示。

图 5-43
新增数据视图

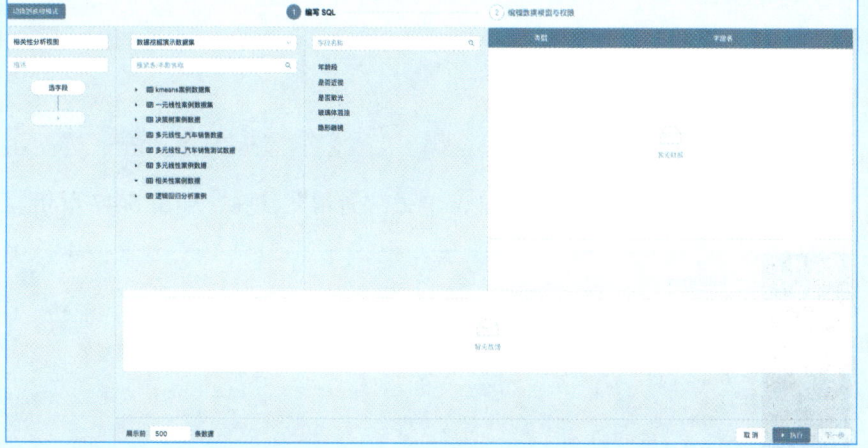

图 5-44
选择"数据挖掘演示数据集"

（4）选择"相关性案例数据"，再单击任意字段，选择要使用的分析字段，单击"执行"按钮，如图 5-45 所示。

图 5-45
选择"相关性案例数据"

输入名称，单击"下一步"按钮，调整字段所属维度和指标，并保存视图，如图 5-46 所示。

图 5-46
调整字段所属维度和指标

（5）选择"数据挖掘"菜单，单击"新增"按钮，如图 5-47 所示。

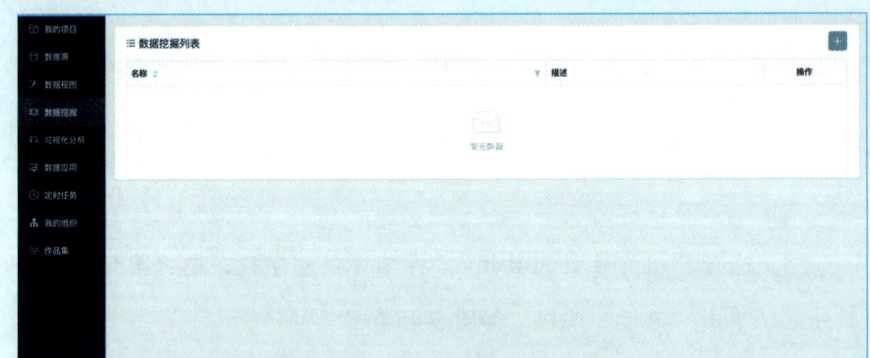

图 5-47
选择"数据挖掘"菜单

选择"相关性案例分析视图"，如图 5-48 所示。

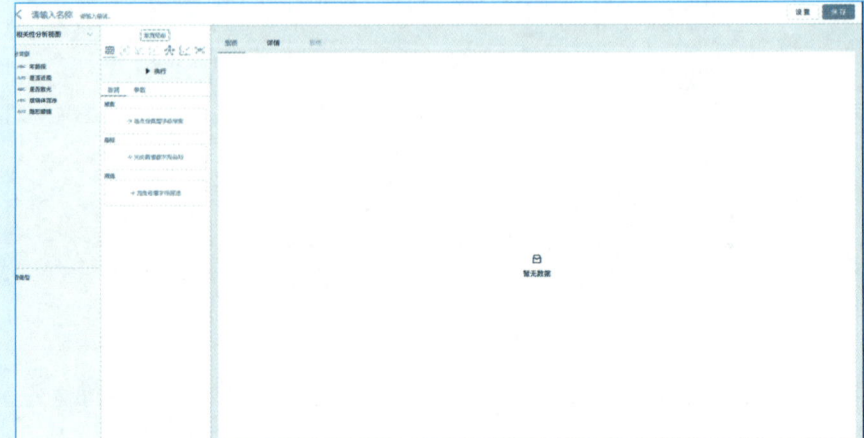

图 5-48
选择"相关性案例分析视图"

将分析字段拖入相应的维度框内,如图 5-49 所示。再单击选择"相关性分析"算法,如图 5-50 所示。

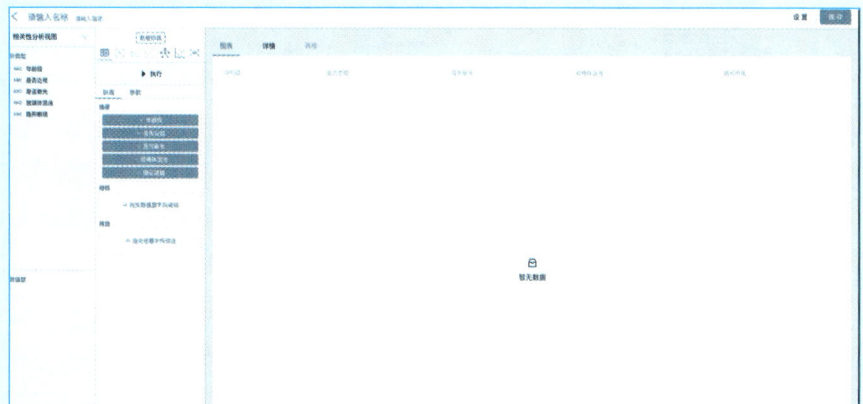

图 5-49
将分析字段拖入维度框内

图 5-50
单击选择"相关性分析"算法

(6) 单击"执行"按钮,如图 5-51 所示。得到分析结果,如图 5-52 所示。

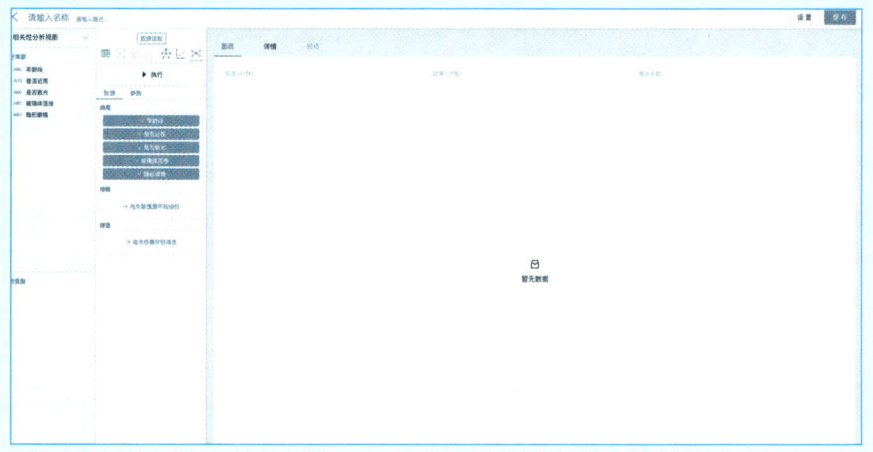

图 5-51
执行

图 5-52
分析结果

还可以单击"详情"选项卡，查看详情信息，如图 5-53 所示。

图 5-53
详情信息

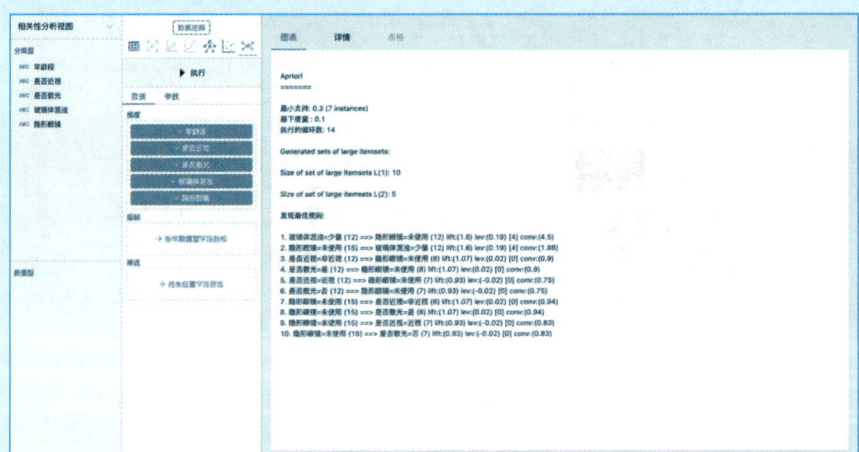

（7）输入名称"相关性案例分析"，单击"保存"按钮，如图 5-54 所示。

图 5-54
保存

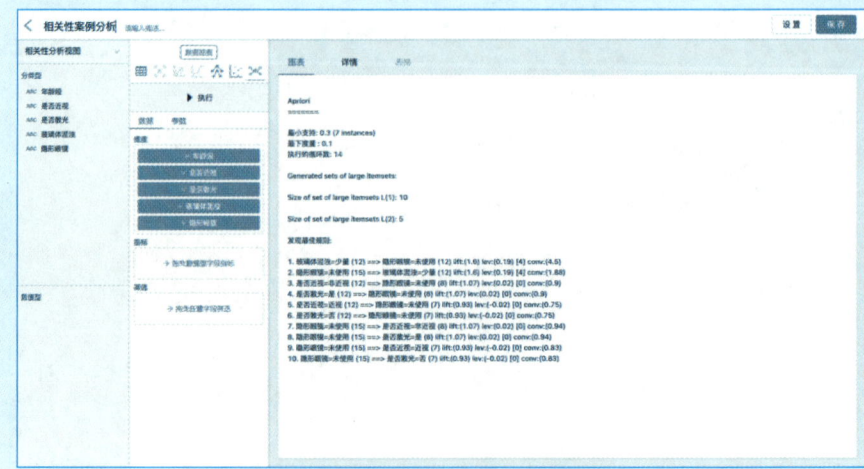

实验 5.4 进行逻辑回归分析实验

回归是最为简单易用的一种技术，但可能也是最不强大的一种技术（两者总是相伴而来，很有趣吧）。此模型可以简单到只有一个输入变量和一个输出变量。当然，也可以远比此复杂，包括很多输入变量。实际上，所有回归模型均符合同一个通用模式。多个自变量综合在一起可以生成一个结果——一个因变量。然后用回归模型根据给定的这些自变量的值预测一个未知的因变量的结果。

（1）逻辑回归分析案例数据集见表 5-4。

表 5-4 案例数据集字段信息

序 号	字段名
1	天气
2	温度
3	湿度
4	是否有风
5	是否出门玩

（2）挂载数据。选择项目中的"数据源"菜单，单击"挂载数据集"按钮，如图 5-55 所示。

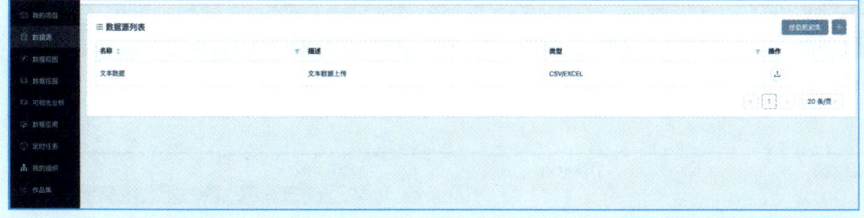

图 5-55
选择"数据源"菜单

选择列表中的"数据挖掘演示数据集"，单击"确定"按钮，如图 5-56 所示。

图 5-56
挂载数据集

（3）选择"数据视图"菜单，单击"新增"按钮，如图5-57所示。

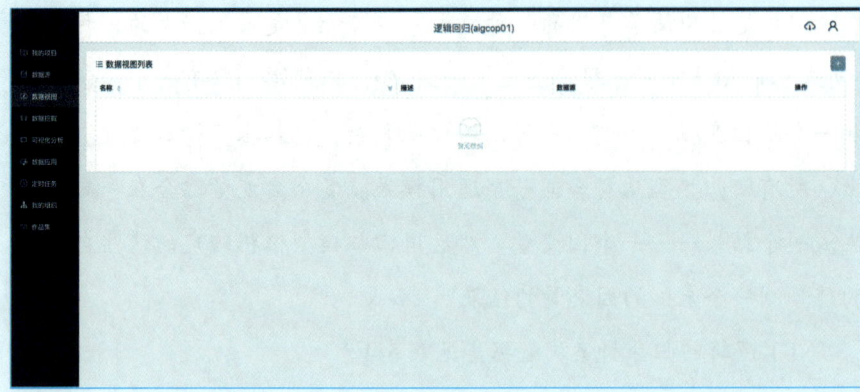

图 5-57
新增数据视图

输入名称"逻辑回归模型搭建数据集"，单击"保存"按钮，如图5-58所示。

图 5-58
选择"数据挖掘数据集"

数据源选择"数据挖掘演示数据集"，如图5-59所示。

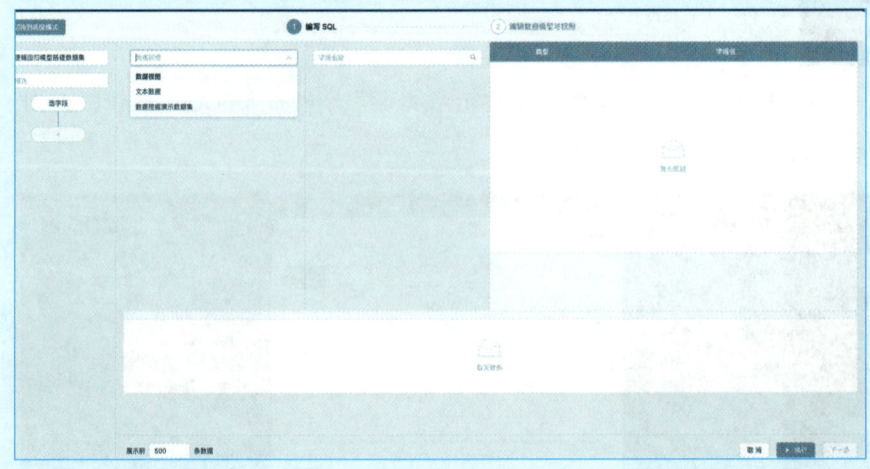

图 5-59
选择"数据挖掘演示数据集"

（4）选择"逻辑回归分析案例"，再单击任意字段，选择要使用的分析字段，单击"执行"按钮，如图5-60所示。

图 5-60
选择"逻辑回归分析案例"

（5）单击"下一步"，如图 5-61 所示。调整字段所属维度和指标（这里全部选为维度），单击"保存"按钮，如图 5-62 所示。

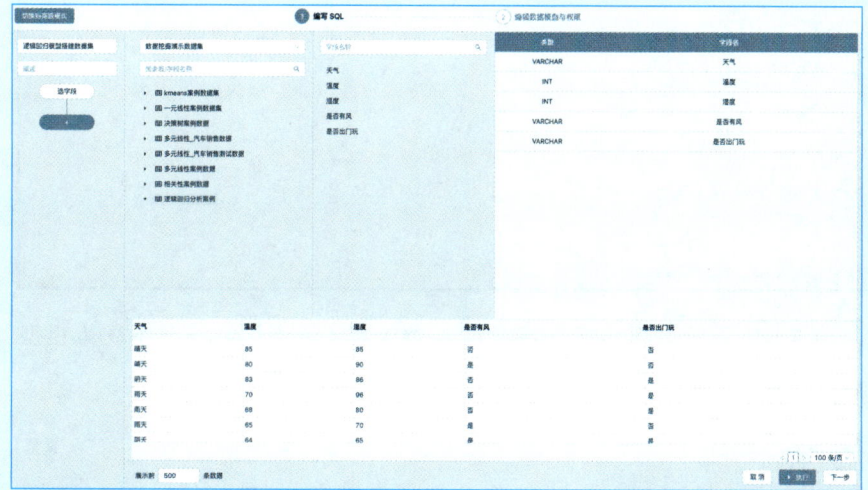

图 5-61
下一步

图 5-62
调整字段所属维度和指标

（6）选择"数据挖掘"菜单，单击"新增"按钮，如图 5-63 所示。数据视图选择"逻辑回归模型搭建数据集"，如图 5-64 所示。

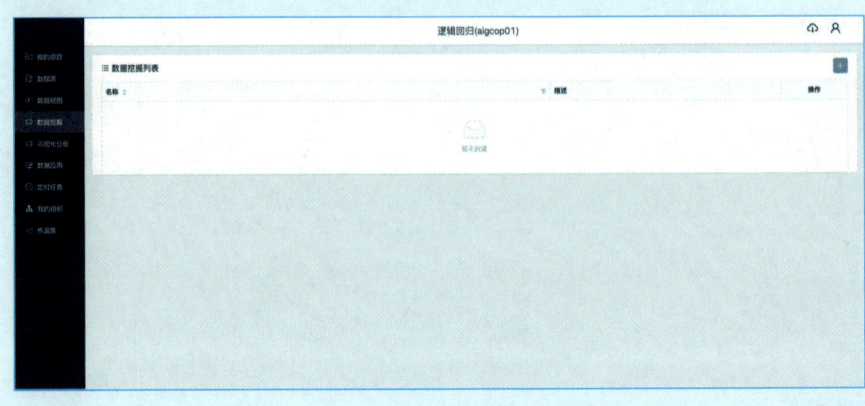

图 5-63
选择"数据挖掘"菜单

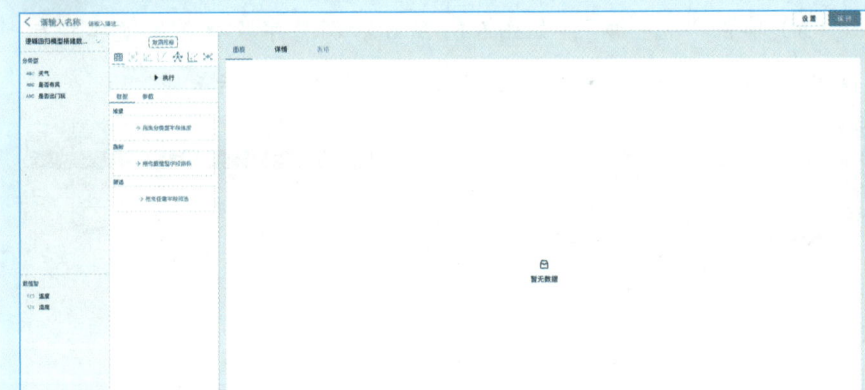

图 5-64
选择"逻辑回归模型搭建数据集"

（7）将"是否出门玩"字段拖入维度框（注意：第一个字段为模型的因变量），如图 5-65 所示。

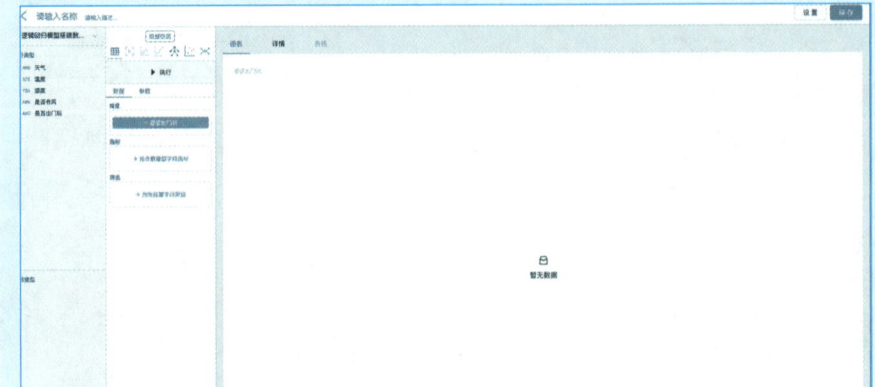

图 5-65
将"是否出门玩"字段拖入维度框内

（8）同样将"天气""温度""湿度""是否有风"拖入维度框内（注意：这些字段为自变量，不能占据第一个字段位置），如图 5-66 所示。

150

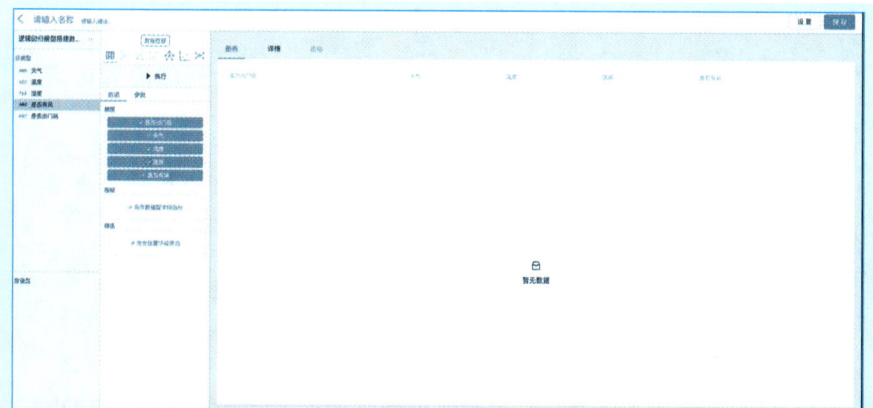

图 5-66
将其他字段拖入维度框内

再单击选择"逻辑回归"算法,如图 5-67 所示。

图 5-67
单击选择"逻辑回归"算法

(9)单击"参数"选项卡,调整执行参数(一般选择默认即可),如图 5-68 所示。

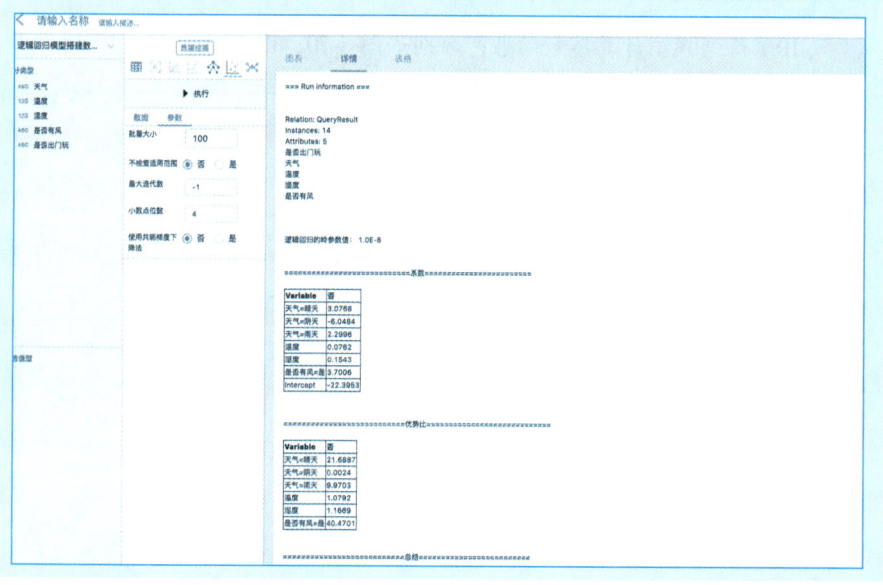

图 5-68
调整执行参数

参数说明：

① 批量大小：如果正在执行批处理预测，则是要处理的首选实例数，默认值为 100。

② 不检查适用范围：设置时，在构建分类器之前不会检查分类器功能（小心使用以减少运行时间），默认为 false。

③ 最大迭代数：最大限度计算次数。-1 表示不限制。

④ 小数点位数：模式中用于输出数字的小数位数，默认值为 4。

⑤ 使用共轭梯度下降法：是否使用共轭梯度下降算法，默认为 false。

单击"执行"按钮，如图 5-69 所示。

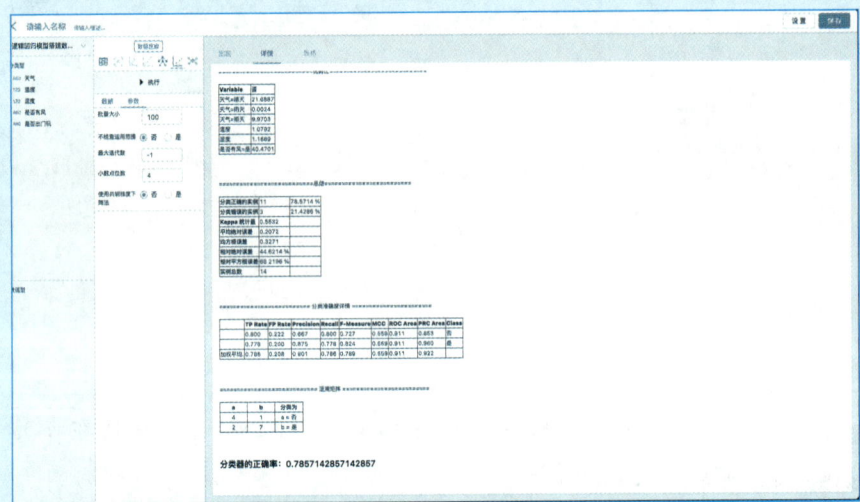

图 5-69 执行

（10）得到模型计算参数结果，分别如图 5-70、图 5-71 和图 5-72 所示。

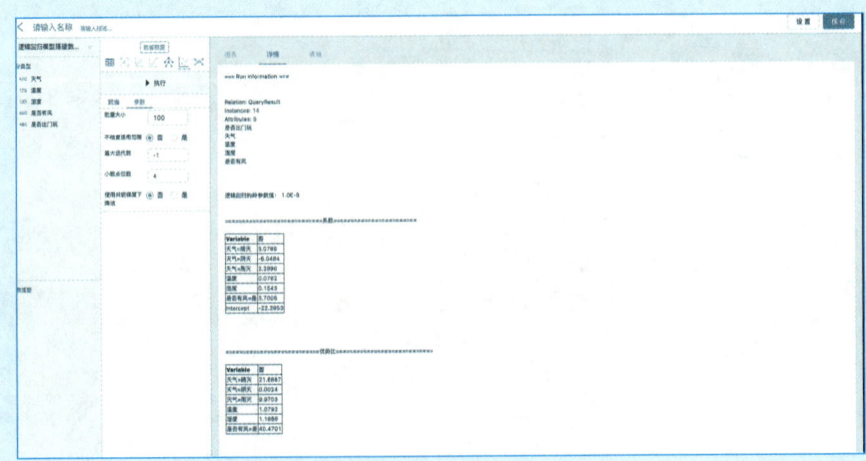

图 5-70 计算结果 1

==========================优势比============================

Variable	否
天气=晴天	21.6887
天气=阴天	0.0024
天气=雨天	9.9703
温度	1.0792
湿度	1.1669
是否有风=是	40.4701

==========================总结========================

分类正确的实例	11	78.5714 %
分类错误的实例	3	21.4286 %
Kappa 统计量	0.5532	
平均绝对误差	0.2072	
均方根误差	0.3271	
相对绝对误差	44.6214 %	
相对平方根误差	68.2196 %	
实例总数	14	

图 5-71
计算结果 2

========================== 分类准确度详情 ======================

	TP Rate	FP Rate	Precision	Recall	F-Measure	MCC	ROC Area	PRC Area	Class
	0.800	0.222	0.667	0.800	0.727	0.559	0.911	0.853	否
	0.778	0.200	0.875	0.778	0.824	0.559	0.911	0.960	是
加权平均	0.786	0.208	0.801	0.786	0.789	0.559	0.911	0.922	

=========================== 混淆矩阵 ========================

a	b	分类为
4	1	a = 否
2	7	b = 是

分类器的正确率：0.7857142857142857

图 5-72
计算结果 3

实验报告

1. 完成聚类分析实验：完成数据接入、维度和指标处理、聚类参数设置及结果执行等内容。

2. 完成决策树分析实验：完成数据接入、维度和指标处理、决策树算法参数设置及结果执行等内容。

3. 完成相关性分析实验：完成数据接入、维度和指标处理、相关性算法参数设置及结果执行等内容。

4. 完成逻辑回归分析实验：完成数据接入、维度和指标处理、逻辑参数设置及结果执行等内容。

拓展学习

数据挖掘

第 6 章

大数据可视化

DASHUJU FENXI JI YINGYONG SHIJIAN

数据可视化是以二维图形或多维图形对数据进行展示。使用数据可视化最大的好处是能够帮助人们快速地理解数据。在一个图表中可以突出显示一个大的数据量，并且人们可以快速地发现关键点；而以文字形式表达，可能需要大量篇幅来分析所有的数据及其联系。有研究表明，约有 80% 的人还记得他们所看到的图形，但只有 20% 左右的人记得他们阅读的文字。

大数据可视化是关于数据视觉表现形式的科学技术研究，其目的就是利用计算机自动分析能力，充分挖掘人在可视化信息认知方面的优势，将人、机的强项进行有机融合，借助人机交互式分析方法和交互技术，辅助人们更为直观和高效地洞悉大数据背后的信息、知识与智慧。与立体建模之类的特殊技术方法相比，大数据可视化所涵盖的技术方法要广泛得多。

6.1 数据可视化分类

大数据可视化的起源，可以追溯到 20 世纪 50 年代计算机图形学的早期。当时，人们利用计算机创建出了首批图形图表。

从数据展示的角度来看，数据可视化技术主要针对数据的结构、功能、关联关系、发展趋势等几个方面来进行展示。

6.1.1 结构可视化

结构可视化反映数据的内在组织结构，比如构成数据的元素、部件以及构成关系等。典型的例子是生物蛋白质的结构，如图 6-1 所示。

图 6-1
生物蛋白质的结构

彩图

生物蛋白质的结构

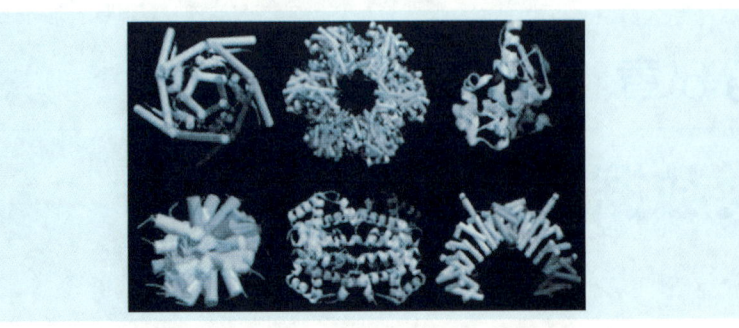

6.1.2 功能可视化

功能可视化是对数据所对应的功能的可视化描述，比如汽车发动机的运转状态，就可以通过对发动机进行 3D 建模，生成一段动画来清晰地展示。图 6-2 是某品牌的折叠手机展示图，这幅图不但准确揭示了该手机的折叠样式，还极大地激发了读者的想象力。

图 6-2
某品牌折叠手机展示图

彩图

某品牌折叠手机展示图

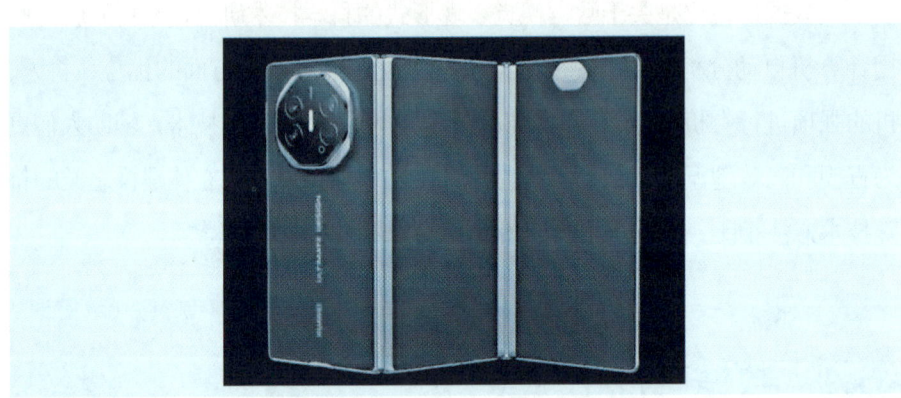

6.1.3 关联关系可视化

大数据可视化在很大程度上反映的都是数据之间的关联关系，比如层级关系、对比关系之类的社交图谱。

俄罗斯工程师 Ruslan Enikeev 根据 2011 年年底的数据，将 196 个国家的 35 万个网站数据整合起来，把每个网站都看作一个"星球"，并根据 200 多万个网站链接将这些"星球"通过关系链联系起来。每一个"星球"的大小根据其网站流量来决定，而星球之间的距离远近则根据链接出现的频率、强度和用户跳转时创建的链接来决定。这些星有"恒星""行星"，甚至"卫星",每一个"星球"都有其特定的"星系",给了互联网一个很美的展现形式,如图6-3所示,可以立即看出,facebook.com 以及google.com

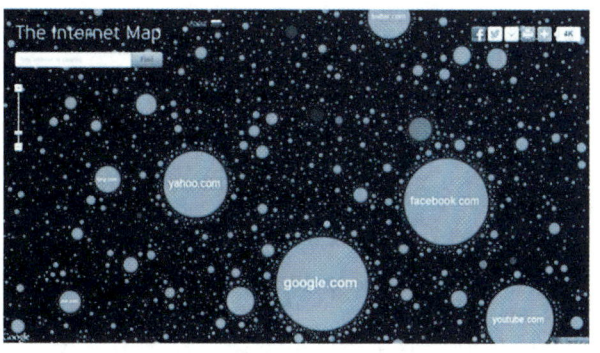

图 6-3
互联网"星球"图

是流量最大的网站。这些"一眼"识别出的图形特征(如异常点、相似的图形标记)在视觉上容易被察觉,而通过机器计算却很难理解其涵义。大数据可视化分析是大数据分析不可或缺的重要手段和工具。

6.1.4 趋势可视化

趋势可视化是对数据发展的走势、预测等进行可视化的一种方式。谷歌的设计人员认为,人们输入的搜索关键词代表了他们的即时需要,可反映出用户需求。为了把用户的搜索与流感暴发建立关联,设计人员编入了一系列的流感关键词,包括温度计、咳嗽、发烧、肌肉疼痛、胸闷等,只要用户输入这些关键词,系统就会展开跟踪分析,创建地区流感图表和流感地图,如图6-4所示。为验证"谷歌流感趋势"预警系统的正确性,谷歌多次把测试结果与美国疾病控制和预防中心的报告做比对,证实两者结论存在很大相关性。

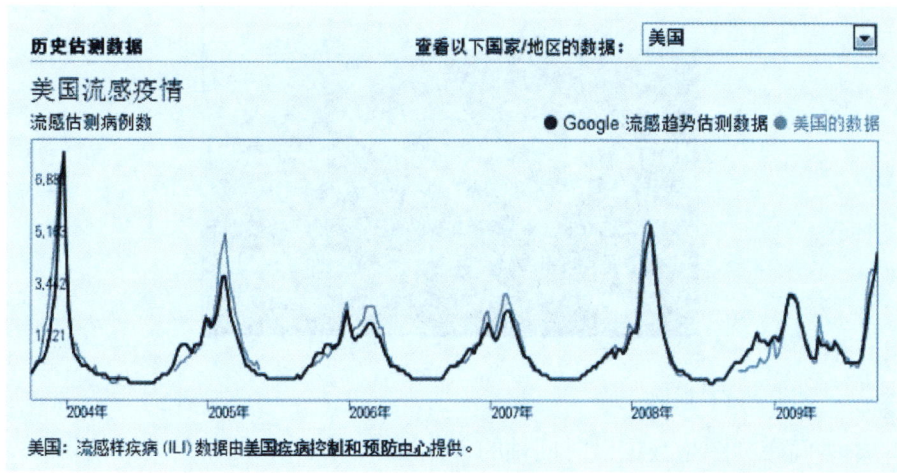

图 6-4
谷歌流感趋势

6.2 可视化表现形式

数据的可视化展示能让人们快速了解隐藏在数据中的信息,那大数据可视化效果的展现图表都有哪些呢?传统的数据展现方式通常是基于电子表格列出的数字列表,或柱状图、饼状图这样简单的图形化展示方式。还有一些更先进、更富有展现力的可视化技术和交互技术,可以帮助人们更加深入地洞察数据,理解数据。近些年出现了一大批基于 2D 的图形图像展现方式,以及现代的基于 3D 甚至更多维度的展示交互技术,包括 3D 渲染、增强现实、体感交互、可穿戴设备等。

6.2.1 二维可视化形式

基于二维可视化的表现形式,以平面的形式表达数据之间的关联,主要包括 2D 区域图、时间序列图、网络图等。

1. 2D 区域图(2D area diagram)

2D 区域图方法使用地理信息系统(geographic information system,GIS)数据可视化技术,往往涉及事物特定表面上的位置。2D 区域的数据可视化的例子包括点分布图,可以展现诸如在一定区域内支柱产业类型及产值情况,如图 6-5 所示。

图 6-5 某区域支柱产业类型及产值情况

彩图
某区域支柱产业类型及产值情况

2. 时间序列图

时间序列图是数据以时间轴的方式展示。例如,展示某地区日均温度变化,如图 6-6 所示。

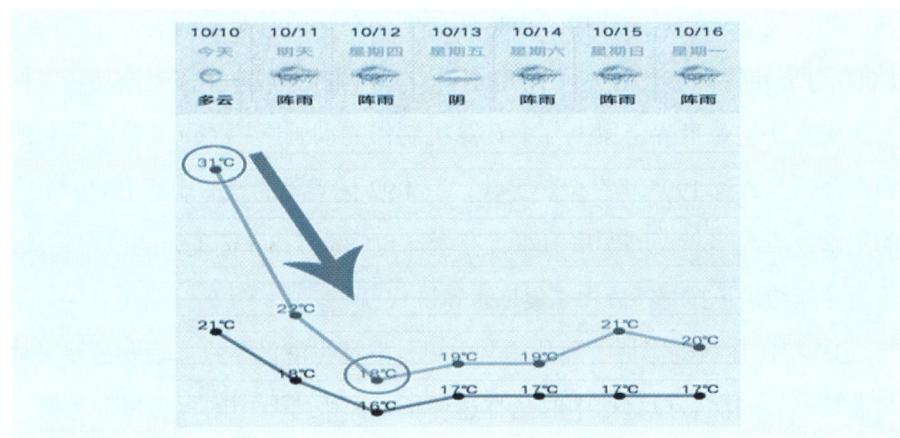

图 6-6
某地区日均温度变化图

3. 网络图

网络图展示数据点之间的错综复杂的相互关系,它是一种常见的大数据展示方法。网络协议之间的依赖关系如图 6-7 所示。

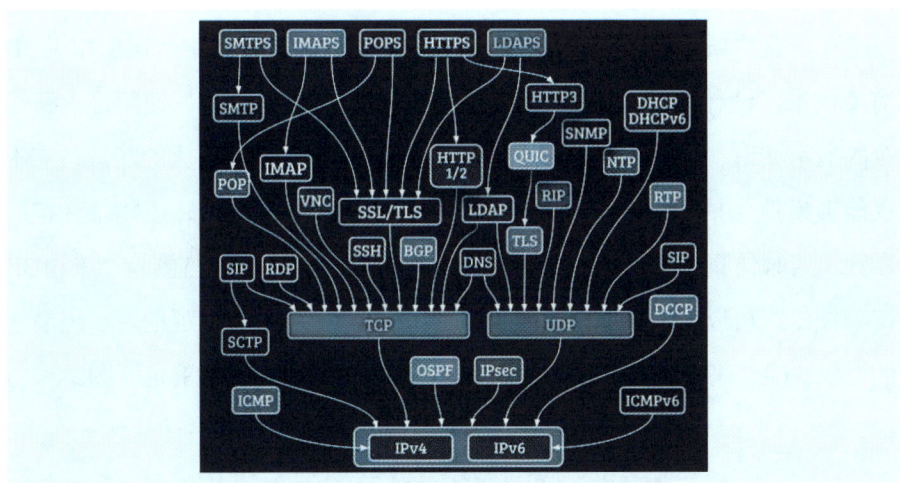

图 6-7
网络协议之间的依赖关系

彩图

网络协议之间的依赖关系

6.2.2 三维可视化形式

1. 3D 渲染技术

三维可视化以立体的形式来描述数据及其联系。3D 渲染技术是近年来发展迅速和备受关注的行业,在数字娱乐、虚拟现实、工业设计、实时仿真、数字城市等各个领域都有着十分广泛的应用。在数字娱乐领域,提到 3D 动画渲染,就马上会想到皮克斯公司。皮克斯是一家专门制作计算机动画的公司,所制作的《怪兽公司》《虫虫危机》《海底总动员》等动画电影系列，都受到全球观众的追捧。1986 年，苹果公司前总裁斯蒂夫·乔布斯以 1 000 万美元收购了乔治·卢卡斯的计算机动画部，成立了皮克斯动画工作室。皮克斯也是世界上第一部全计算机制作的动画影片《玩具总动员》的制作公司，该片 1995 年在全美上映，以 1.92 亿美元的票房刷新了动画电影的记录，成为当年美国票房冠军，在全球也缔造了 3.6 亿美元的票房纪录，还为导演约翰·拉塞特赢得了奥斯卡特殊成就奖。

3D 特技在科幻影片《阿凡达》中更是发挥得淋漓尽致。观众在观影时都被梦幻般的潘多拉星球中的丛林迷住了，而乘坐其中的翼兽伊卡兰俯冲下悬崖的场景，更是让人的肾上腺素加速分泌，手心捏一把汗。该片也因为震撼的特技获得了全球电影史上最高的票房，并获得了第 82 届奥斯卡最佳艺术指导、最佳摄影和最佳视觉效果奖 3 项奖项，以及第 67 届金球奖最佳导演奖和最佳影片奖。

在工业领域，目前在建筑、汽车、飞机、轮船等设备中普遍使用了 3D 渲染技术，设计师可以在屏幕上随时变更设计方案，进行快速验证。在当今的数字城市、智慧城市建设中，3D 渲染技术也展现了巨大的能量，它不仅能够模拟包括整个城市、园区、建筑、室内的建设效果，还能结合控制参数，实时仿真动态反应场景，如变电站的控制、水库的监测等。采用 3D 渲染技术，可以大大节省实际生产和制造的时间，同时直观地展示出最终的效果，能够高效地进行互动、调整等。图 6-8 展示了某地的电厂图。

图 6-8
某地的电厂图

彩图

某地的电厂图

2. 体感互动技术

体感互动技术是通过硬件互动设备、体感互动系统软件以及三维数字内容，来感应站在窗口前的观看者，当观看者的动作发生变化时，窗口显示的画面同时发生变化。体感互动技术在于人们可以很直接地使用肢体动作与周边的装置或环境互动，无须使用任何复杂的控制设备，便可让人们身临其境地与内容互动。体感互动技术可以广泛地应用在数字娱乐、媒体广告、医疗、教育培训、工业设计及控制等领域。例如，体感互动可应用于体感游戏当中，它通过模拟器模拟

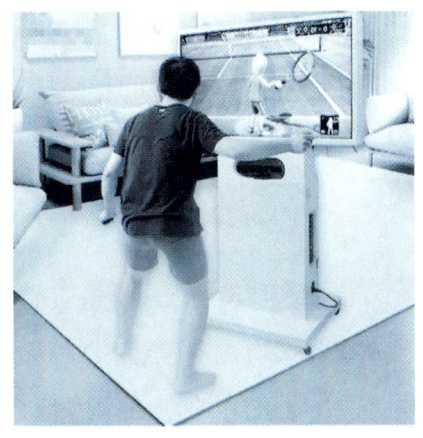

图 6-9
体感游戏

彩图

体感游戏

出三维场景，玩家手握专用游戏手柄，通过自己身体的动作来控制游戏中人物的动作，让玩家"全身"投入游戏当中，享受到前所未有的体感互动新体验，如图 6-9 所示。

3. 增强现实技术

增强现实是一种将真实世界信息和虚拟世界信息"无缝"集成的新技术，是把原本在现实世界的一定时空范围内很难体验到的实体信息（视觉信息、声音、味道、触觉等），通过科学技术，模拟仿真后再叠加，将虚拟的信息应用到真实世界，被人类感官所感知，从而达到超越现实的感官体验。它不仅展现了真实世界的信息，而且将虚拟的信息同时显示出来，两种信息相互补充、叠加。

图 6-10
增强现实技术

彩图

增强现实技术

增强现实技术包含了多媒体、三维建模、实时视频显示及控制、多传感器融合、实时跟踪及注册、场景融合等新技术与新手段。增强现实提供了在一般情况下，不同于人类可以感知的信息。增强现实技术不仅在诸如尖端武器与飞行器的研制与开发、数据模型的可视化、虚拟训练、娱乐与

艺术等领域具有广泛的应用，而且由于其具有能够对真实环境进行增强显示输出的特性，在医疗研究与解剖训练、精密仪器制造与维修、军用飞机导航、工程设计和远程机器人控制等领域也有应用，如图6-10所示。

6.2.3 仪表盘

仪表盘是模仿汽车速度表的一种多类型图表形式，常用来反映预算完成率、收入增长率等比率性指标。它简单、直观，人人会看，是商业面板最主要的图表类型。一看到仪表盘，就会使人体验到决策分析的商务感觉。

管理驾驶舱充分考虑了如何最大程度地利用和拓展人的智能。例如，考虑到人对图像信息的最佳接收数量为6幅，因此所有的指标最多都是以6幅为一组呈现在决策者面前。类似的研究成果体现在管理驾驶舱设计的各个方面。管理驾驶舱是综合评估体系理论的优秀载体。企业建立管理驾驶舱的过程本身就是一个按综合评估体系建立企业战略管理模型的过程。按照该理论建立的绩效指标以最佳接收方式显示在管理驾驶舱中，供决策者分析。管理驾驶舱在企业管理系统中，信息产品会更多地考虑人的主体因素，考虑如何更好地发挥人的智能。

图 6-11 驾驶舱仪表盘

例如，某公司想要看各地区销售的完成率，将数据导入大数据分析工具"蓝鹰"中，拖入维度和度量，选择某一地区查看销售任务的完成率，如图6-11所示。

6.2.4 定制可视化形式

除了上述的二维、三维可视化表现形式，还可根据具体的应用进行定制可视化展示。例如，针对不同企业和用户的需求，"蓝鹰"提供了多个增值和定制化模块，包括可定制图表支持、跨数据库、数据源支持、行业数据分析（项目）、可定制化分析组合、定制分析挖掘模型和解决方案等。以江苏移动赛特斯系统告警分布为例（图6-12），地图中气泡表示江苏省各个小区的地理分布。气泡的大小表示各小区宽带系统设备的告警数量。通过拖曳下面的时间可以看到每天各小区的告警数量，公司可以派遣人员去小区查看问题、解决问题，对于事故多发的小区，可以去调查研究是什么问题导致的。

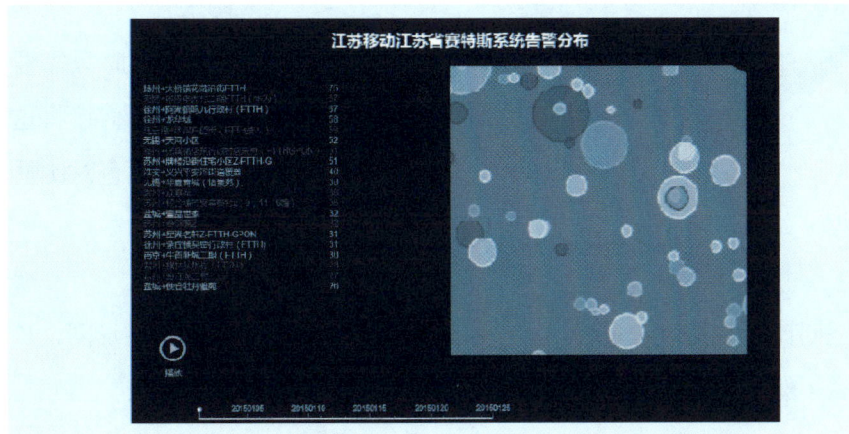

图 6-12
江苏移动赛特斯系统告警分布图

图 6-13 以思维导图的形式，呈现出巴黎夏季奥运会的整体情况，图中给出了大量的信息。其中有举办时间、举办地、吉祥物、口号、奖牌的特点，同时还有参赛运动员的男女人数及占比、比赛项目及奖牌的分布等，信息量很大，一张思维导图基本上概括了此届奥运会的主要信息。

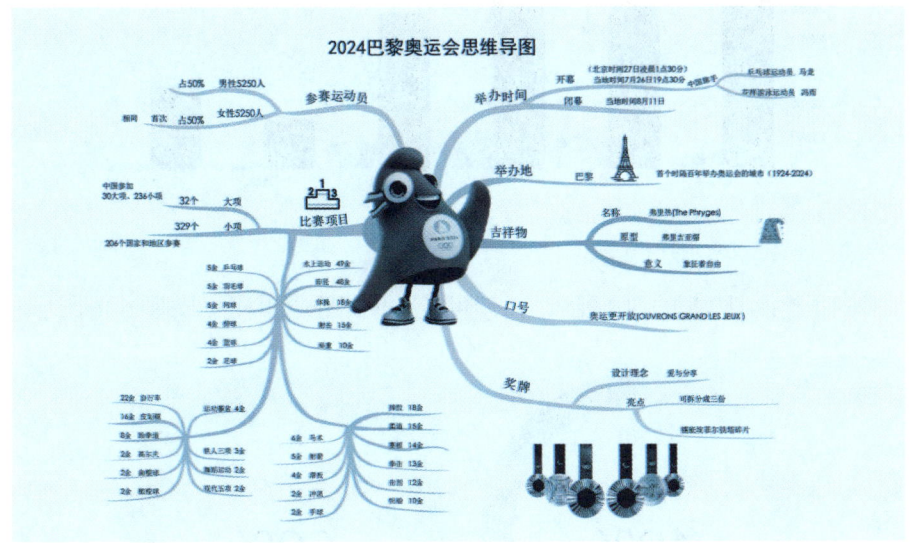

图 6-13
巴黎夏季奥运会的整体情况

6.2.5 大数据可视化方式的选择

大数据可视化可以借助于图形化的手段，快速抓住要点信息，清晰、

第6章 大数据可视化

图 6-14
单一数据

高效地传达与沟通信息。那么，如何选择合适的大数据可视化方式来展现数据呢？

1. 单一数据的展示

在展现数据的时候，有时只需要突出一个最重要的数据。可直接将这个数据放大或通过简单的颜色对比反映数据，如图 6-14 所示。

2. 对比型数据的展示

在对比型数据表示过程中，一般通用的图表就是条形图或柱形图，长短一目了然，如图 6-15 所示。

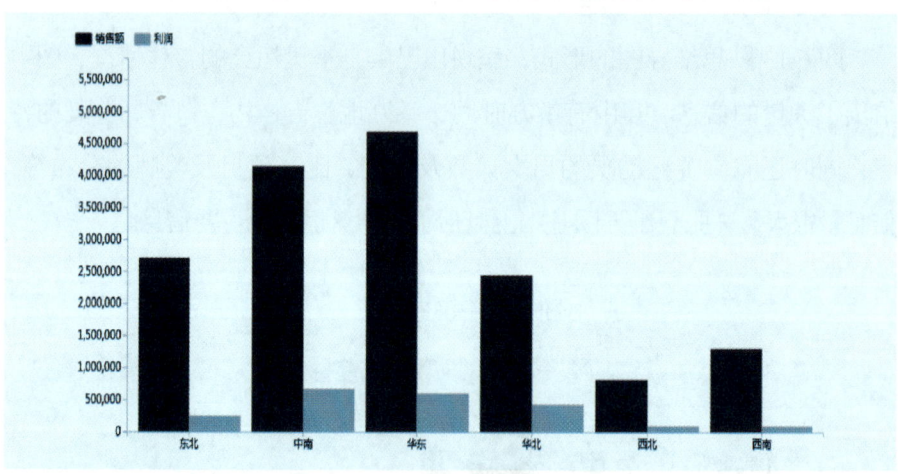

图 6-15
对比型数据

3. 比例型数据的展示

对于比例型数据的图表展示，一般可以选择饼图或圆环图，如图 6-16 所示。

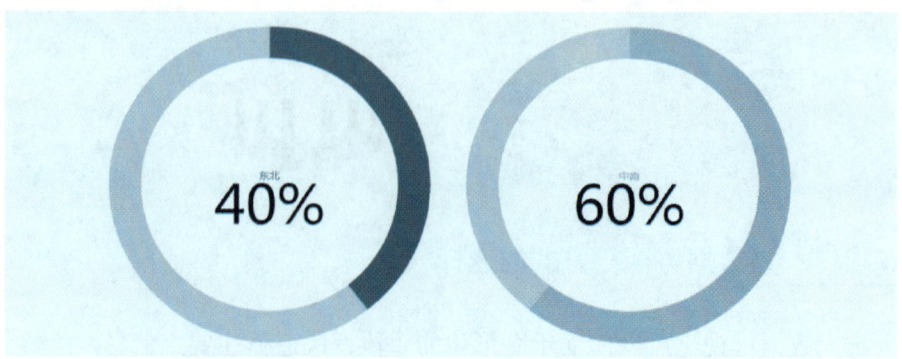

图 6-16
比例型数据

4. 相关关系数据的展示

如果不清楚两个变量之间的关系，散点图是一个不错的选择，如图 6-17 所示。

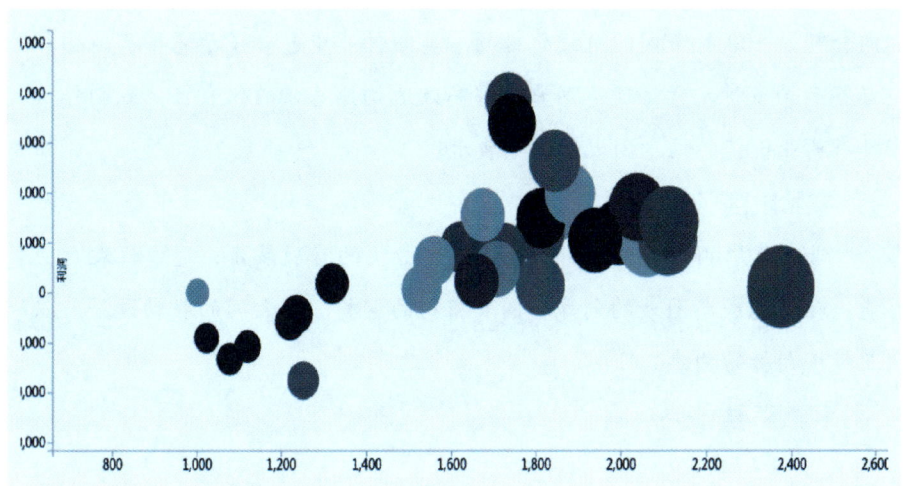

图 6-17
相关关系数据

5. 复合关系数据的展示

有的时候数据包含的信息太多太杂，单一的图表不能全面地传递信息。此时，就可以选择复合图表。例如，柱形图和折线图的复合图，同时可以表现对比和趋势，如图 6-18 所示。

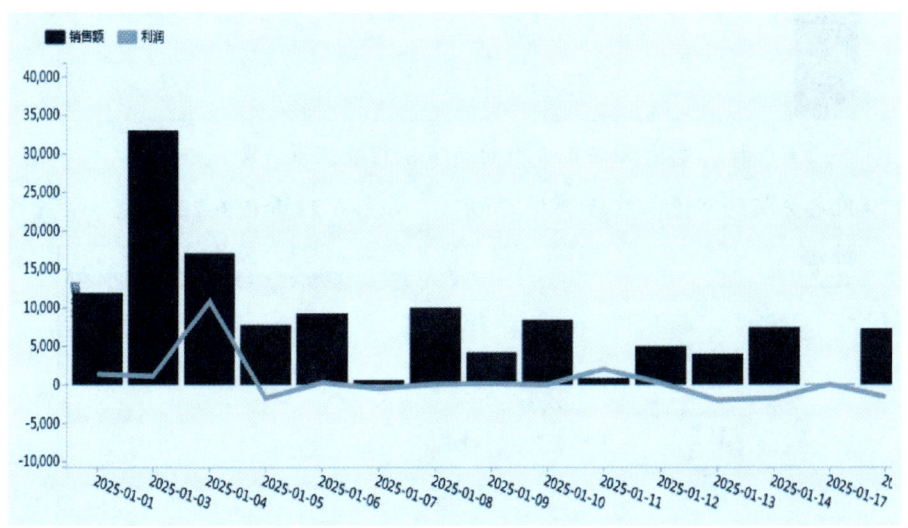

图 6-18
复合关系数据

实验 6 数据可视化

实验操作视频

数据可视化

↘ 实验原理

蓝鹰数据可视化分析平台提供了一个全面且专业的可视化图形库，内含超过 500 种不同的可视化选项。其组件库中包含了示意图、地图和标签云等多种元素，使得用户能够高效地构建基础的仪表板，或制作出具有商业价值的信息图表和视觉展示。

↘ 实验内容

借助蓝鹰的可视化分析平台，实现数据的直观展示；通过仪表盘功能，轻松完成新图表的创建、图表布局的调整、图表间的联动设置，以及数据大屏的构建。

↘ 实验指导

实验 6.1 可视化分析台

（1）添加数据视图。进入数据视图列表，单击面板右上角的添加框"+"，如图 6-19 所示。

图 6-19 数据可视化分析台

（2）选择"电商数据集"中的超市销售数据表，如图 6-20 所示。选择准备分析的字段，然后单击"执行"，如图 6-21 和图 6-22 所示。

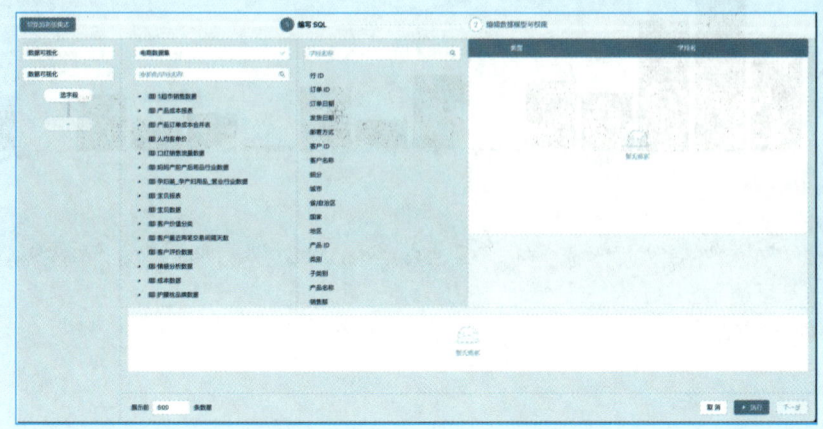

图 6-20 选择数据集

图 6-21
选择字段

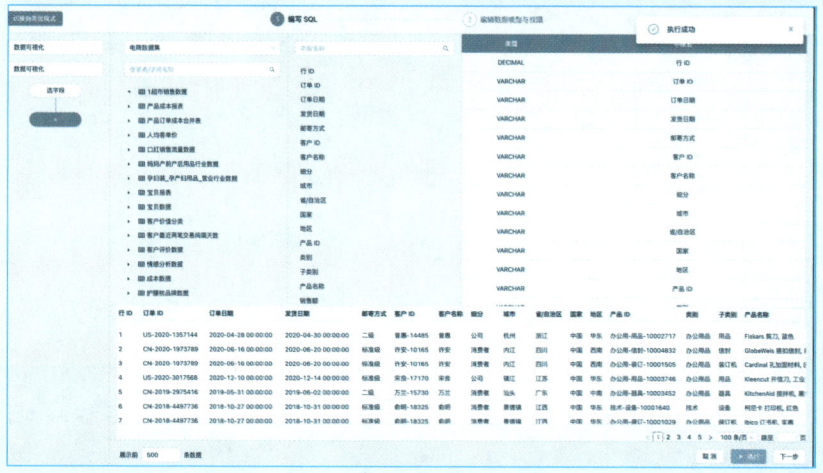

图 6-22
执行

（3）单击"下一步"按钮进行维度和指标选择，然后单击"保存"退出，如图 6-23 所示。单击"可视化分析"菜单，单击"+"新增可视化图表，如图 6-24 和图 6-25 所示。

图 6-23
维度和指标设置

图 6-24
可视化分析菜单

图 6-25
可视化图表

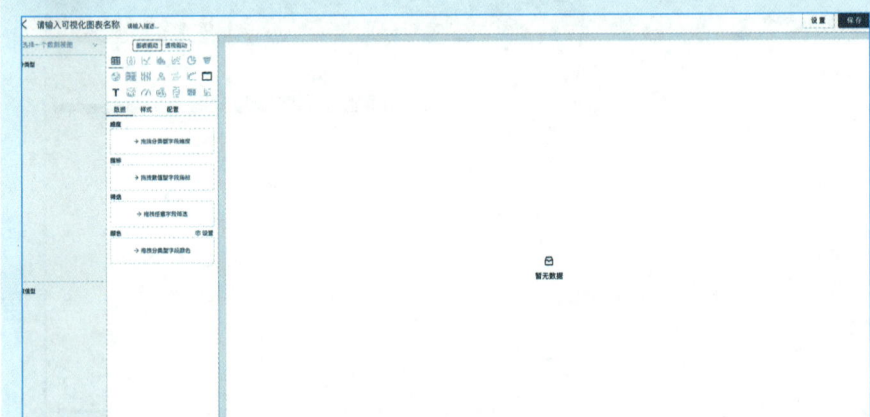

（4）选择刚才新建的"数据可视化"视图，然后输入名称，如图 6-26 所示。

图 6-26
选择视图

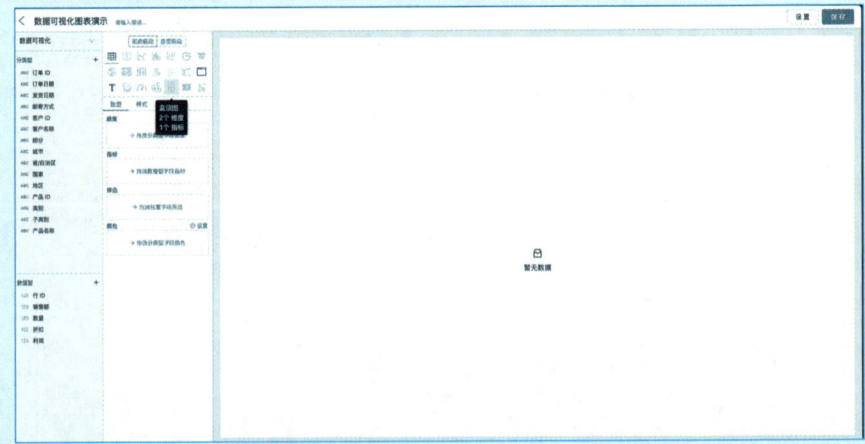

紧接着进行图表设置和布局操作，创建"城市与销售额的关联图表"。在维度列表中选择"城市"，指标列表中选择"销售额"，图表类型选择"柱状图"，如图 6-27 所示。

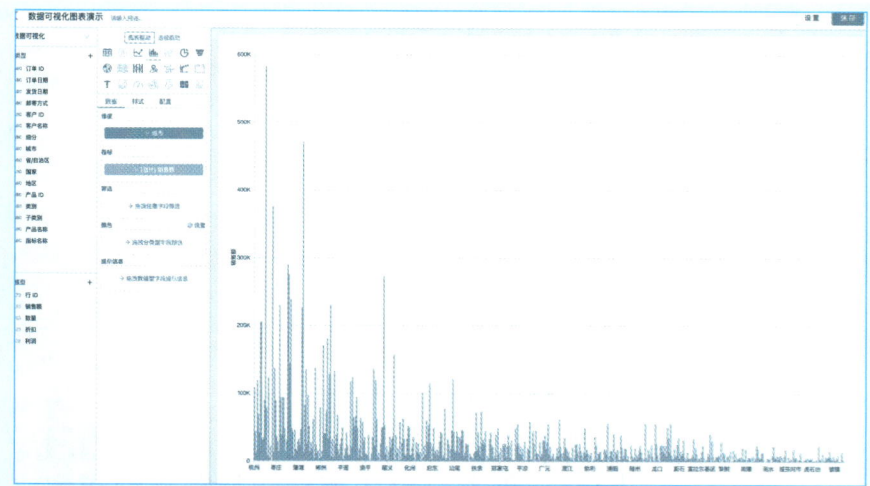

图 6-27
创建图表

筛选"销售额大于 20 000"的数据,如图 6-28、6-29 所示。

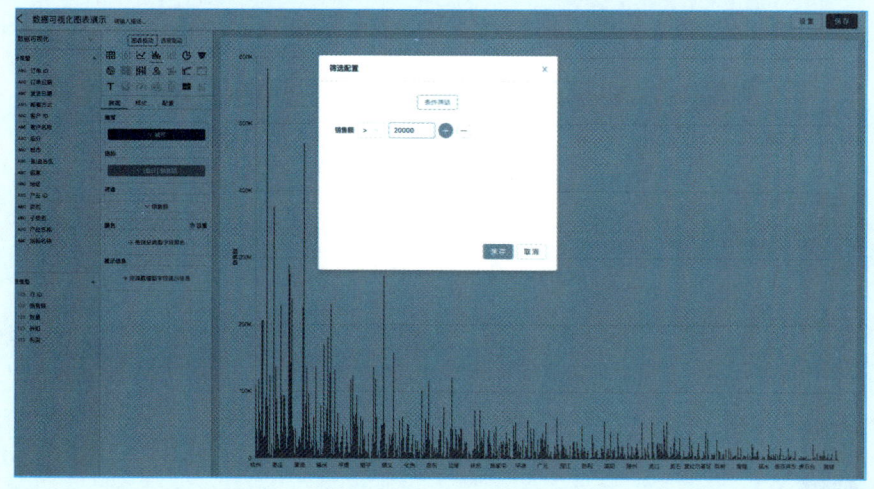

图 6-28
筛选数据

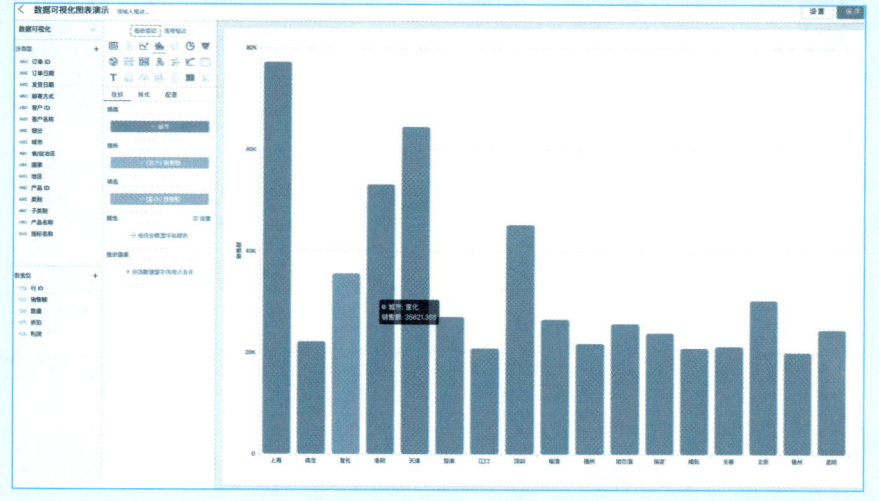

图 6-29
筛选结果

接着进行样式设置,调整"图表样式""颜色"等,如图6-30所示。

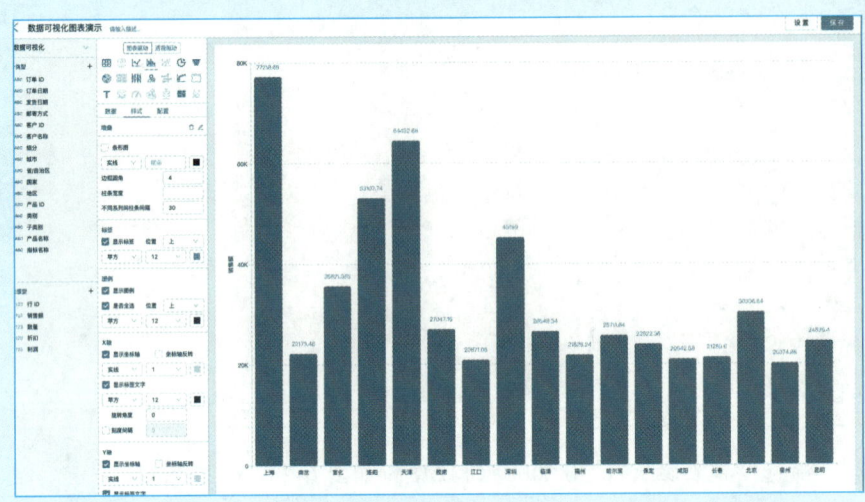

图 6-30 调整图表样式等

实验 6.2 仪表盘操作

(1)单击菜单"数据应用",然后单击"创建新仪表盘",即可进入项目仪表盘,默认进入第一个仪表盘界面,如图6-31和图6-32所示。

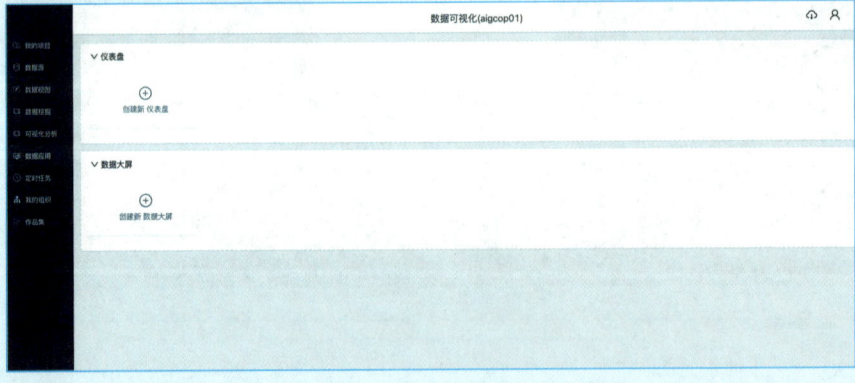

图 6-31 创建仪表盘

图 6-32 仪表盘界面

（2）接着单击右上方"+"，新增图表，选择刚才建的图表，如图6-33所示。

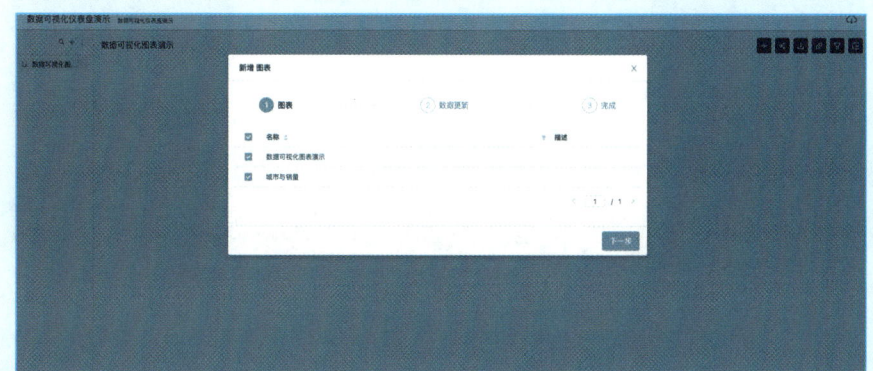

图 6-33
选择图表

基于生成的图表，可以建立多个图表视图，在仪表盘上排列展示，如图6-34所示。

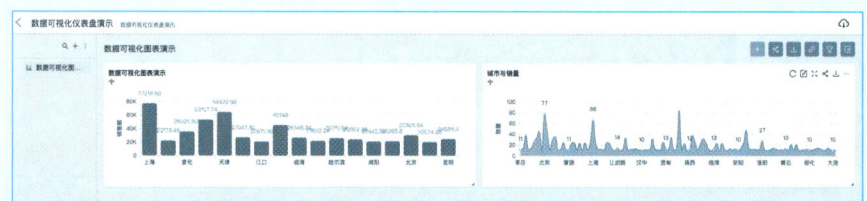

图 6-34
图表排列

（3）紧接着进行图表联动操作，首先对联动关系进行配置，如图6-35所示。进行配置联动项，新增联动项操作，如图6-36和图6-37所示。

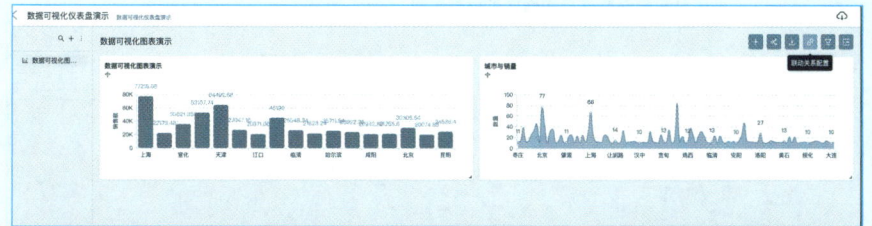

图 6-35
联动关系配置

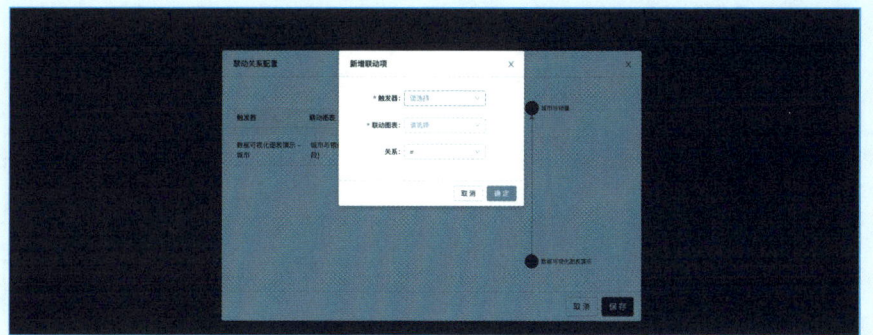

图 6-36
新增联动项

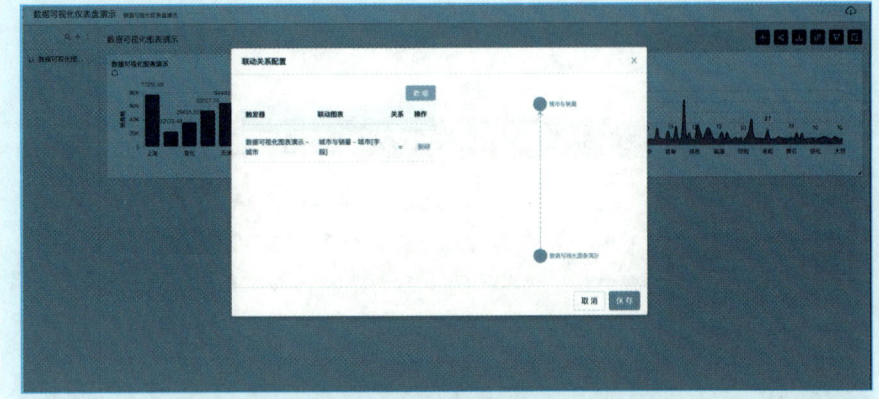

图 6-37 联动项信息

（4）联动效果展示，如图 6-38 所示。也可以采用"全局控制器配置"，进行数据联动，如图 6-39 和图 6-40 所示。

图 6-38 联动效果

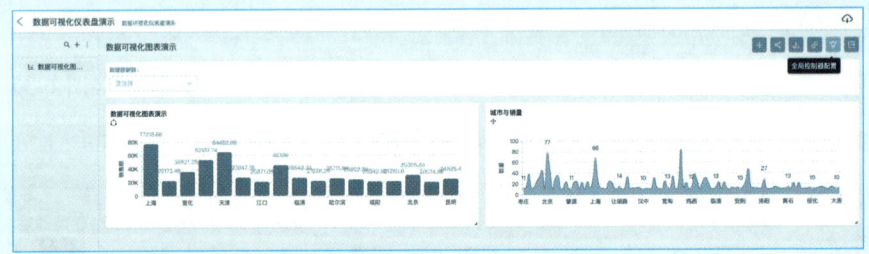

图 6-39 单击"全局控制器配置"

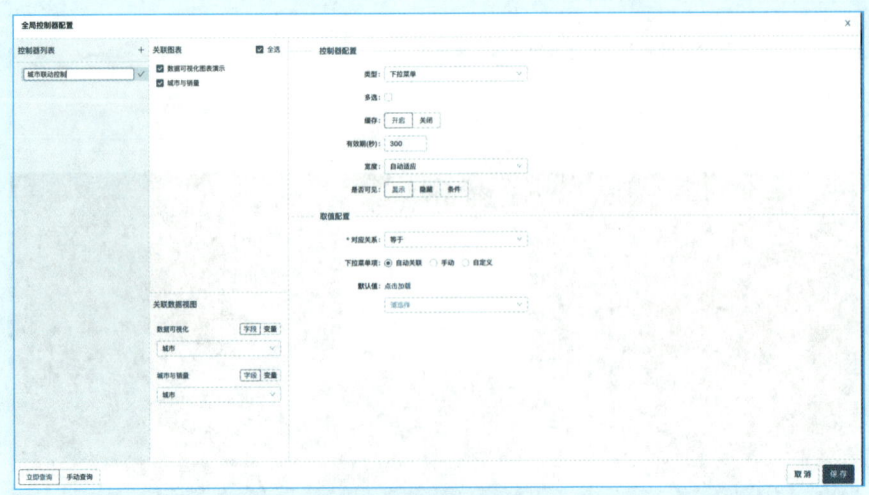

图 6-40 全局控制器配置

联动效果展示，如图 6-41 所示。

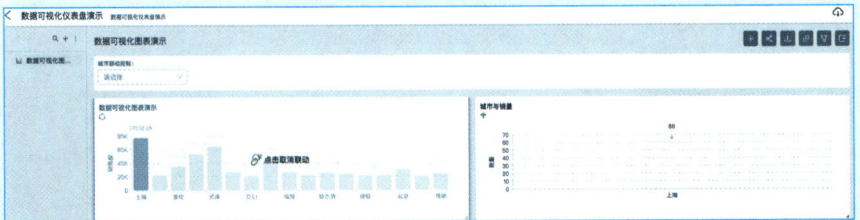

图 6-41
联动效果

实验 6.3 数据大屏

（1）单击"数据应用"菜单，单击"创建新数据大屏"，进入大屏默认页，如图 6-42 和图 6-43 所示。

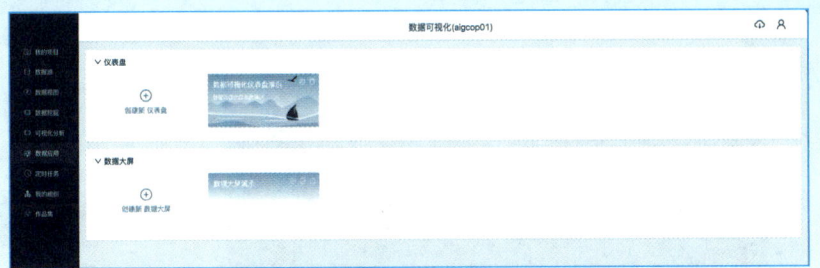

图 6-42
创建数据大屏

图 6-43
大屏默认页

（2）选择大屏模板，如图 6-44 所示。

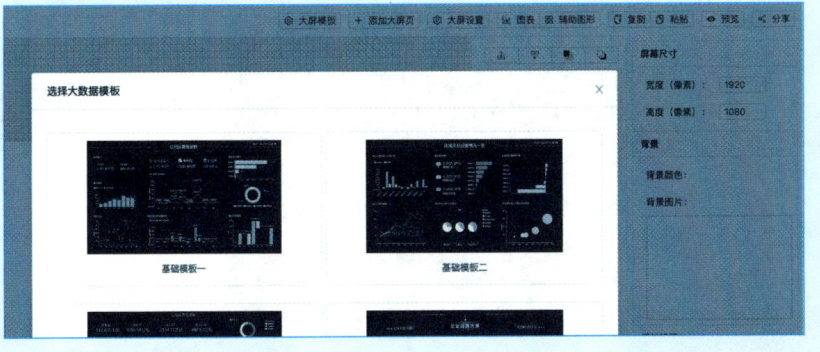

图 6-44
选择大屏模板

（3）选择图表，并拖曳到指定的位置，如图6-45、图6-46所示。

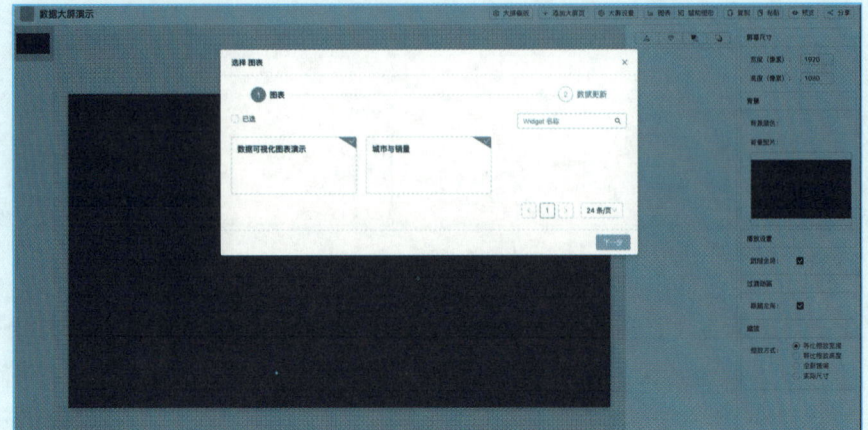

图6-45
选择图表

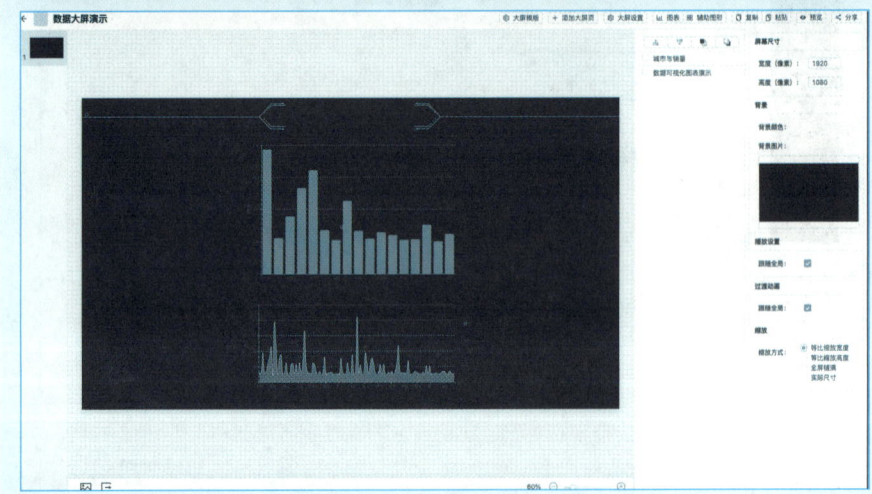

图6-46
拖曳图表到合适位置

（4）接着调整图表样式，也可添加辅助图形，或者对图表样式进行相关的调整，如图6-47所示。

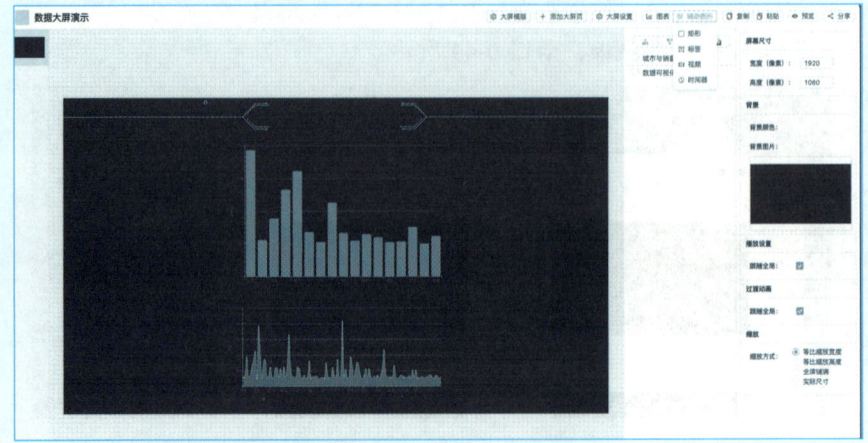

图6-47
调整样式

(5)最后可以单击"预览",查看效果,如图 6-48 所示。

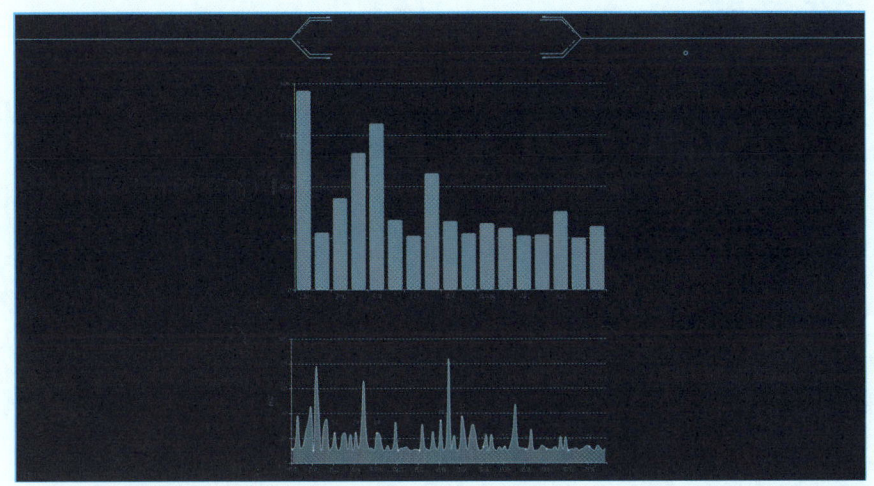

图 6-48
效果预览

实验报告

1. 进入可视化分析台,进行图表创建、调整布局等操作。

2. 完成仪表盘操作,创建仪表盘、图表联动等。

3. 完成创建数据大屏并调整图表样式操作。

拓展学习

大数据可视化
体感互动

第 7 章

大数据应用案例实战

如今大数据已经渗透到各行各业中,采用海量数据的分析和挖掘手段,能够从各种类型的数据中快速获得有价值的信息。本章通过 3 个具体实例,全面剖析利用蓝鹰大数据分析平台进行数据分析和信息挖掘的全过程。

7.1 网站流量分析

7.1.1 背景分析

互联网行业作为新兴行业,是目前大数据应用最为广泛的行业之一。越来越多的企业开启了数据化运营的思路,用数据说话,指导公司决策,最终创造更大的数据价值。

网站的数据分析是对于网站访问信息的分类和归纳,并在此数据基础上进行统计分析,如数据预测、聚类分析、相关性分析等较为复杂的分析算法。常见的网站分析主题有网站访问量的增长趋势,用户访问量的最高时段,访问最多的网页,停留时间,用户访问来源,如搜索引擎、搜索词等,这些都是网站分析的基本要素。通过网站分析,可以掌握用户的访问趋势、网站访问热点,如哪个频道、哪个页面、用户停留时间、重点页面的跳出率、商品购买流程是否顺畅等等,从而优化网站重点页面和主要流程,提高用户体验。

7.1.2 案例及需求分析

针对网站分析的工具有很多，比如 Google analytics、Cnzz 等，这些工具完成了对于网站访问数据的收集和简单分析。本案例主要利用蓝鹰数据分析平台分析某博客的网站浏览数据，旨在了解用户的访问分布、访问黏性、网站流量来源分布情况，进而了解该博客的用户访问情况。

7.1.3 大数据分析方法

1. 确定问题

本案例是对于博客进行基本的网站分析，包括各版块访问量比重、各版块访问趋势、访问来源分布几方面。

2. 分解问题

（1）各版块访问量。

（2）各版块访问量时间趋势分析。

（3）各版块用户访问（浏览时长、人均浏览页面数）。

（4）访问来源分析。

3. 评估问题

将评估指标分解如下：

（1）PV：页面被查看的次数。用户多次打开或刷新同一个页面，该指标值累加。

（2）UV：页面的访问人数。所选时间段内，同一访客多次访问会进行去重计算。

（3）访次数：访问次数是访客对网站进行访问的次数，按 session 计算。一般 session 半小时过期，如用户半小时无操作，即进入下一次访问。

（4）人均浏览页面数：PV/UV，该指标反映用户的访问黏性。

（5）页面退出率：用户退出页面的次数除以用户进入浏览页面的次数的百分比。退出率高，考虑此页面出口设计问题；退出率低，表明用户来了之后都单击很多页才离开，说明网站内容深受欢迎。

（6）访问来源：网站指定页用户的上一个访问页面，反映用户的来源路径。

4. 总结问题

总结网站运营情况。

7.1.4 大数据分析过程

（1）创建项目"网站流量分析"，在平台中挂载数据集，该数据位于商业数据分析导论数据集中，单击该数据集并点"确定"，如图 7-1 所示。

图 7-1
挂载数据集

（2）挂载成功后，切换到数据视图界面。单击右上角"+"，输入名称"网站流量分析"后保存，如图 7-2 所示。

图 7-2
新增数据视图

接着在输入框中选择"商业数据分析导论"，并单击其中的网站流量数据，效果如图 7-3 所示。

7.1 网站流量分析

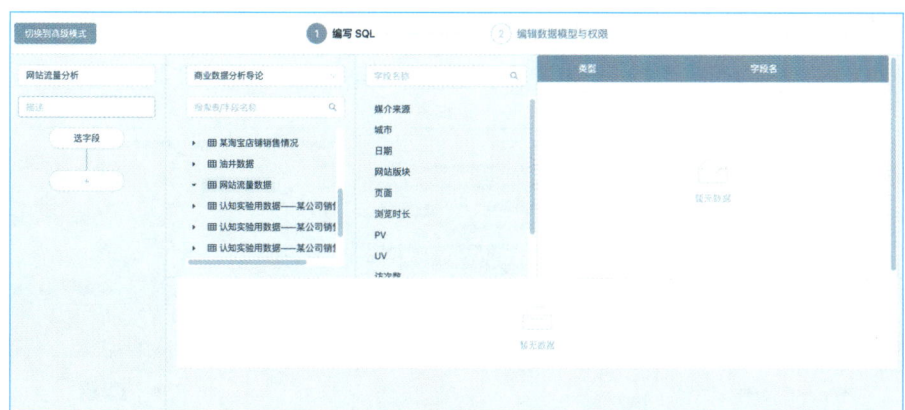

图 7-3
选择数据

选择完成后,在字段名称下单击任意一个字段,随后将所有字段全选后,单击向右的箭头,完成所有字段的编辑,如图 7-4 和图 7-5 所示。

图 7-4
选字段

图 7-5
完成字段选择

单击页面下角的"执行"按钮,数据运行成功,如图 7-6 所示。随后单击"下一步"按钮,进入编辑数据模型与权限环节,判断维度和指标的类型是否正确，出现错误的地方可以进行调整切换。数据确认无误后即可进行保存，完成数据的模型编辑工作，如图 7-7 所示。

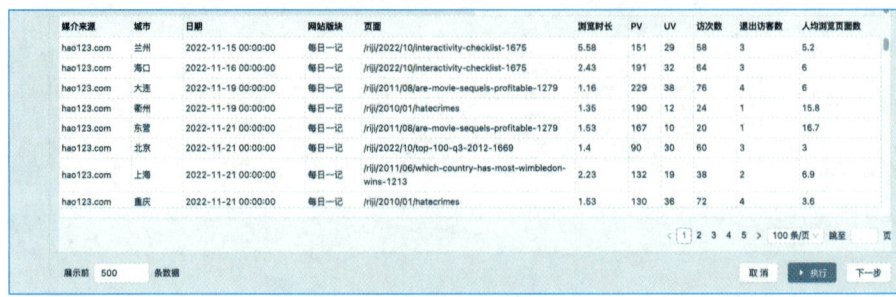

图 7-6
数据执行

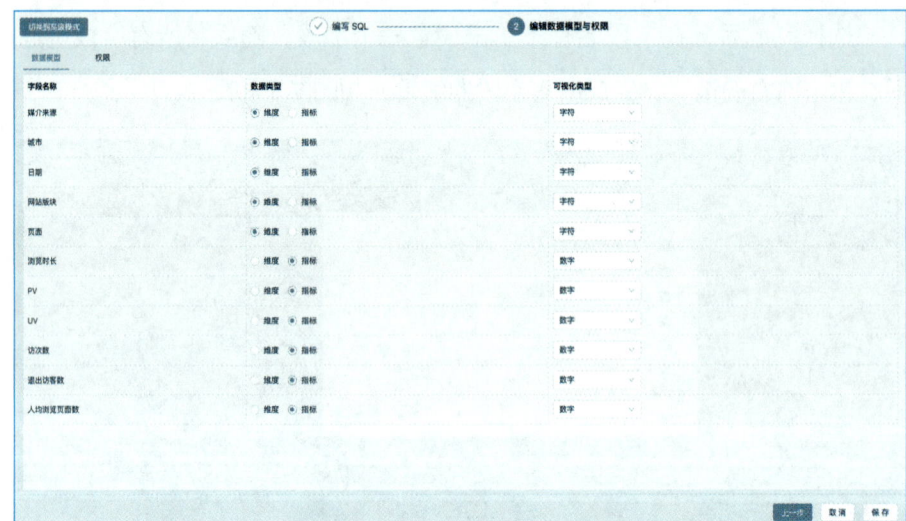

图 7-7
数据模型与权限编辑

（3）切换到可视化分析页面，单击"+"按钮，进入可视化图表编辑界面。选择数据源"网络流量数据分析"，将图表命名为"各版块访问量"，如图 7-8 所示。

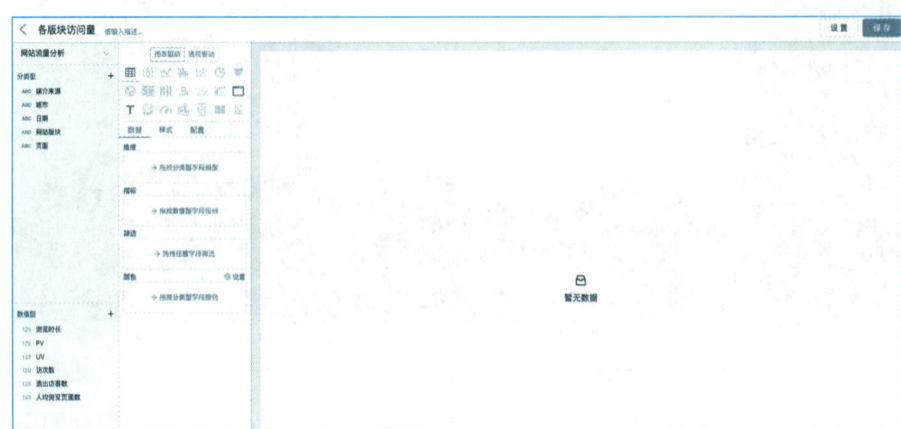

图 7-8
设置图表名称

完成后将"网站版块"拖入"维度",将"UV"拖入"指标",选择柱状图,设置完成后单击右上角保存,如图 7-9 所示。

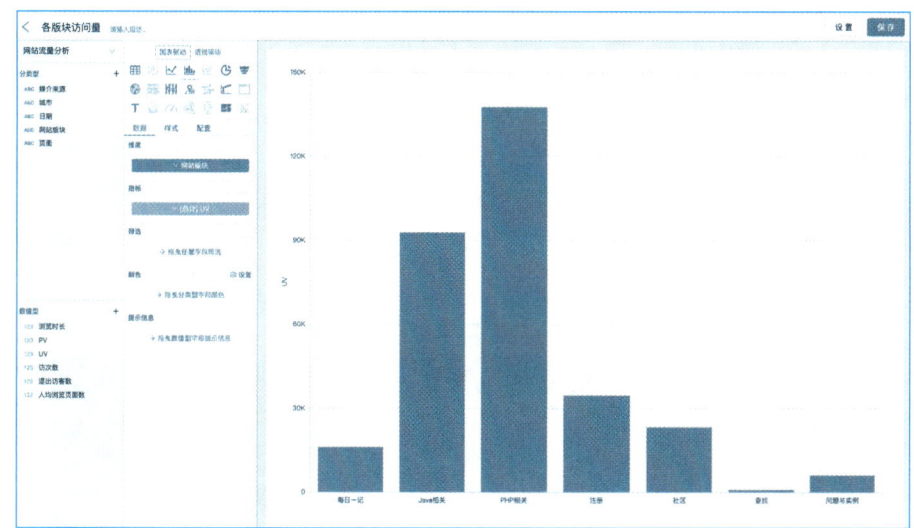

图 7-9
拖曳分析操作

(4)继续在可视化分析页面单击"+"按钮,进入可视化图表编辑界面。选择数据源"网络流量数据分析",图表命名为"各版块访问量时间趋势分析",如图 7-10 所示。

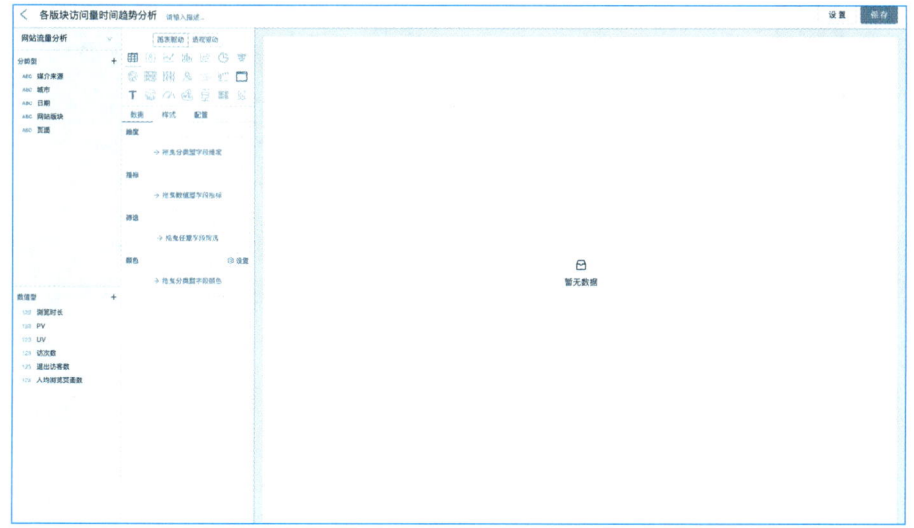

图 7-10
设置图表名称

完成后将"日期"拖入"维度",将"PV""UV"拖入"指标",并将"日期"拖入"筛选",值筛选条件选择"2022-12-27""2022-12-28"并保存,如图 7-11 和图 7-12 所示。

图 7-11
拖曳分析操作

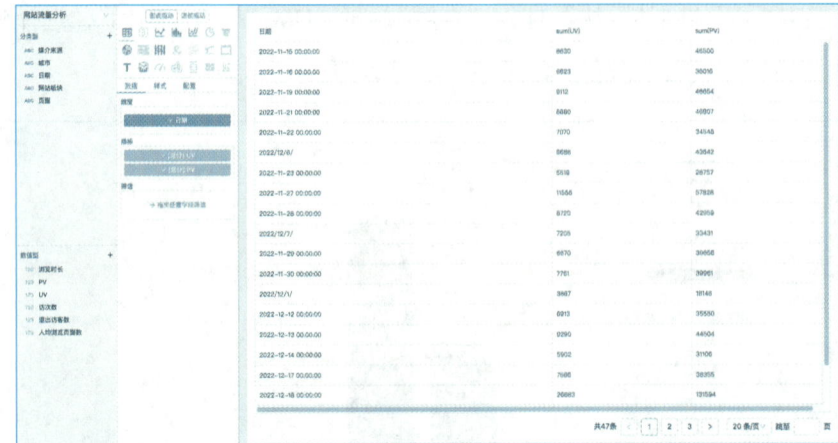

图 7-12
值筛选操作

保存后在可视化分析页面上的图表驱动模块选择折线图，同时切换到样式操作区，在标签处勾选"显示标签"，设置完成后保存，如图 7-13 和图 7-14 所示。

图 7-13
选择折线图

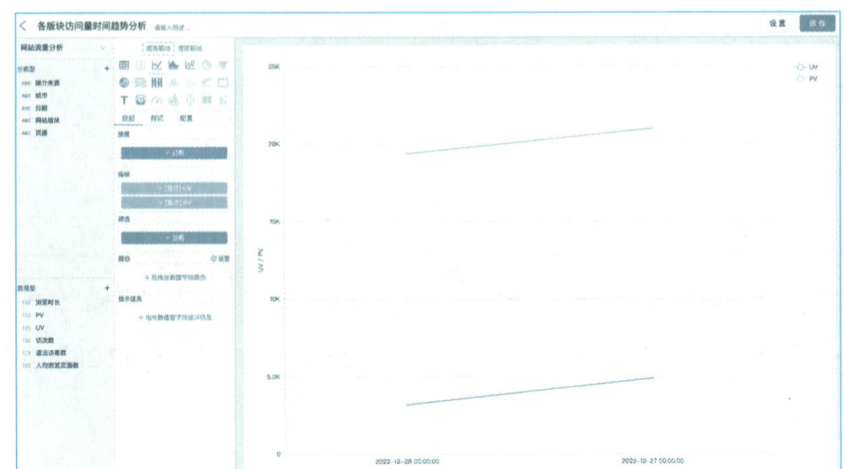

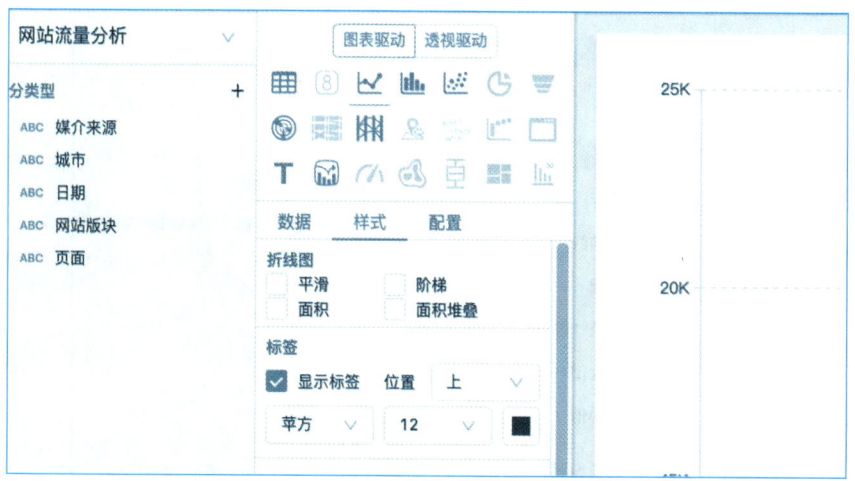

图 7-14
设置显示标签样式

（5）切换到可视化分析页面，单击"+"按钮，进入可视化图表编辑界面，选择数据源"网络流量数据分析"，图表命名为"各版块访问时间趋势"，如图 7-15 所示。

图 7-15
设置图表名称

将"网站版块"拖入"纬度"，将"浏览时长"拖入"指标"，单击"浏览时长"，选择平均数，选择折线图，设置完成后保存，如图 7-16、图 7-17 和图 7-18 所示。

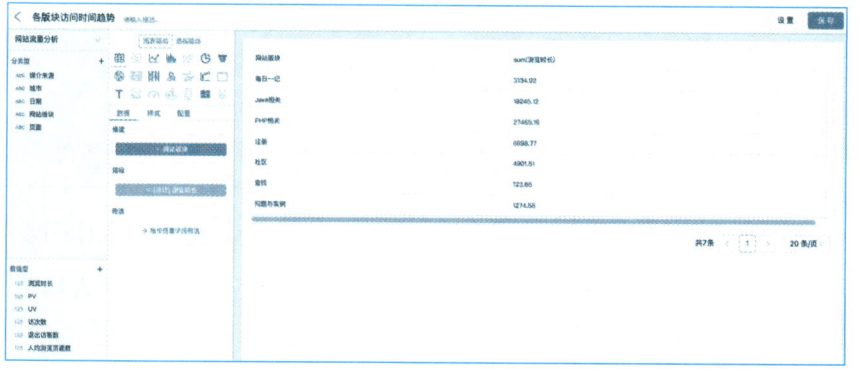

图 7-16
拖曳分析操作

图 7-17
选择平均数

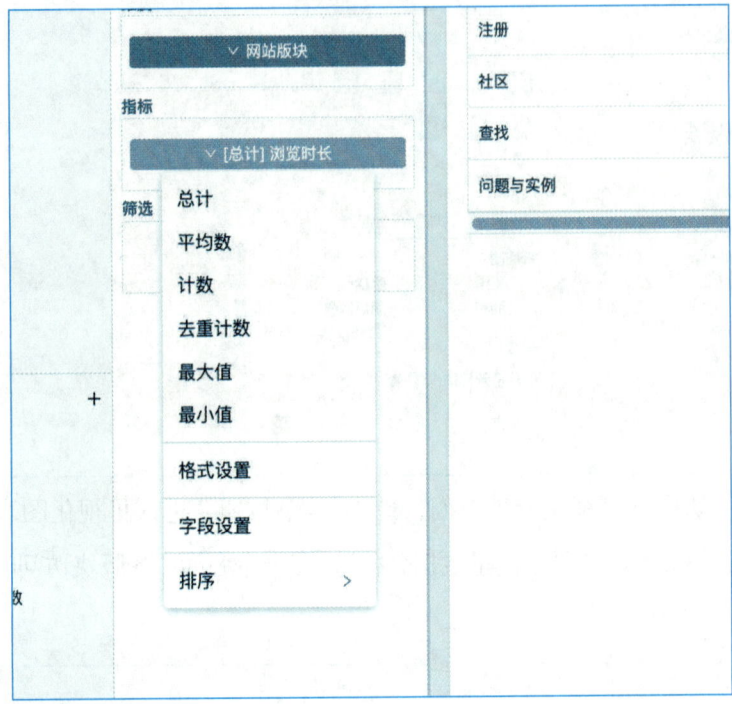

图 7-18
选择折线图

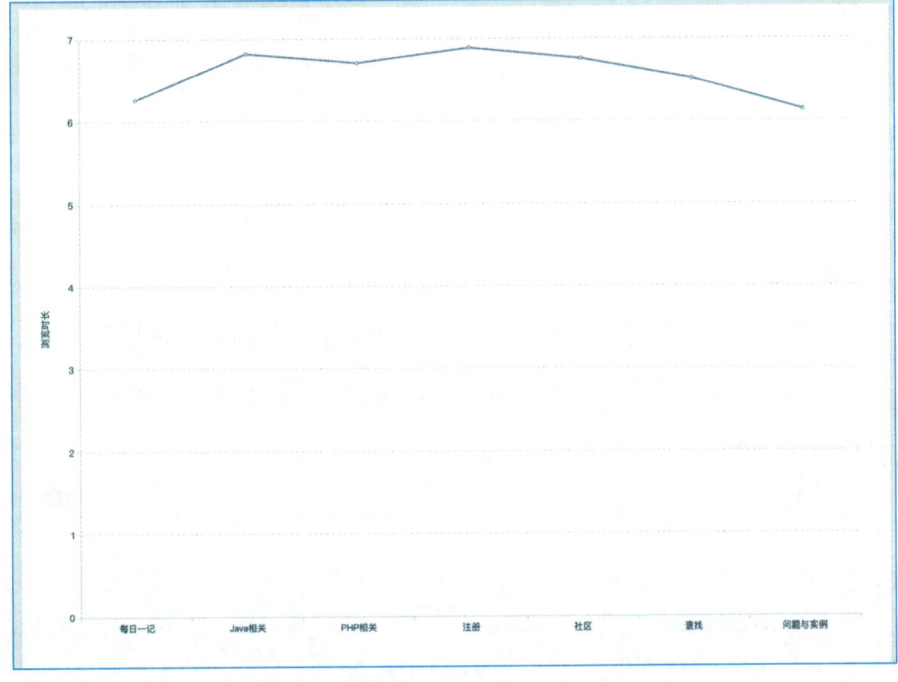

（6）继续切换到可视化分析页面，单击"+"按钮，进入可视化图表编辑界面。选择数据源"网络流量数据分析"，图表命名为"各版块人均浏览页面数"，如图 7-19 所示。

7.1 网站流量分析

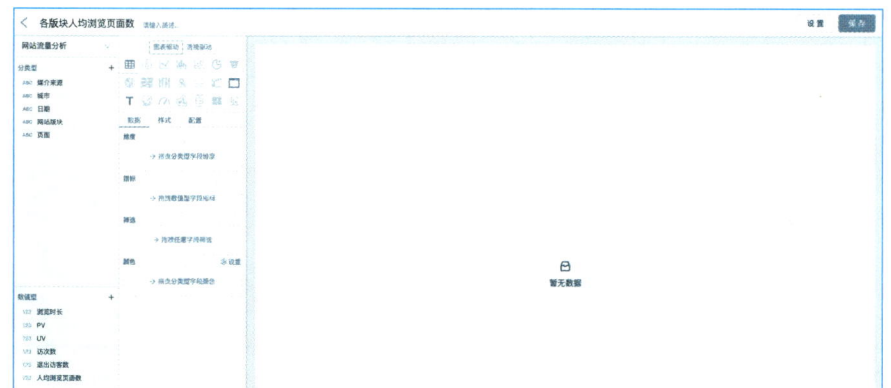

图 7-19
设置图表名称

将"网站版块"拖入"维度",将"人均浏览页面数"拖入"指标",单击"人均浏览页面数",设置为平均数,并选择折线图,最后切换到样式,勾选"显示标签",设置完成后保存图表,如图 7-20、图 7-21 和图 7-22 所示。

图 7-20
拖曳分析操作

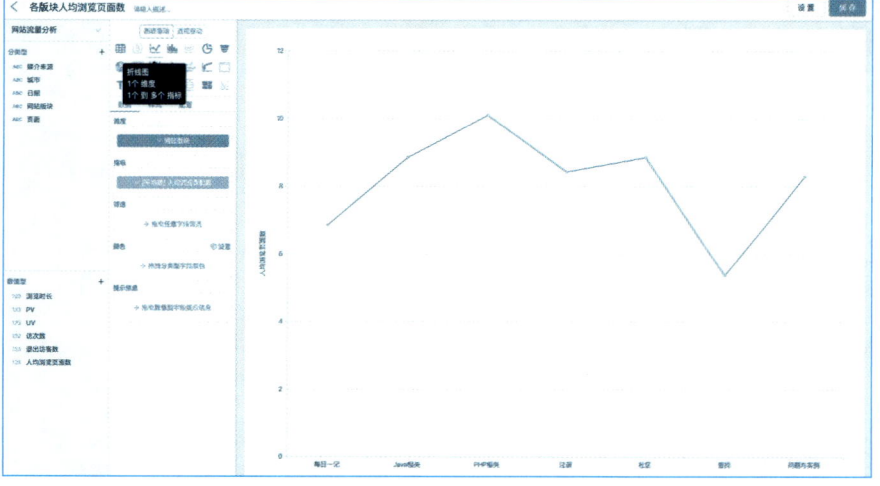

图 7-21
选择折线图

图 7-22
设置显示标签样式

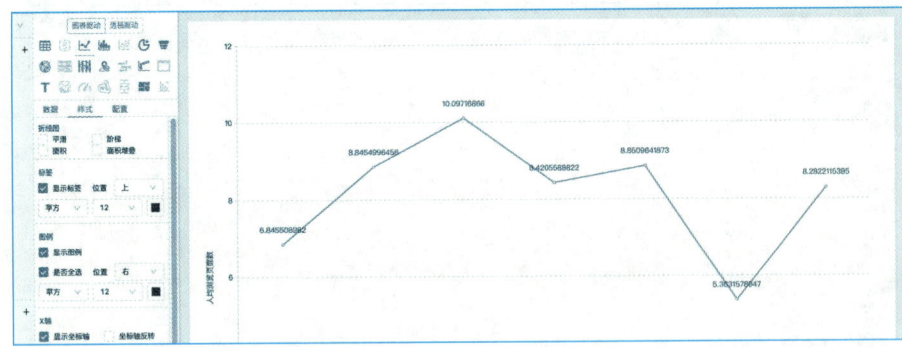

（7）切换到可视化分析页面，单击"+"按钮，进入图表编辑界面，选择数据源"网络流量数据分析"，图表命名为"人均浏览页面数趋势分析"，如图 7-23 所示。

图 7-23
设置图表名称

将"日期"拖入"维度"，将"人均浏览页面数"拖入"指标"，单击"人均浏览页面数"，设置为平均数，并选择折线图，如图 7-24 所示。

图 7-24
拖曳分析操作

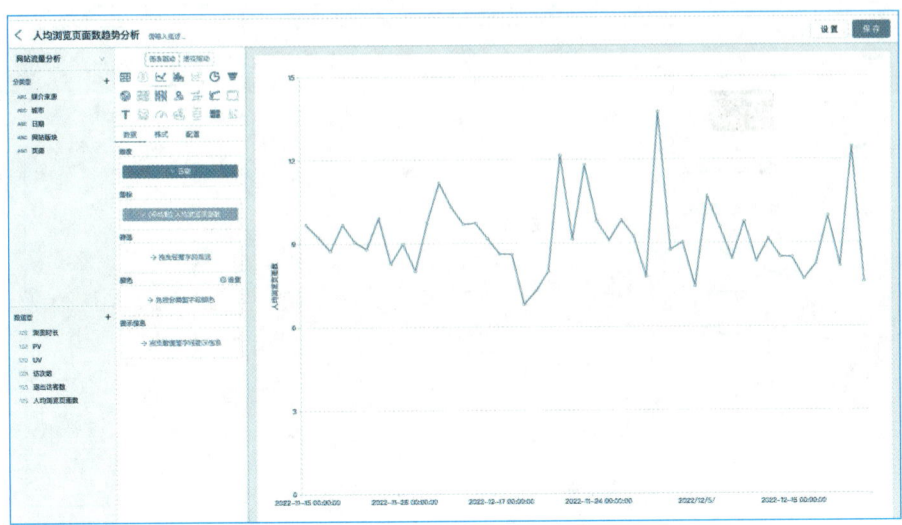

单击"配置",设置参考线。进入参考线配置窗口后,在参数线列表右侧单击"+"按钮,在值里面选择"最小值",关联指标选择"人均浏览页面数",完成后保存,并将图表一起保存,如图 7-25 和图 7-26 所示。

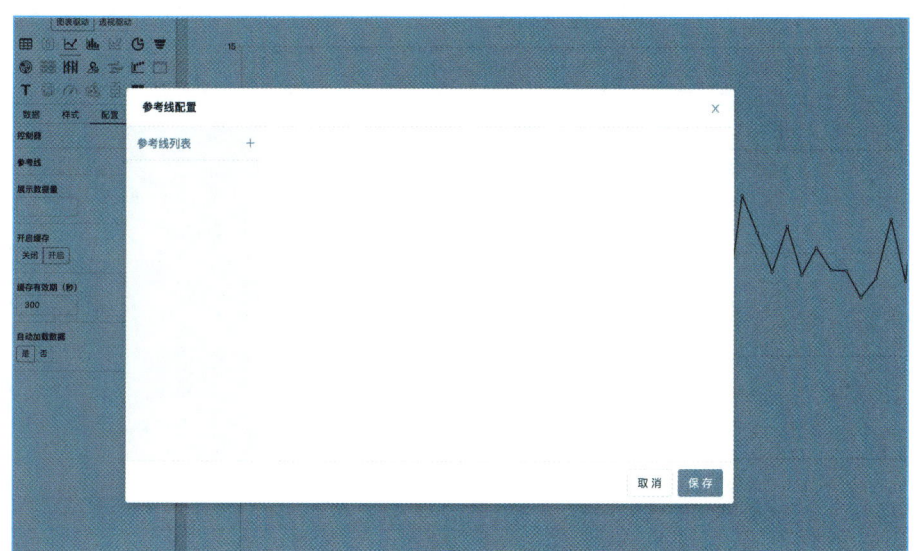

图 7-25

配置参考线

图 7-26

参考线内容配置

(8)继续切换到可视化分析页面,并单击"+"按钮,进入可视化图表编辑界面。选择数据源"网络流量数据分析",将图表命名为"各版块浏览时长、人均浏览页面数",将"网站版块"拖入"纬度",将"浏览时长""人均浏览页面数"拖入"指标",单击"人均浏览页面数""浏览时长",设置为平均数,并选择散点图,如图7-27所示。

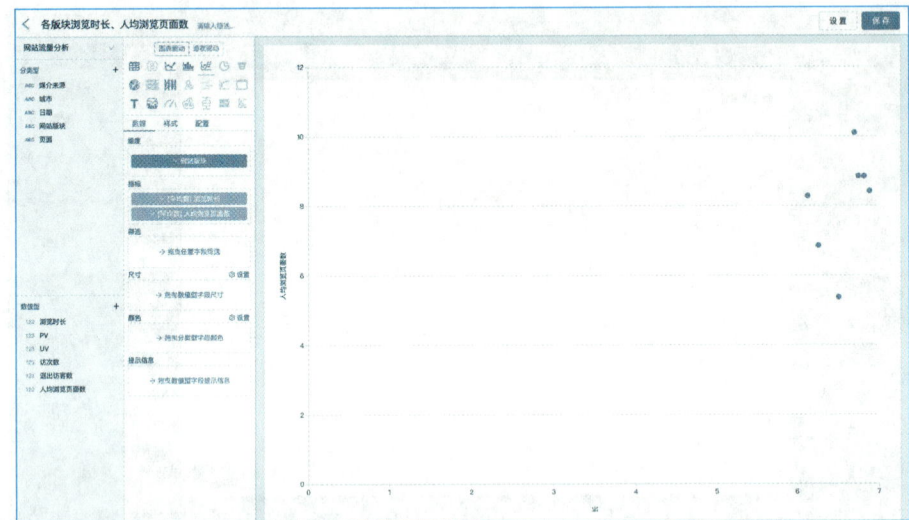

图 7-27
图表命名及拖曳分析操作

将"网站版块"拖入"颜色"后保存,在样式设置中勾选"显示图例",设置完成后保存图表,如图7-28和图7-29所示。

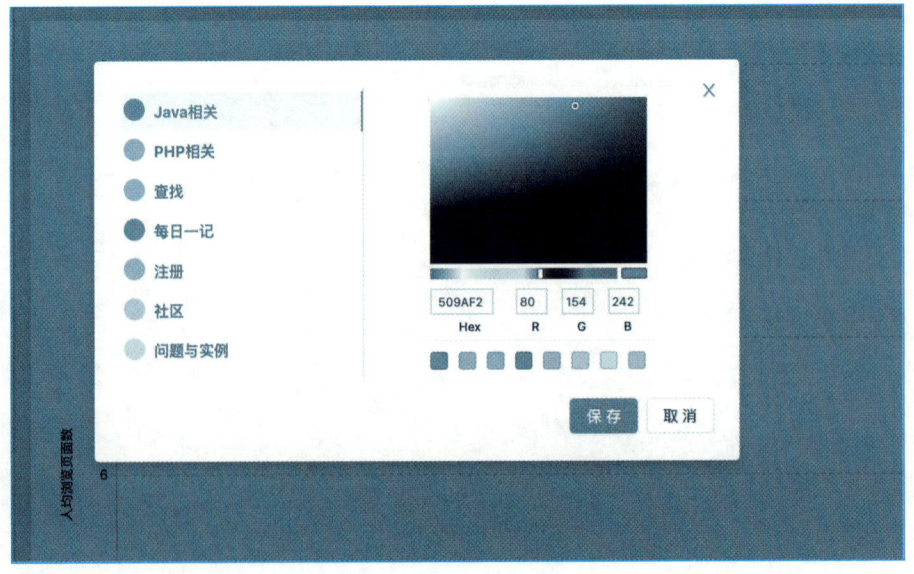

图 7-28
拖入"颜色"

7.1 网站流量分析

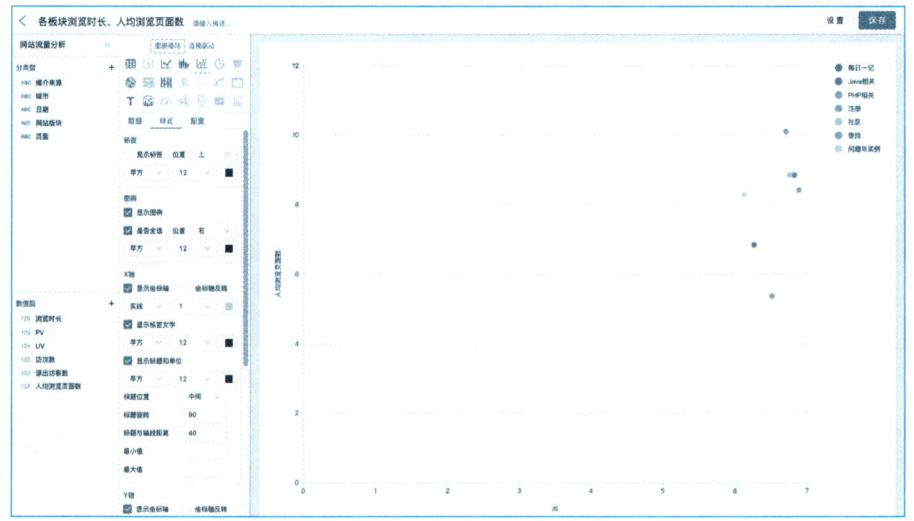

图 7-29
设置"显示图例"样式

（9）接下来继续切换到可视化分析页面，单击"+"按钮，进入可视化图表编辑界面，选择数据源"网络流量数据分析"，图表命名为"流量来源分析"，将"媒介来源"拖入"维度"，将"UV"拖入"指标"，并选择柱状图，设置完成后保存，如图 7-30 所示。

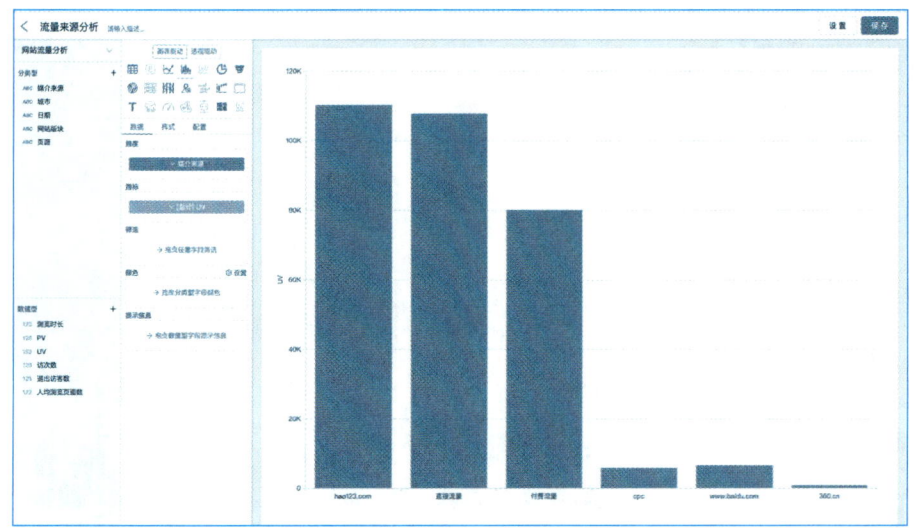

图 7-30
图表命名及拖曳分析过程

（10）切换到可视化分析页面，单击"+"按钮，进入可视化图表编辑界面。选择数据源"网络流量数据分析"，图表命名为"退出访客数分析（基于版块）"，将"网站版块"拖入"维度"，将"退出访客数"拖入"指标"，并选择雷达图。单击"退出访客数"，选择排序"升序"，设置完成保存，如图 7-31 所示。

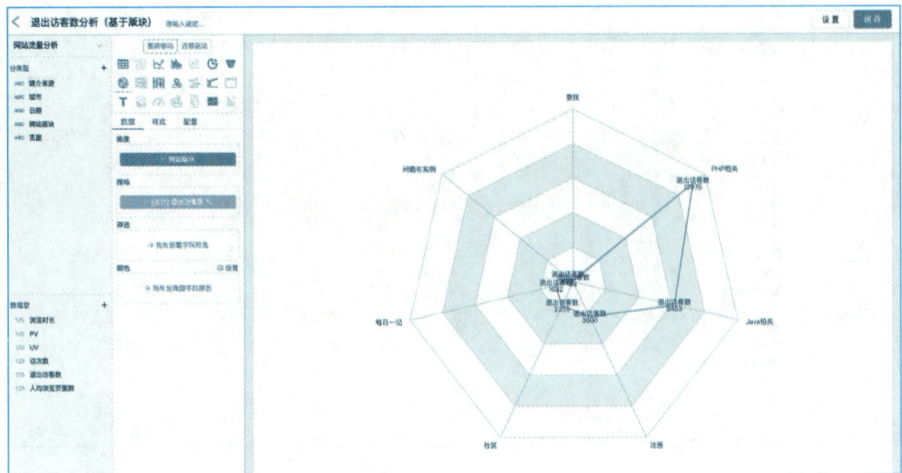

图 7-31
图表命名及拖曳分析过程

（11）切换到可视化分析页面，单击"+"按钮，进入可视化图表编辑界面。选择数据源"网络流量数据分析"，图表命名为"退出访客数分析（基于日期）"，将"日期"拖入"维度"，将"退出访客数"拖入"指标"，并选择柱状图，设置完成后保存，如图 7-32 所示。

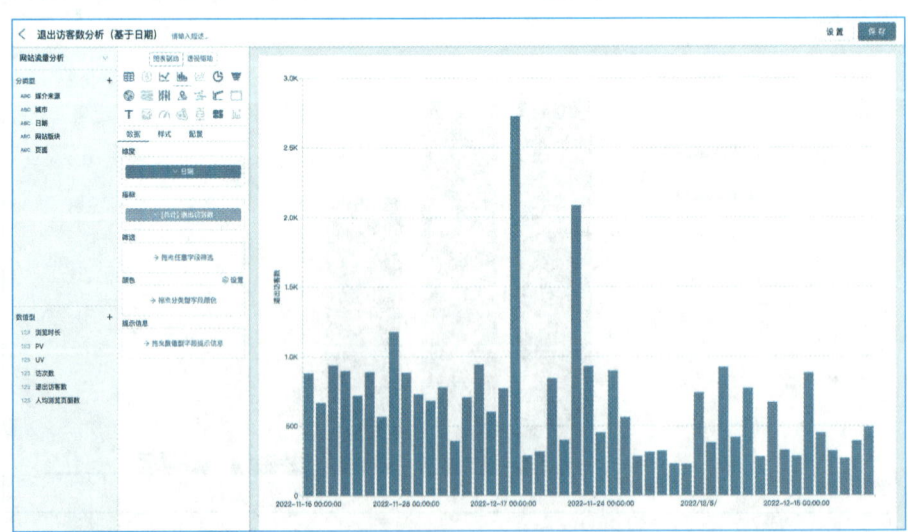

图 7-32
图表命名及拖曳分析过程

（12）将上述图表制作完成后，进入仪表盘制作过程。切换到"数据应用"页面，创建新仪表盘，并命名为"网站流量数据分析实训"，保存后，接着单击"+"按钮，创建子主题，如图 7-33 和图 7-34 所示。

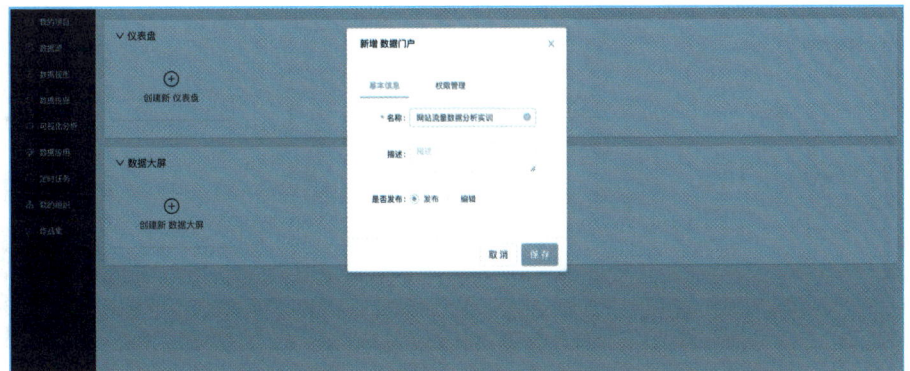

图 7-33
创建新仪表盘

图 7-34
新增子主题

完成后在页面右上角单击"+"按钮,进行新增图表,把图表全选后单击"下一步"。数据刷新模式选择"手动刷新"后保存,即可完成仪表盘的配置,如图 7-35、图 7-36 和图 7-37 所示。

图 7-35
新增图表

图 7-36
选择数据刷新模式

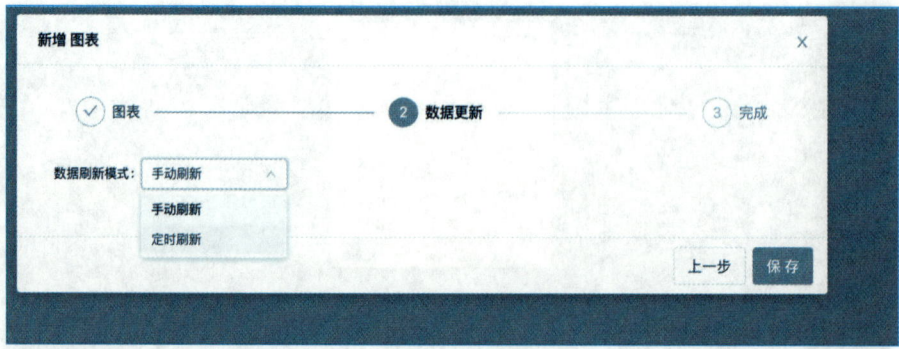

图 7-37
仪表盘配置完成

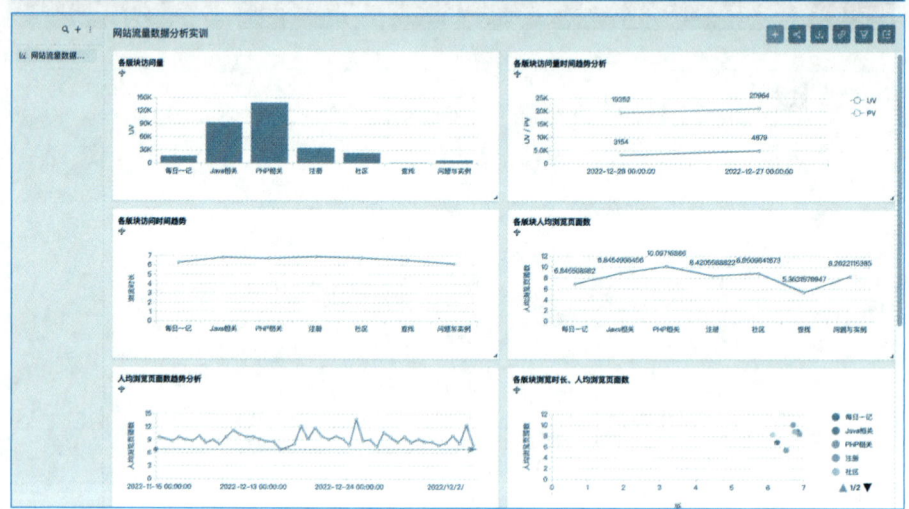

7.1.5 结论

通过分析，我们了解了整个博客网站的运营情况，其中 PHP 和 Java 两个模块用户关注度较高，对于几个退出率较高的页面应该重点优化。同时，对于付费来源的访客应该重点深入挖掘，提高重点关键词的 SEO 优化。

7.2 电商行业销售分析

7.2.1 背景分析

近年来，电子商务行业发展非常迅猛，大到各类电商平台，小到淘宝各种卖家店铺，作为电商从业者，不仅要关注产品、市场和营销情况，更需要关注一些数据所反映的问题，进而在这些数据里发现问题并制定出相

实验操作视频

电商行业销售分析

应的解决方案。

数据驱动决策，目前电商类运营基本都使用了数据分析和监测，整个行业也产生了一些普遍被商家关注的通用指标，比如商品集中度、商品动销率、库销比、客户重合度、新老顾客占比、各项转化率、重复购买率等，基本将目标锁定在商品的转化、供需、顾客的回头、商品火爆度等关注点上，从而实现利润的最大化。

7.2.2 案例及需求分析

本案例主要将目标锁定在规模一般的某淘宝店铺，该店铺主要销售办公、家具和数码产品。经过 3 年的经营和管理，积累了一些数据。之前因为店主将精力重点投入商品渠道等因素上，没有将数据分析作为一个重点，店主想通过对这些积累的数据的分析，做一个销售规划，以优化资源，让店铺的销售利润实现最优化，缩小亏本的商品投入。同时想知道哪些产品卖得好，大概了解销售预期，同时结合各个地区的经济情况部署货品量，不至于出现某一款产品卖得很火爆，但是商品不能及时集中跟上的情况。

7.2.3 大数据分析方法

将店主关注的问题一项项分解开来，主要分为以下几点：

（1）哪些地区销售和利润较好？

（2）哪些商品是爆款，利润大于 1 万元？

（3）哪些商品存在集中度低，供给跟不上的情况？总利润达到 10 万元，总库存预计需要多少？

（4）哪些商品正在亏本？哪些亏本超过 5 000 元？

（5）哪个地区的销售和利润很差？

（6）如何分配商品地区投入度？

通过分析这些因素，基本可以判定和得到店主想获取的内容。

7.2.4 大数据分析过程

（1）创建项目"淘宝店铺运营分析"，在平台中挂载数据集，该数据位于"交通运输与物流"案例集中,单击该数据集并确定,如图 7-38 所示。

图 7-38
挂载数据

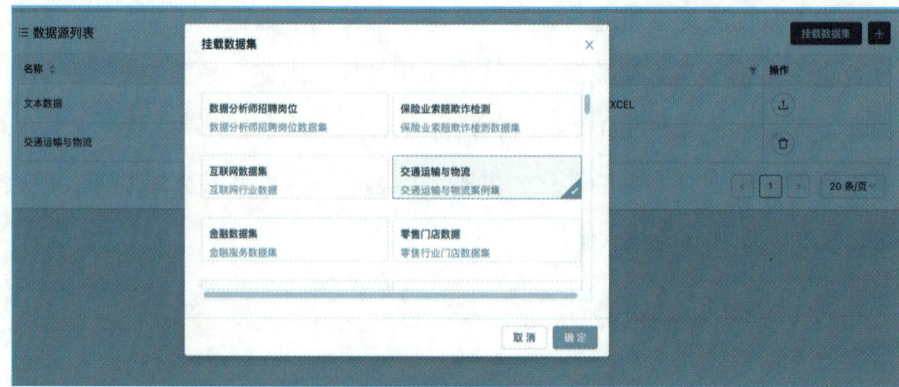

(2)挂载成功后,切换到数据视图界面。单击右上角"+"按钮,输入名称"淘宝店铺运营分析"后保存,如图 7-39 所示。

图 7-39
新增数据视图

接着在输入框中选择"交通运输与物流",并单击其中的"某淘宝店铺销售情况",效果如图 7-40 所示。

图 7-40
选择数据

选择完成后，在字段名称下单击任意一个字段，随后将所有字段全选后，单击向右的箭头，完成所有字段的编辑，如图7-41和图7-42所示。

图 7-41
选字段

图 7-42
完成字段选择

单击页面右下角的"执行"按钮，数据运行成功，如图7-43所示。随后单击"下一步"，进入编辑数据模型与权限环节，判断维度和指标的类型是否正确。这里将订单号、快递单号的数据类型修改为维度，将"目标省份"可视化类型设置为"地理省份"，将"目标城市"可视化类型设置为"地理城市"，修改后即可进行保存，完成数据的模型编辑工作，如图 7-44 和图 7-45 所示。

图 7-43
数据执行

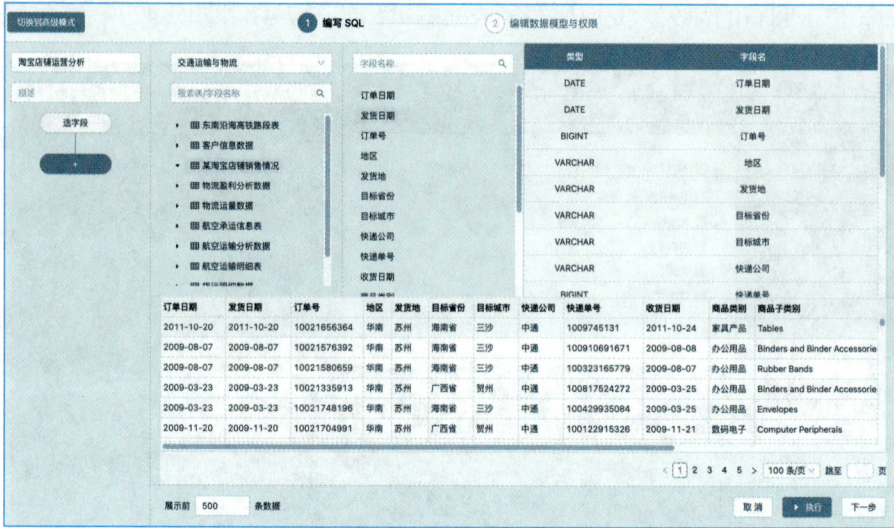

图 7-44
修改数据类型

图 7-45
修改可视化类型

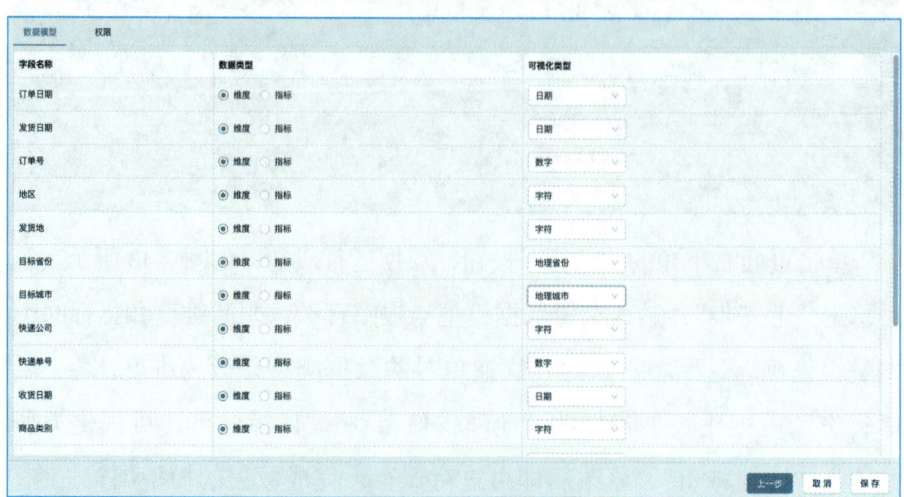

（3）切换到可视化分析页面，单击"+"按钮，进入可视化图表编辑界面。选择数据源"淘宝店铺运营分析"，将图表设置名为"高利润城市"，如图7-46所示。

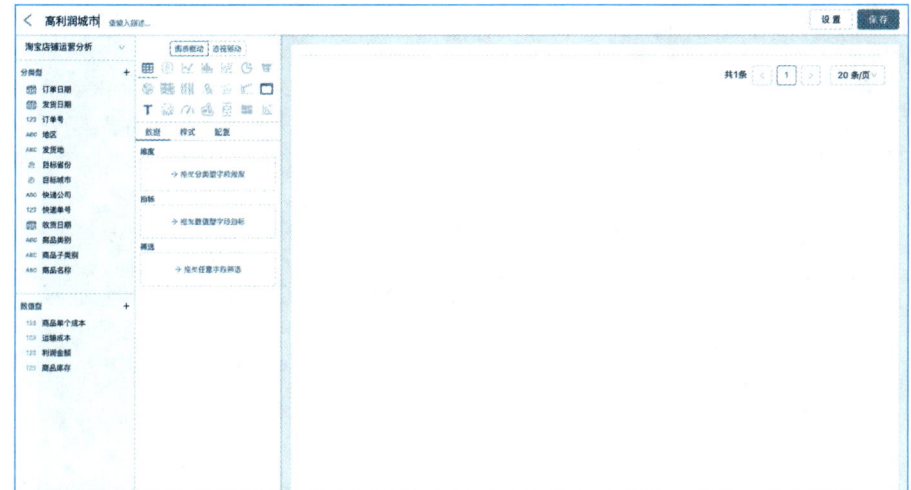

图7-46
设置图表名称

完成后将"目标城市"拖入"维度"，将"利润金额"拖入"指标"，选择百度地图，并将"利润金额"拖入"筛选"，单击添加利润金额大于10 000元的城市后保存，如图7-47、图7-48和图7-49所示。完成后单击右上角保存图表。

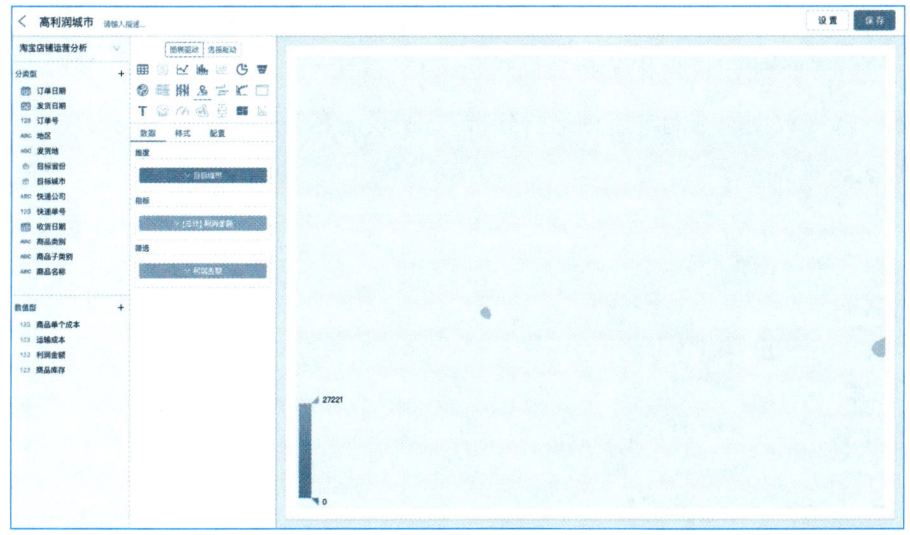

图7-47
拖曳分析操作

图 7-48
拖入"筛选"

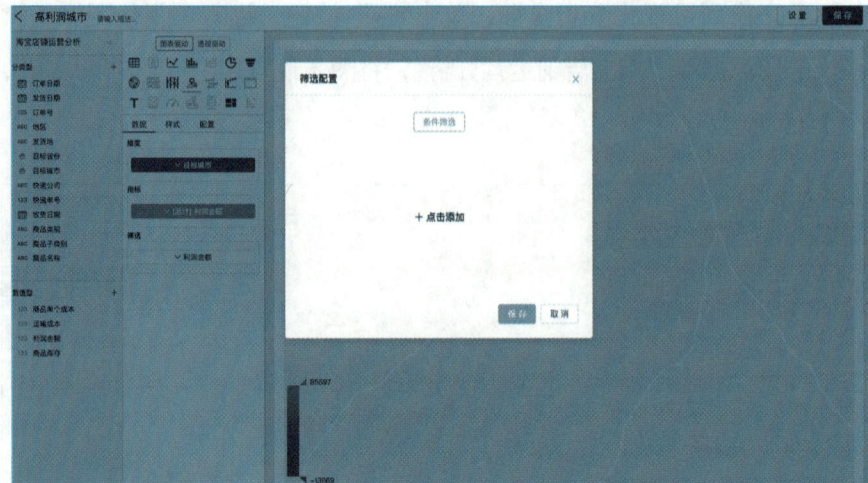

图 7-49
设置筛选条件

（4）继续在可视化分析页面单击"+"按钮，进入可视化图表编辑界面。选择数据源"淘宝店铺运营分析"，图表命名为"亏损利润城市"，如图 7-50 所示。

图 7-50
设置图表名称

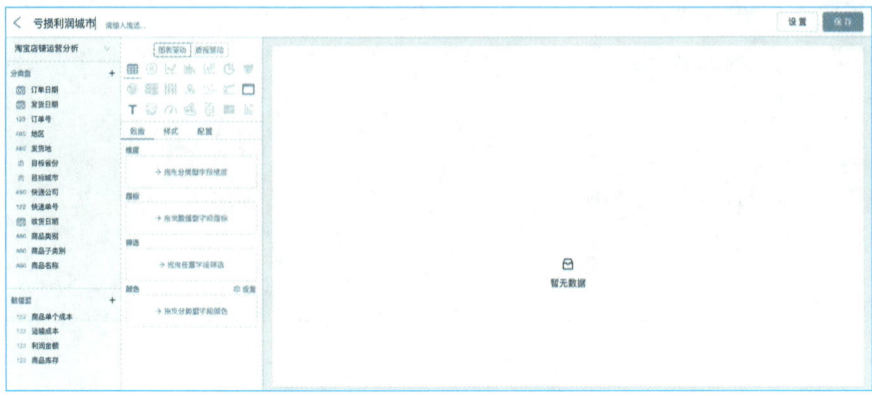

然后将"目标城市"拖入"维度",将"利润金额"拖入"指标",并将"利润金额"拖入"筛选",单击添加利润金额在-5 000元至-3 000元城市后保存,如图7-51和图7-52所示。

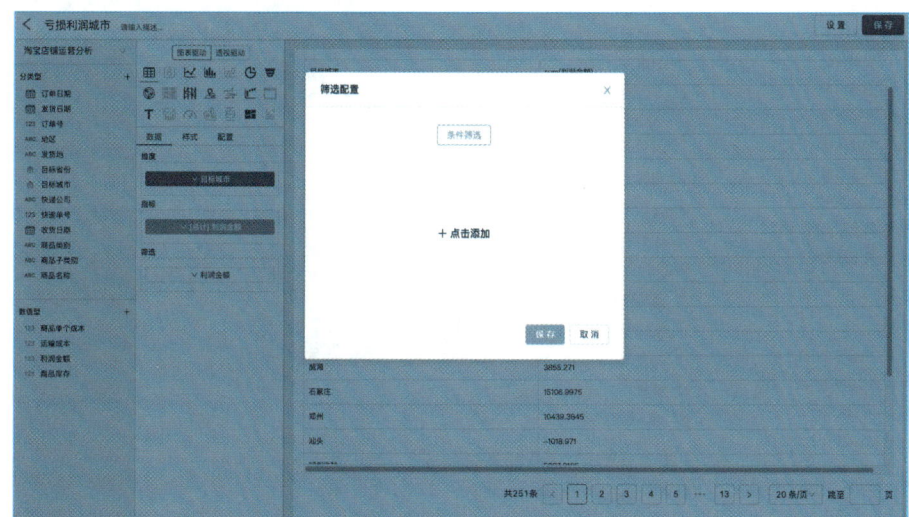

图 7-51
拖曳分析和筛选

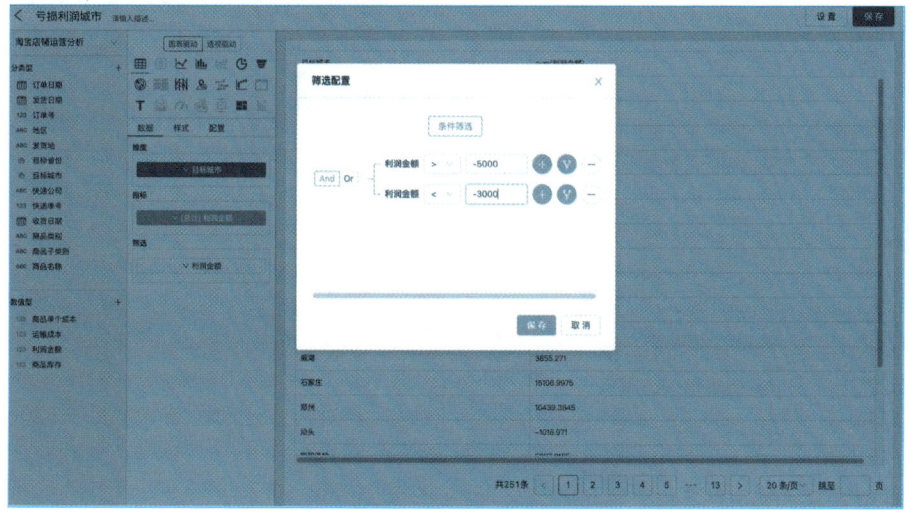

图 7-52
设置筛选条件

接着选择图表驱动中的百度地图,切换到样式,图形效果选择"水波",气泡大小选择"固定值",输入12,如图7-53和图7-54所示。完成后单击右上角"保存"按钮,保存图表。

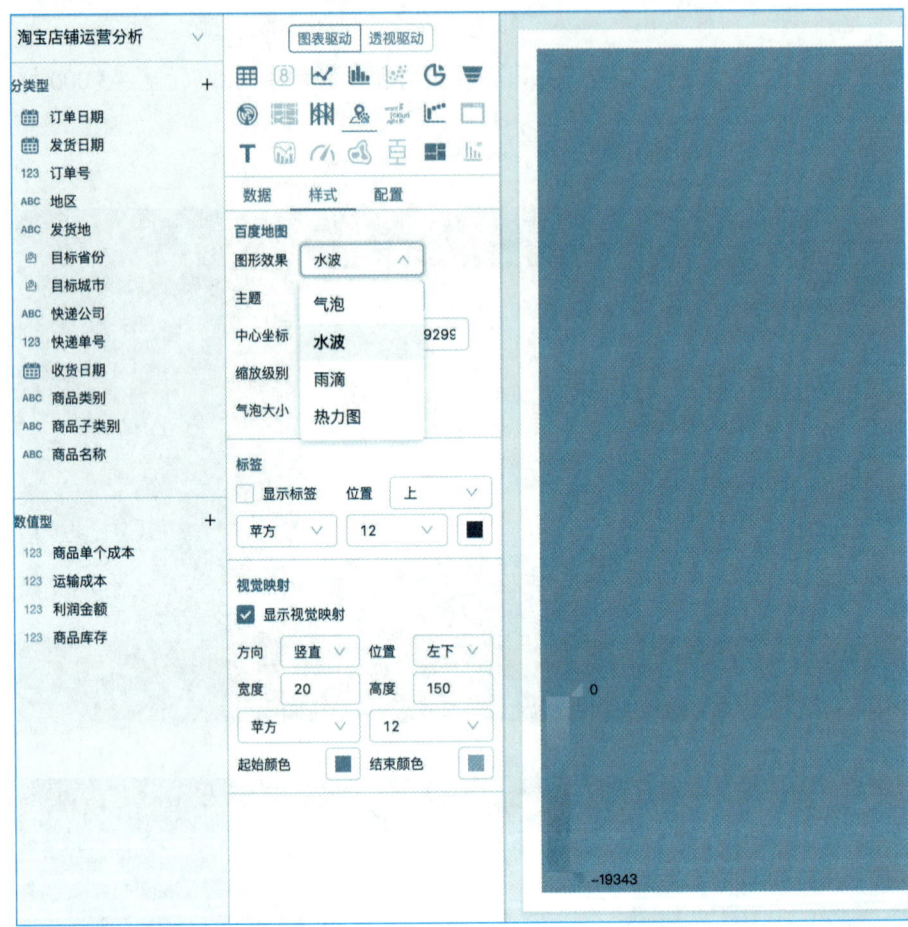

图 7-53 设置图形效果样式

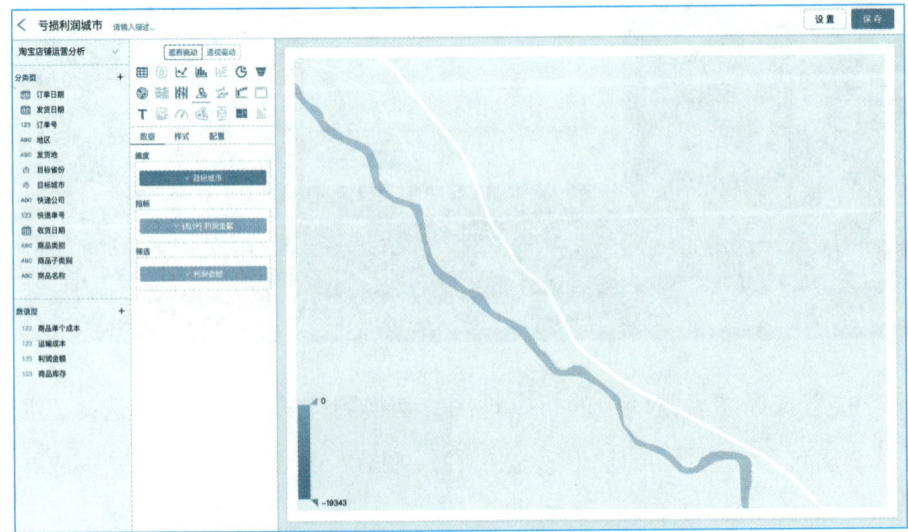

图 7-54 设置气泡大小

（5）切换到可视化分析页面，单击"+"新增，进入可视化图表编辑界面。选择数据源"淘宝店铺运营分析"，图表命名为"爆款商品"，如

图 7-55 所示。

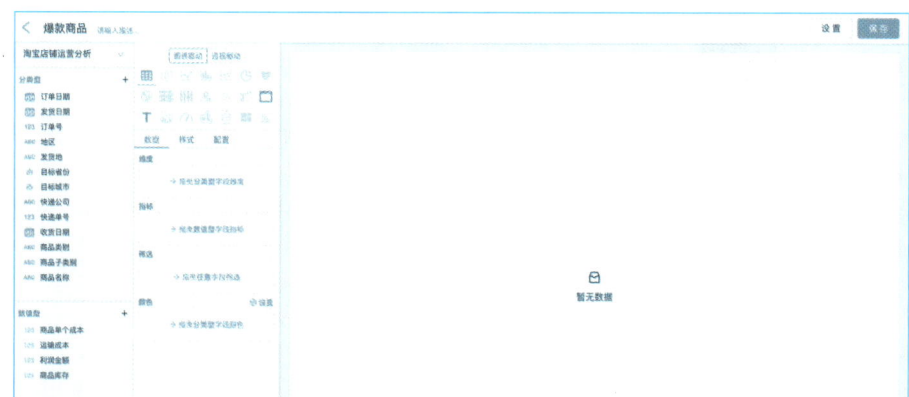

图 7-55
设置图表名称

单击"透视驱动",将"商品类别""商品子类别""商品名称"拖入"维度",将"利润金额"拖入"指标",将"利润金额"拖入"筛选",选择利润金额范围区间为 10 000 元至 100 000 元。单击"确定"按钮后,选择图表类型为柱状图。如图 7-56、图 7-57、图 7-58 所示。设置完成后保存。

图 7-56
拖曳分析筛选操作

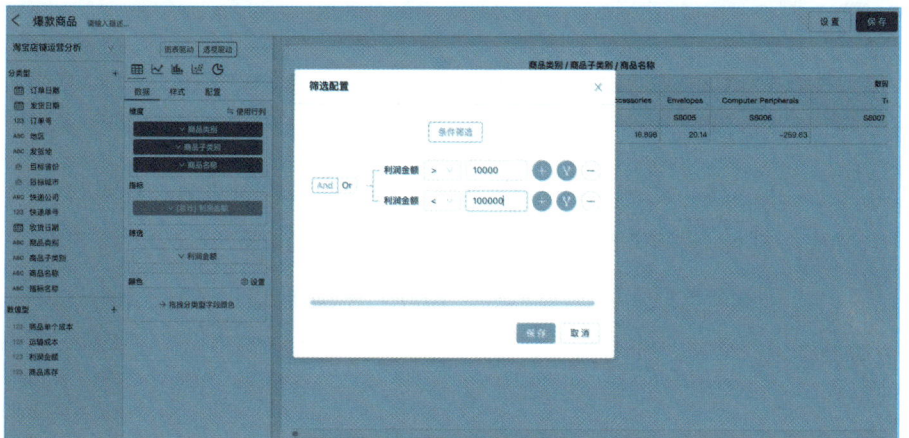

图 7-57
设置筛选条件

图 7-58
设置图表类型

（6）继续切换到可视化分析页面，单击"+"新增，进入可视化图表编辑界面。选择数据源"淘宝店铺运营分析"，图表命名为"亏损商品"，如图 7-59 所示。

图 7-59
设置图表名称

单击"透视驱动"，将"目标省份""商品类别""商品子类别"拖曳至"维度"，将"利润金额"拖曳至"指标"，并将"利润金额"拖曳至"筛选"，选择利润金额范围区间为−10 000 元～−5 000 元。单击"确定"按钮后，选择图表类型为柱状图。如图 7-60、图 7-61、图 7-62 所示。设置完成后保存。

7.2 电商行业销售分析

图 7-60

拖曳分析筛选操作

图 7-61

设置筛选条件

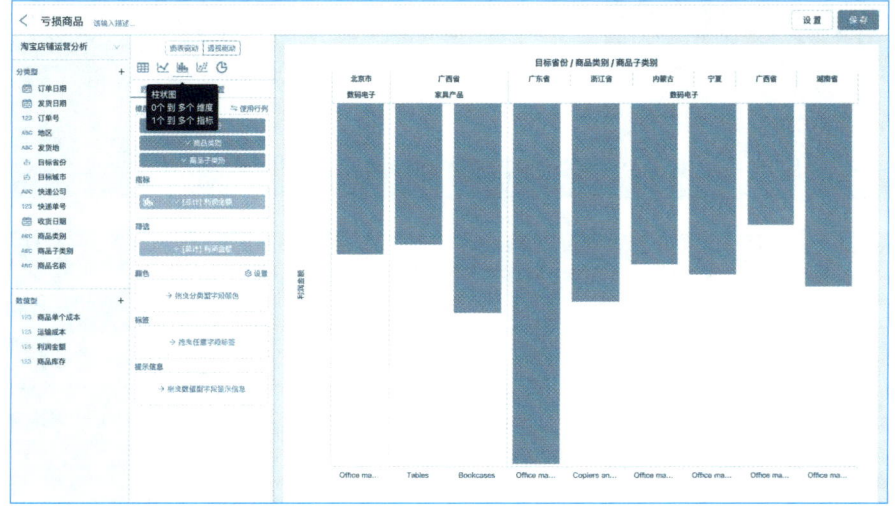

图 7-62

设置图表类型

（7）切换到可视化分析页面，单击"+"新增，进入图表编辑界面。选择数据源"淘宝店铺运营分析"，图表命名为"爆款商品和商品集中度"，如图 7-63 所示。

图 7-63
设置图表名称

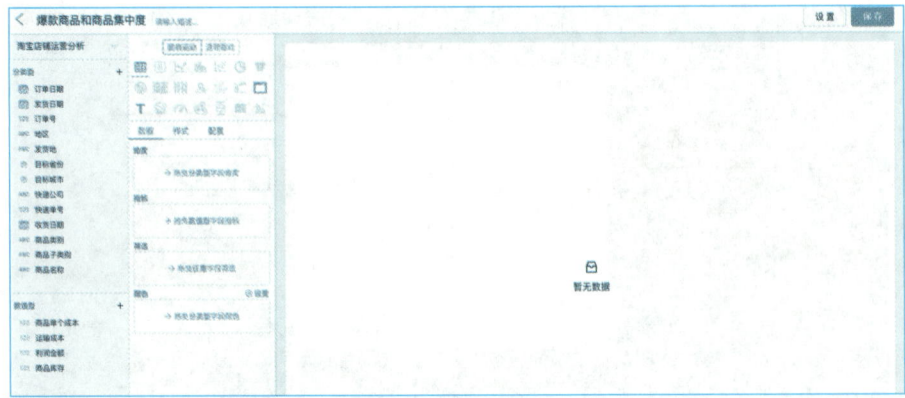

单击"透视驱动",将"商品类别""商品子类别""商品名称"拖曳至"维度",将"利润金额""商品库存"拖曳至"指标",将"利润金额"拖曳至"筛选",选择利润金额范围区间为 10 000 元~ 100 000 元。单击"确定"按钮后,选择图表类型为柱状图。如图 7-64、图 7-65、图 7-66 所示。设置完成后保存。

图 7-64
拖曳分析筛选操作

图 7-65
设置筛选条件

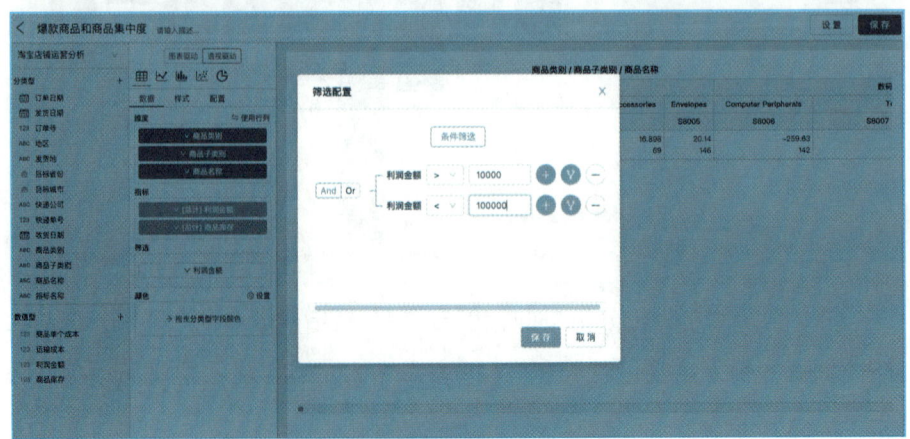

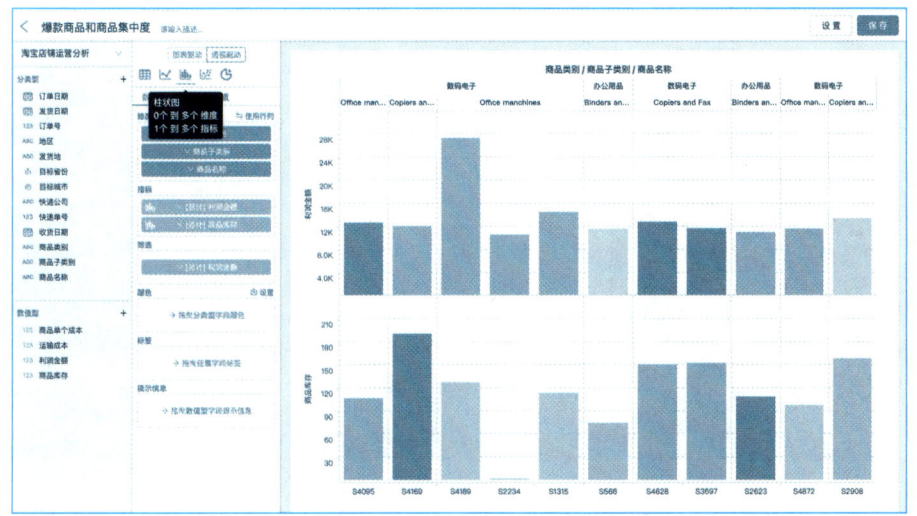

图 7-66 设置柱状图

（8）切换到可视化分析页面，单击"+"新增，进入图表编辑界面。选择数据源"淘宝店铺运营分析"，图表命名为"亏损商品和商品集中度"，如图 7-67 所示。

图 7-67 设置图表名称

（9）单击"透视驱动"，将"商品类别""商品子类别""商品名称"拖曳至"维度"，将"利润金额""商品库存"拖曳至"指标"，将"利润金额"拖曳至"筛选"，选择利润金额范围区间为 −10 000 元 ~ −5 000 元。单击"确定"按钮后，选择图表类型为柱状图。如图 7-68、图 7-69、图 7-70 所示。设置完成后保存。

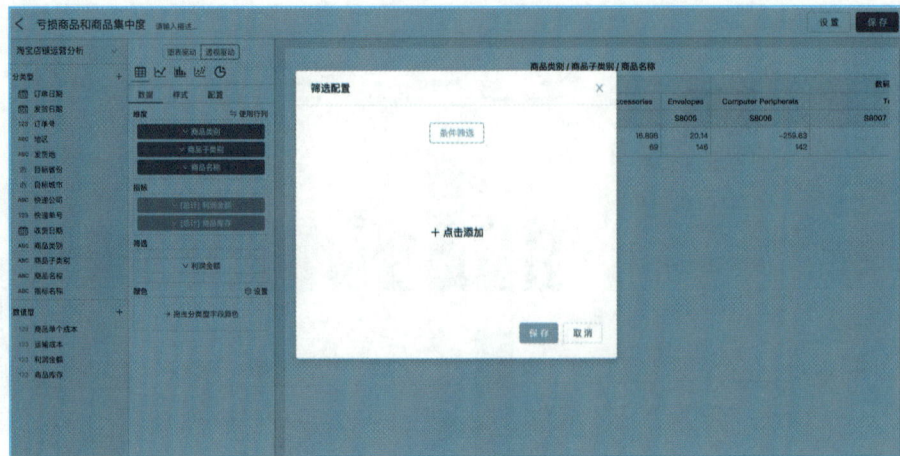

图 7-68
拖曳分析筛选操作

图 7-69
设置筛选条件

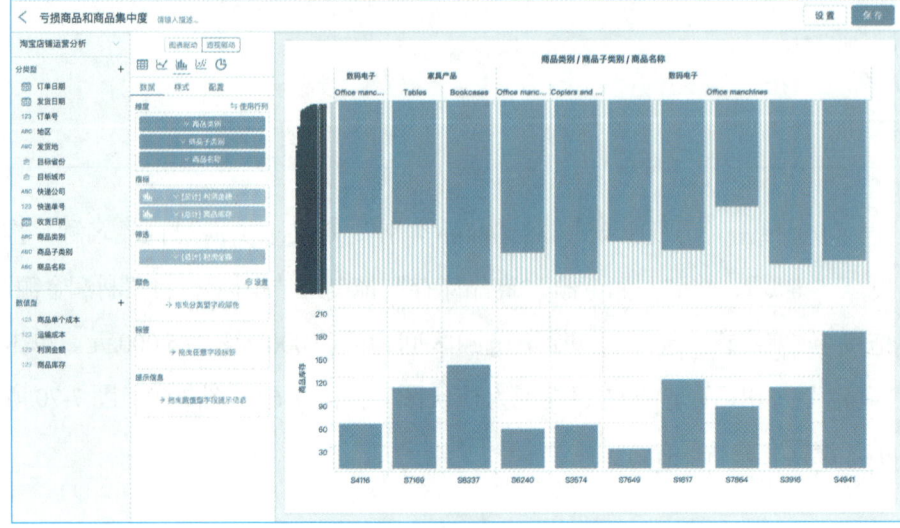

图 7-70
设置柱状图

（10）将上述图表制作完成后，进入仪表盘制作过程。切换到"数据应用"页面，创建新仪表盘，并命名为"淘宝店铺运营分析"。保存后，接着单击新增创建子主题，如图 7-71 和图 7-72 所示。

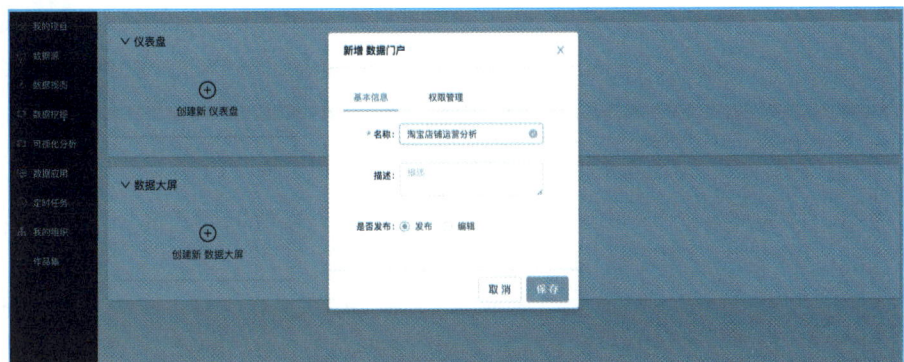

图 7-71
创建新仪表盘

图 7-72
新增子主题

（11）完成后在页面右上角单击"+"按钮，新增图表，把图表全选后单击"下一步"按钮，数据刷新模式选择"手动刷新"后保存，如图 7-73 和图 7-74 所示。

图 7-73
新增图表

图 7-74 选择数据刷新模式

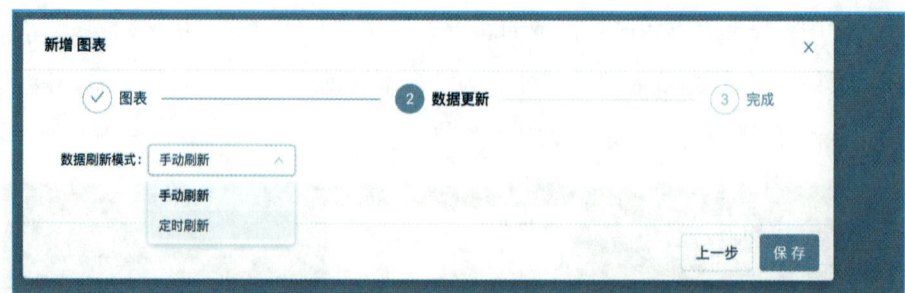

（12）单击右上角"全局控制器配置",单击"+"按钮,并单击编辑修改名称为"省份",关联图表选择"全选",关联数据视图选择"目标省份",如图 7-75 和图 7-76 所示。完成后保存。

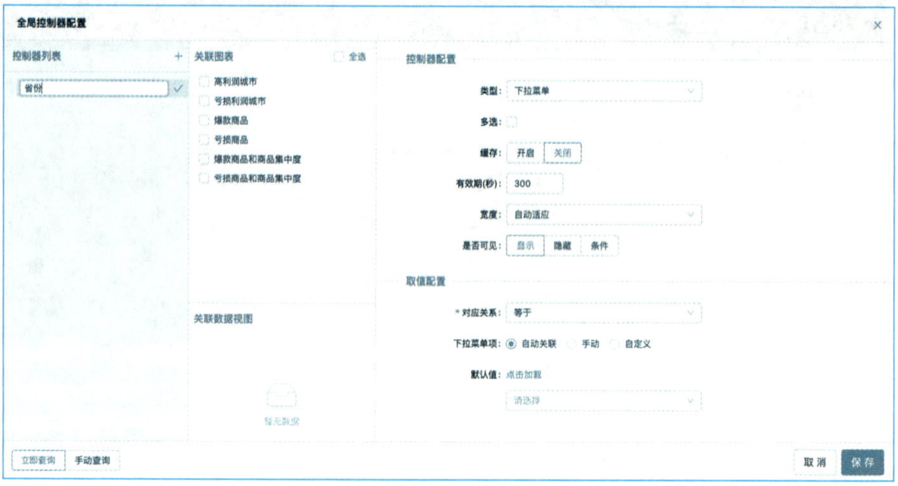

图 7-75 修改控制器名称

图 7-76 配置关联图表和关联数据视图

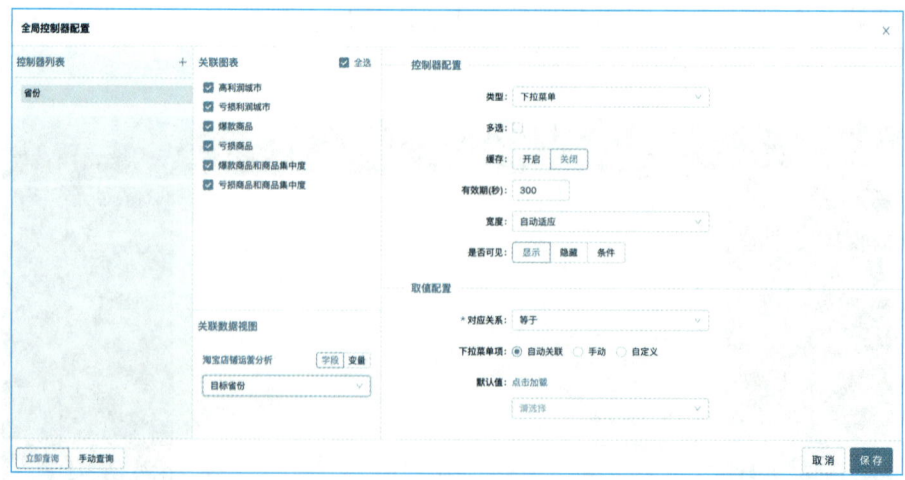

（13）按照同样的方式,在控制器列表新增城市,并完成关联图表全选,关联数据视图选择"目标城市",效果如图 7-77 所示。完成后保存。

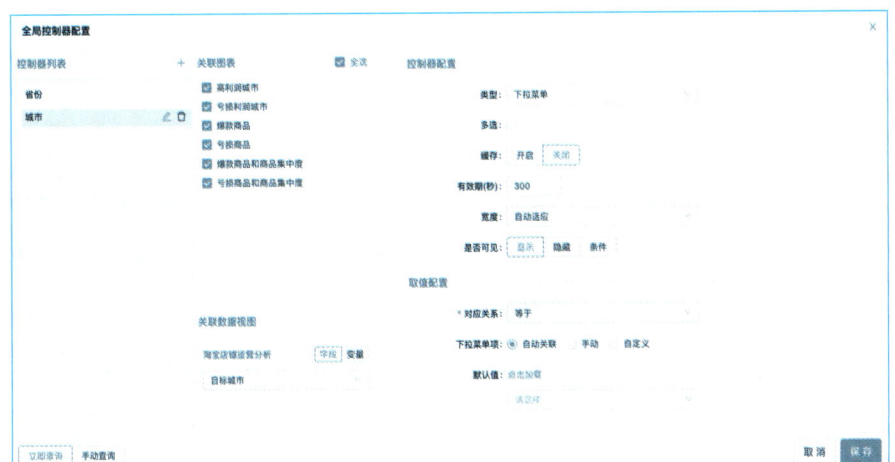

图 7-77
城市控制器设置

（14）继续在全局控制器配置页面，将"城市"拖入"省份"中，形成了对应的父子关系，单击保存后就形成了最后的仪表盘，如图 7-78 和图 7-89 所示。

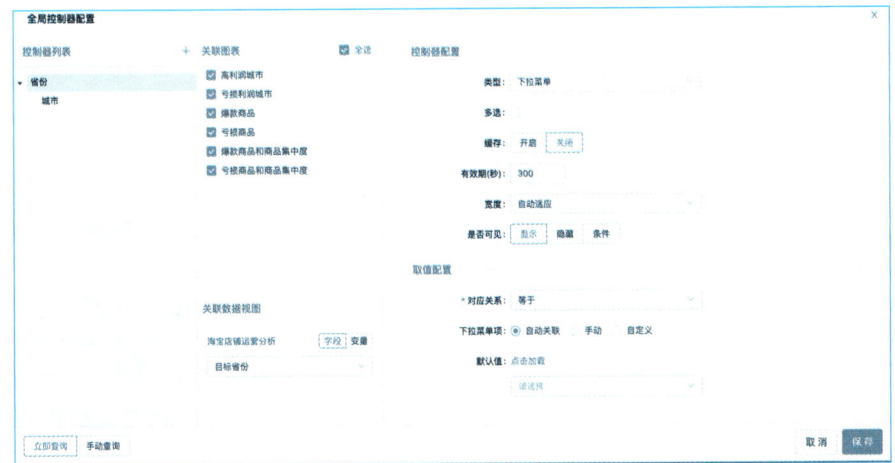

图 7-78
拖曳父子关系

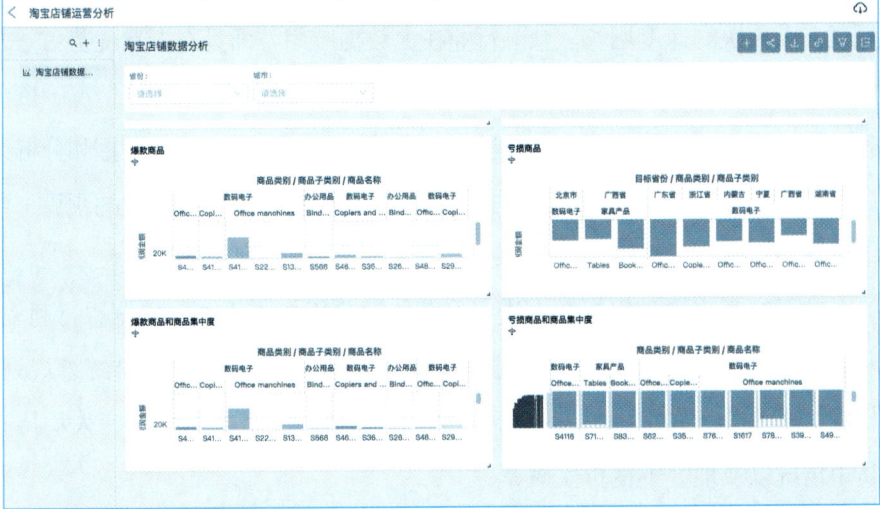

图 7-79
仪表盘设置完成

7.2.5 结论

通过观察仪表盘中的图表，得出以下结论：

（1）从亏损利润城市、高利润城市分析中可以看到，运城和苏州利润较高，在 25 000 元左右；泰安、固原、成都、黑河、鹤岗、牡丹江几个城市亏损比较严重，亏损接近 5 000 元。

（2）从爆款商品、亏损商品分析中可以看出，数码电子商品 S41810 利润比其他商品都要突出，而家具产品 S8337 亏损较大。

（3）从亏损商品和商品集中度、爆款商品和商品集中度分析中可以看到，爆款商品的库存普遍都很低，而亏损最多的一些商品反而库存很高。这样的库存管理是有问题的，需要进行重点调整。

实验操作视频

金融行业贷款业务分析

7.3 金融行业贷款业务分析

7.3.1 背景分析

如今，金融行业"数据为王"的时代已经来了，谁掌握了数据，谁就拥有风险定价能力，谁就可以获得高额的风险收益，最终赢得竞争优势。

中国金融业正在步入大数据时代的初级阶段。经过多年的发展与积累，目前国内金融机构的数据量已经达到 100 TB 以上级别，并且非结构化数据量正在以更快的速度增长。金融行业在大数据应用方面具有天然优势：一方面，金融企业在业务开展过程中积累了包括客户身份、资产负债情况、资金收付交易等大量高价值密度的数据，这些数据在运用专业技术挖掘和分析之后，将产生巨大的商业价值；另一方面，金融机构具有较为充足的预算，可以吸引到实施大数据的高端人才，也有能力采用大数据的最新技术。

对于银行来说，根据数据进行经营状况分析极为重要。根据银行利率、利息收入、支出等数据，了解银行的营收状况，根据数据作出统筹规划。根据全国各地区的贷款、抵押、存款了解各地的经济发展状况、人均持有货币情况以及地区不良贷款率等。

正在兴起的大数据技术正与金融业务呈现快速融合的趋势，给未来金融业的发展带来重要机遇。如何根据银行数据对其经营状况作出合理分析？本节将针对这一问题进行案例分析。

7.3.2 案例及需求分析

本案例通过一个定量研究银行贷款与利润分布的数学模型，查看各地区的贷款情况和不良贷款记录、利润分布特征与变化。根据已有数据对该银行的经营状况、各地的消费与贷款情况等作出分析，制作仪表盘。

7.3.3 大数据分析方法

1. 确定问题

本案例主要通过对地区贷款明细、年度利润数据、央行利息调整数据等进行分析，了解银行的经营状况。

2. 分解问题

将大问题分解为小问题。本案例的核心问题可分解为以下几点：

（1）基础指标：金融行业的主要经营业务是贷款业务，而基础指标可以用来反映和评价贷款业务的基础经营状况。其主要指标包括贷款收入、客户类型、客户状况、贷款类型等。

（2）利润指标：利润指标主要用于反映金融行业贷款业务经营状况，主要包括利息收入、净收入、贷款业务等。

（3）信用风险指标：信用风险是金融行业要面对的最重要的风险，信用风险指标是金融行业所面临的信用风险的量化，主要包括坏账、贷款余额、通期率等。

3. 评估问题

本节案例中，影响评估的因素有地区、时间等。

（1）各地区、信用类别、行业贷款情况分析：通过对比地区、信用类别、行业与贷款额度、不良贷款额度，可以对银行贷款业务进行评估。

（2）不良贷款率变化趋势：分析预测不良贷款率的变化情况。

（3）年度银行利润数据分析：通过分析银行的收支情况，来判断银行经营情况的好坏。

（4）存贷基准利率变化情况分析：银行的利息收入和支出与央行的利率政策息息相关，分析近几年基准利率的变化情况，能更好地反映出银行的业务能力。

4. 总结问题

不仅能够剖析问题，还能提供决策性建议的数据分析才是有价值的数据分析。

7.3.4 大数据分析过程

（1）创建项目"贷款业务分析"，在平台中挂载数据集，该数据集位于"商业数据分析导论"数据集中，单击该数据集并确定，如图7-80所示。

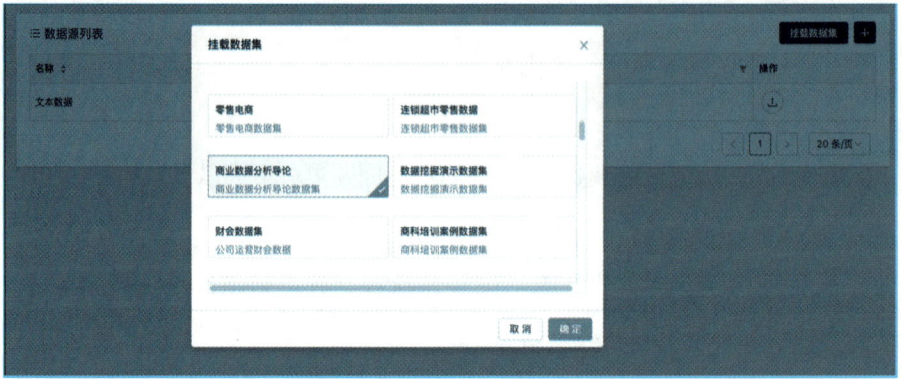

图7-80 挂载数据集

（2）挂载成功后，切换到数据视图界面。单击右上角"+"，输入名称"贷款业务分析"后保存，如图7-81所示。

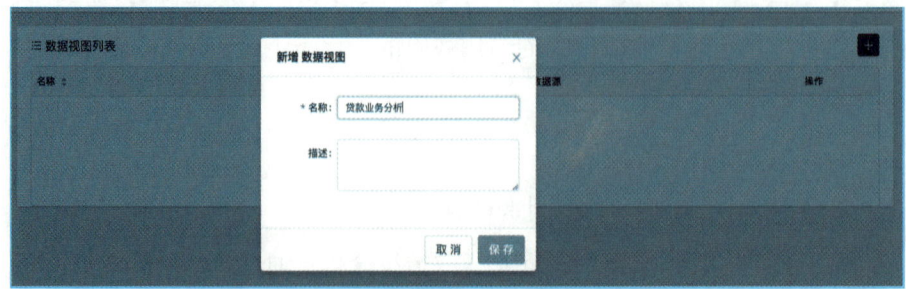

图7-81 新增数据视图

（3）在输入框中选择"商业数据分析导论"，并单击其中的"金融行业贷款数据"，选择完成后，在字段名称下单击任意一个字段，随后将所有字段全选后，单击向右的箭头，完成所有字段的编辑并单击"执行"，如图

7-82 和图 7-83 所示。

图 7-82
选字段

图 7-83
完成字段选择和执行

（4）单击"下一步"按钮，进入编辑数据模型与权限环节，判断维度和指标的类型是否正确，出现错误的地方可以进行调整切换，数据确认无误后即可进行保存，完成数据的模型编辑工作，如图 7-84 所示。

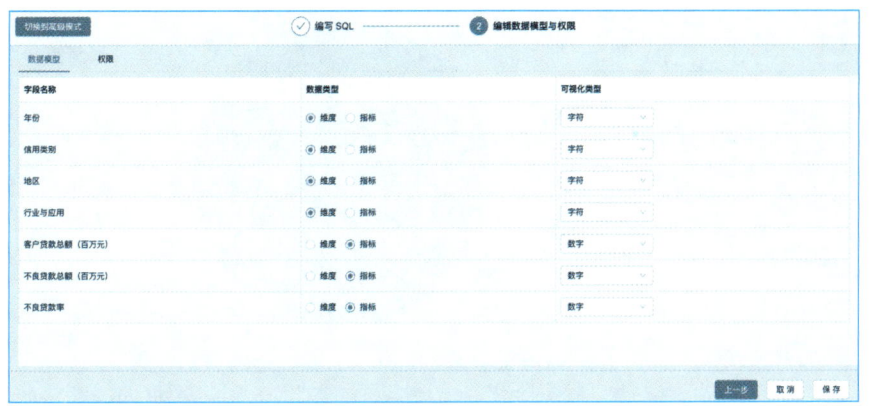

图 7-84
编辑数据模型与权限

（5）切换到可视化分析页面，单击"+"按钮，进入可视化图表编辑界面。选择数据视图"贷款业务分析"，将图表命名为"各信用类别客户贷款总额分析"，如图 7-85 所示。

图 7-85
设置图表名称

（6）将"信用类别"拖入"维度"，将"客户贷款总额"拖入"指标"，选择饼图。切换到样式，勾选"显示标签"，取消勾选"指标值"，如图 7-86 和图 7-87 所示。完成后保存图表。

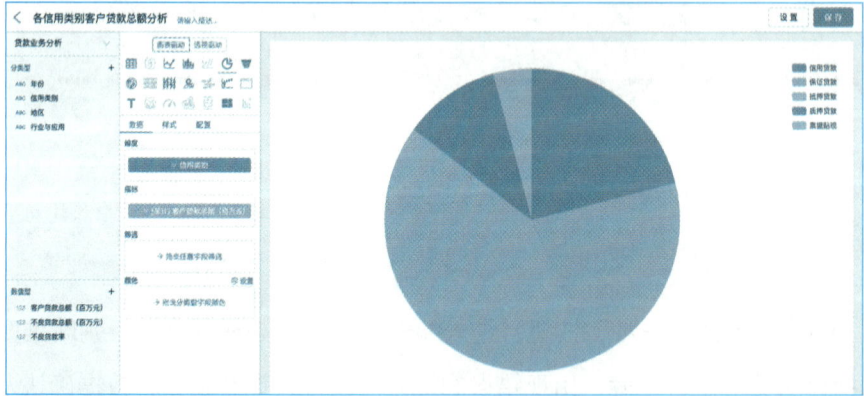

图 7-86
拖曳分析操作

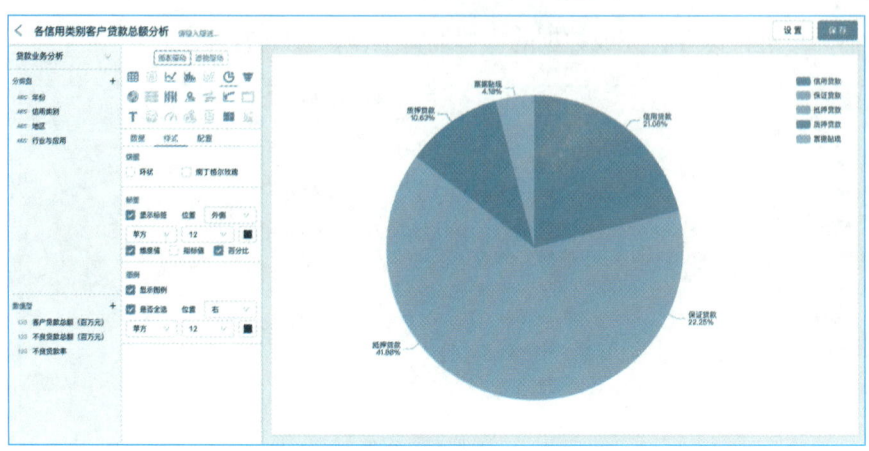

图 7-87
设置样式

（7）继续在贷款业务分析视图下，命名图表为"各行业公司客户贷款总额分析"。将"行业与应用"拖入"维度"，将"客户贷款总额"拖入"指标"，选择饼图。切换到样式，勾选"显示标签"，取消勾选"指标值"，将图例位置设置为"上"，如图7-88和图7-89所示。完成后保存图表。

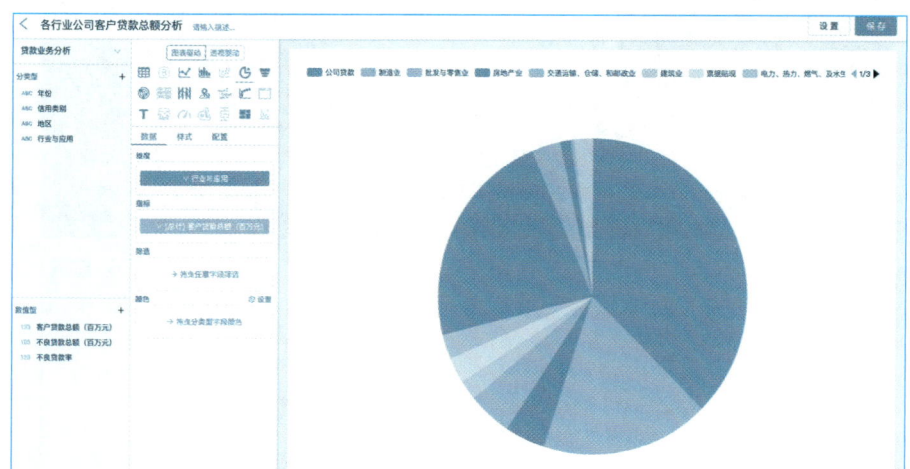

图 7-88
拖曳分析操作

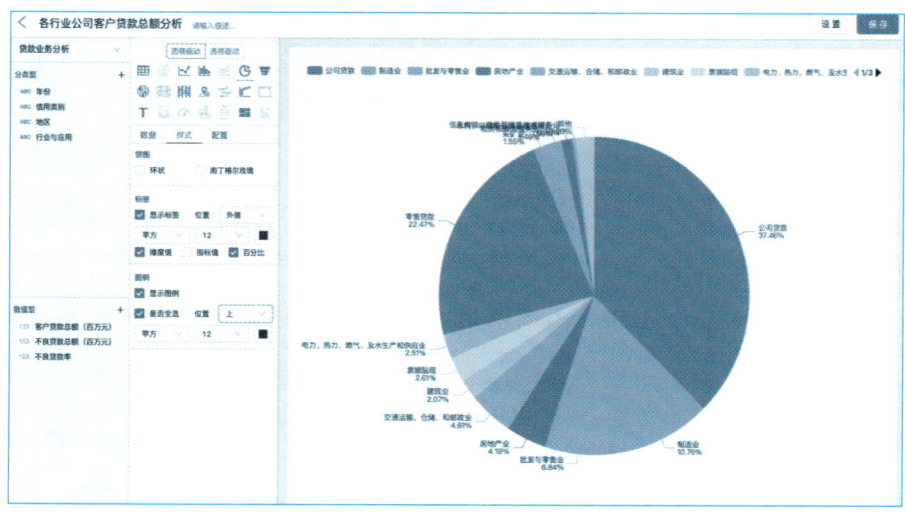

图 7-89
设置样式

（8）继续在贷款业务分析视图下，命名图表为"各类客户的客户贷款总额分析"。将"行业与应用"拖入"维度"，将"客户贷款总额"拖入"指标"，将"行业与应用"拖入"筛选"，在值筛选中选择"公司贷款""零售贷款""票据贴现"，完成所选值后保存。选择饼图并切换到样式，勾选"显示标签"，取消勾选"指标值"，将图例位置设置为"上"，如图7-90和图7-91所示。完成后保存图表。

图 7-90 拖曳分析和值筛选操作

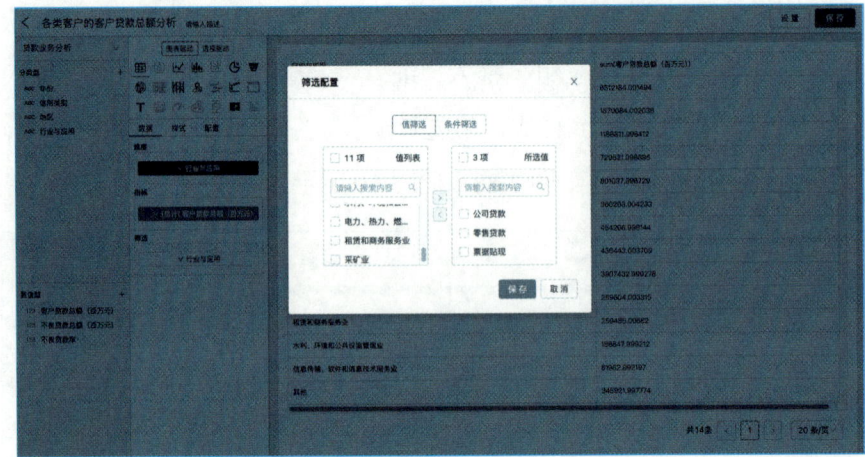

图 7-91 设置样式

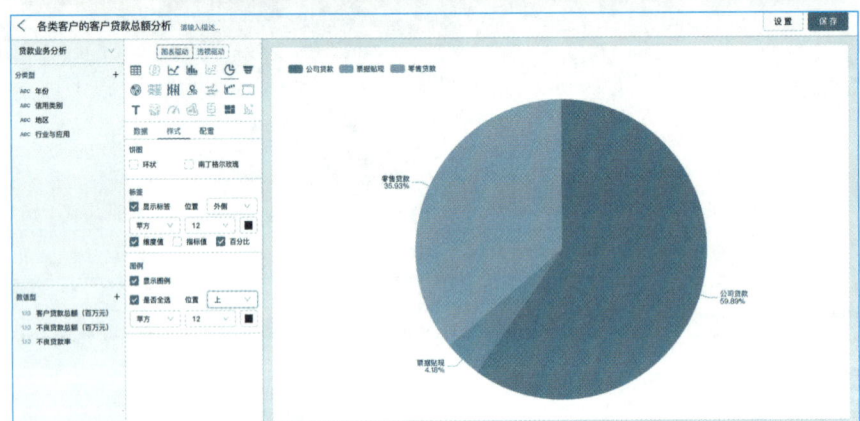

（9）继续在贷款业务分析视图下，命名图表为"各区域客户贷款总额分析"。将"地区"拖入"维度"，将"客户贷款总额"拖入"指标"，选择饼图，切换到样式，勾选"南丁格尔玫瑰""显示标签"，如图 7-92 所示。完成后保存图表。

图 7-92 拖曳分析和样式设置

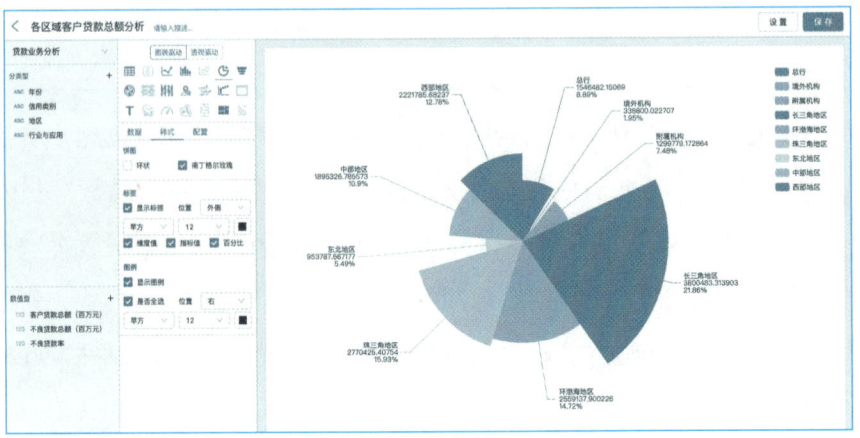

（10）在贷款业务分析视图下，制作"客户贷款总额时间趋势""各信用类别不良贷款总额分析""各贷款类别不良贷款总额的时间趋势分析"3张图表。

制作"客户贷款总额时间趋势"图表，将"年份"拖入"维度"，将"客户贷款总额"拖入"指标"，选择柱状图，切换到样式，勾选"显示标签"，如图 7-93 所示。完成后保存图表。

制作"各信用类别不良贷款总额分析"图表，将"信用类别"拖入"维度"，将"不良贷款总额"拖入"指标"，选择饼图，切换到样式，勾选"显示标签"，如图 7-94 所示。完成后保存图表。

制作"各贷款类别不良贷款总额的时间趋势分析"图表，选择"透视驱动"，选择使用行列，将"年份"拖入"列"，将"信用类别"拖入"行"，将"不良贷款总额"拖入"指标"，选择折线图，如图 7-95 所示。完成后保存图表。

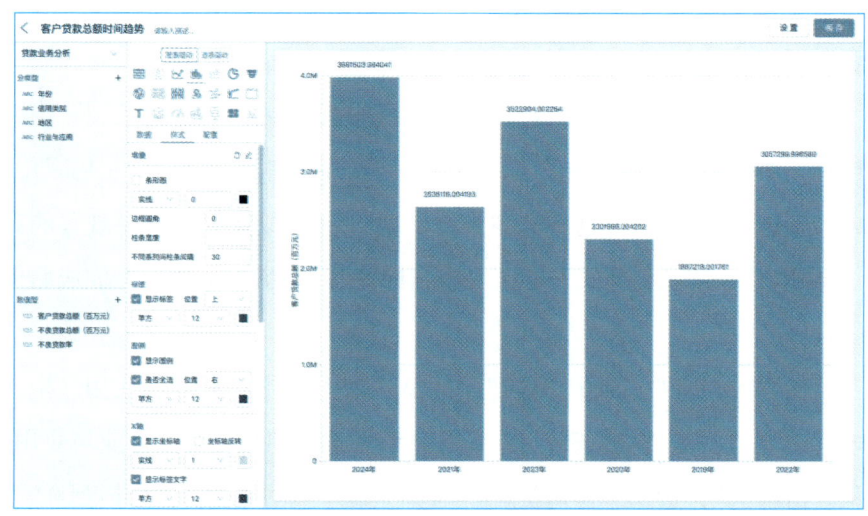

图 7-93
制作"客户贷款总额时间趋势"图表

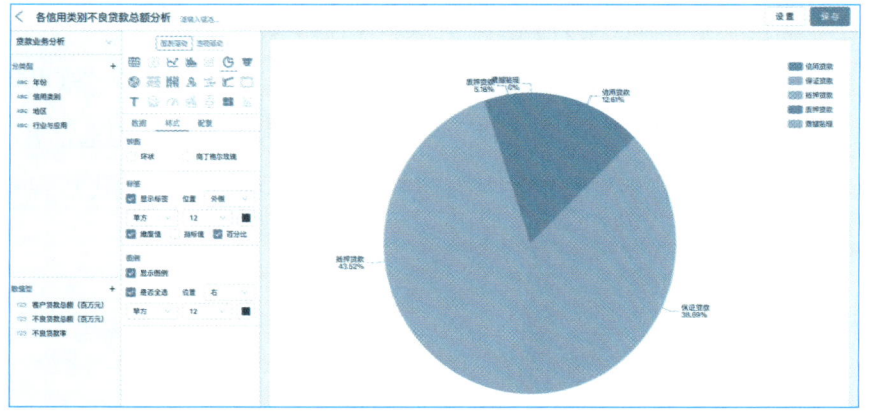

图 7-94
制作"各信用类别不良贷款总额分析"图表

图 7-95 制作"各贷款类别不良贷款总额的时间趋势分析"图表

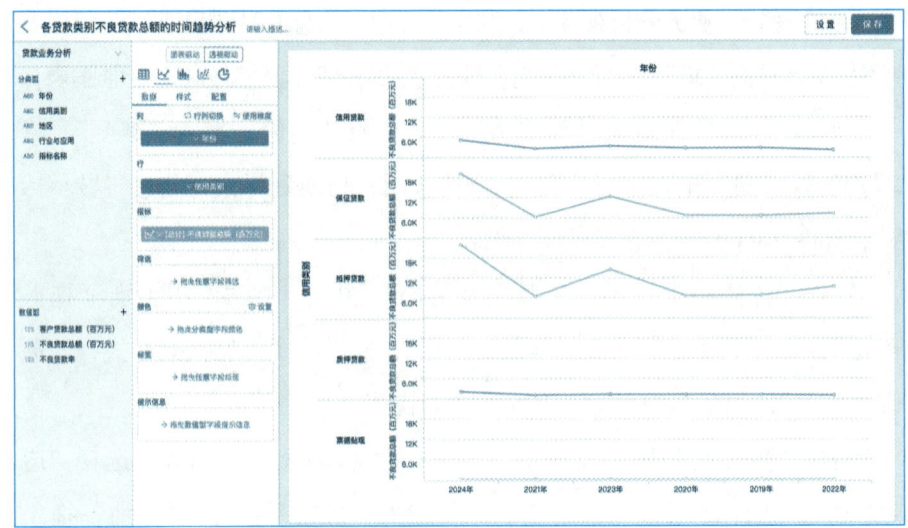

（11）继续在贷款业务分析视图下，制作"各行业公司不良贷款总额分析""各类客户的不良贷款总额分析""各区域不良贷款总额分析"3张图表。

制作"各行业公司不良贷款总额分析"图表，将"行业与应用"拖入"维度"，将"不良贷款总额"拖入"指标"，选择饼图，将"行业与应用"拖入"筛选"，选择值筛选中非"公司贷款""零售贷款""票据贴现"的其他11项内容，切换到样式，勾选"显示标签"，如图7-96所示。完成后保存图表。

制作"各类客户的不良贷款总额分析"图表，将"行业与应用"拖入"维度"，将"不良贷款总额"拖入"指标"，选择饼图，将"行业与应用"拖入"值筛选"，选择"公司贷款""零售贷款""票据贴现"，切换到样式，勾选"显示标签"，如图7-97所示。完成后保存图表。

制作"各区域不良贷款总额分析"图表，将"地区"拖入"维度"，将"不良贷款总额"拖入"指标"，选择饼图，切换到样式，勾选"南丁格尔玫瑰""显示标签"，勾掉"指标值"，如图7-98所示。完成后保存图表。

7.3 金融行业贷款业务分析

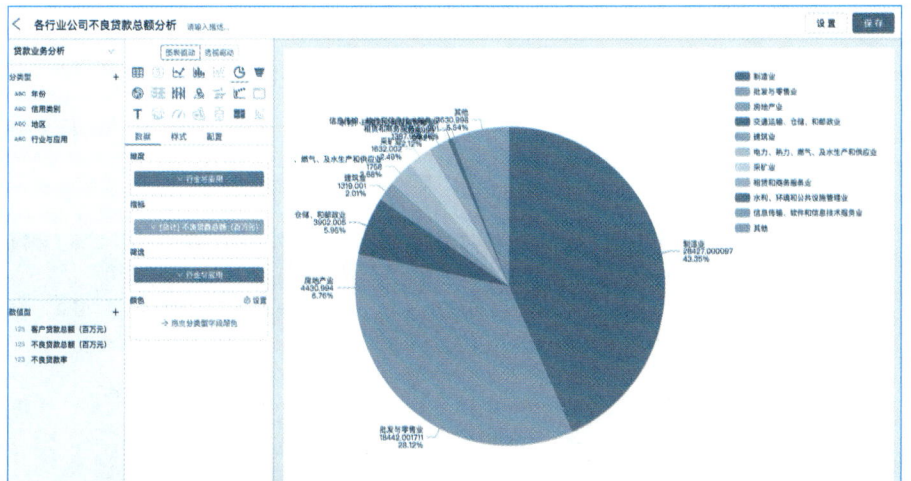

图 7-96

制作"各行业公司不良贷款总额分析"图表

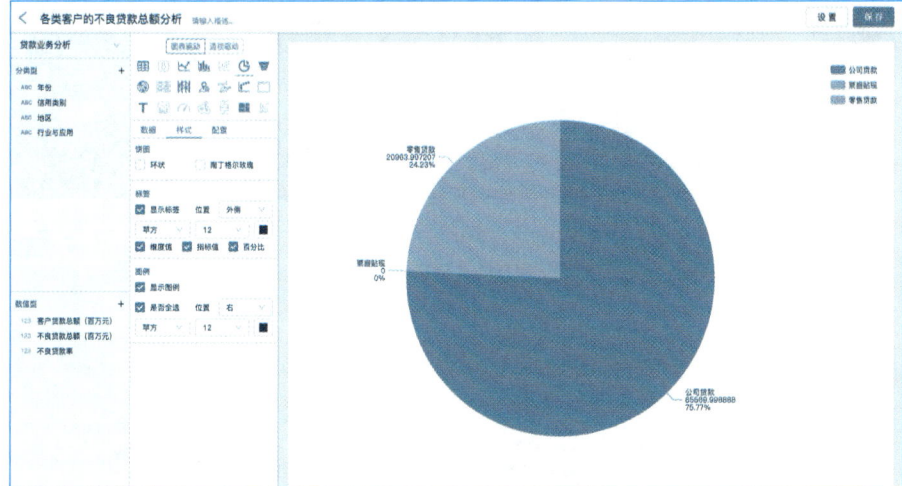

图 7-97

制作"各类客户的不良贷款总额分析"图表

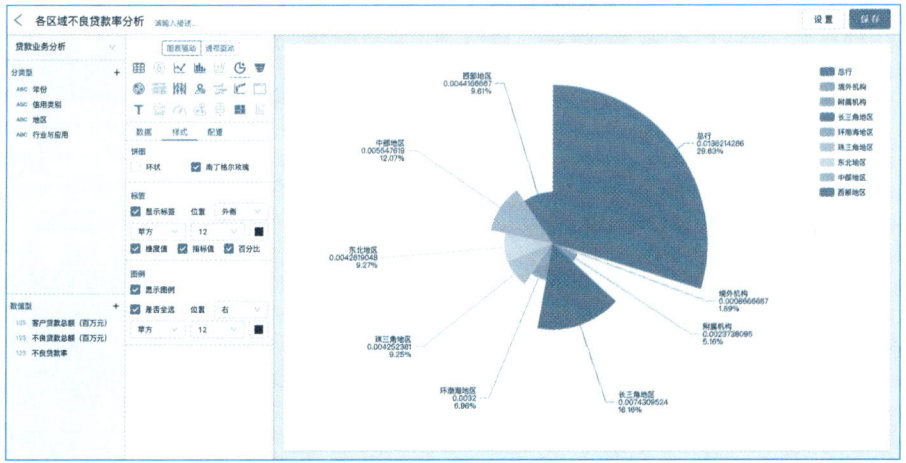

图 7-98

制作"各区域不良贷款总额分析"图表

（12）在贷款业务分析视图下，制作"各信用类别不良贷款率分析"图

219

表,将"信用类别"拖入"维度",将"不良贷款率"拖入"指标",选择雷达图,单击"不良贷款率",选择平均数。单击指标"不良贷款率",选择格式设置,设置为百分比格式,如图7-99所示。切换到样式,将标签颜色设置为红色,如图7-100所示。完成后保存图表。

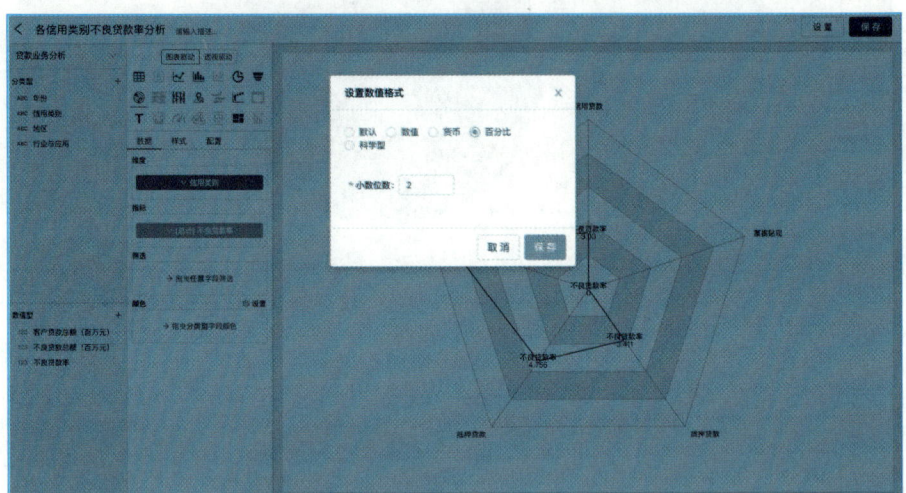

图 7-99　拖曳分析和设置指标数值格式

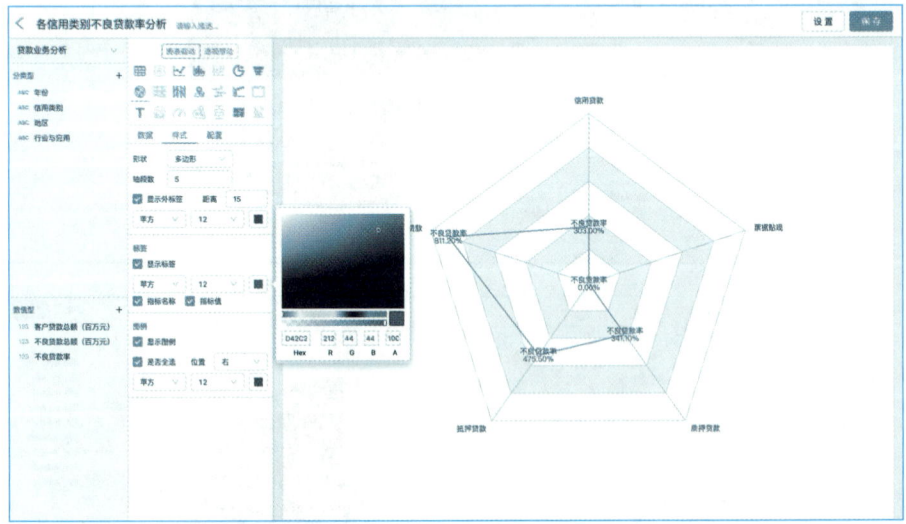

图 7-100　设置标签颜色

（13）继续制作"各区域不良贷款率分析""不良贷款总额时间趋势分析""不良贷款率时间趋势分析"3张图表。

制作"各区域不良贷款率分析"图表,将"地区"拖入"维度",将"不良贷款率"拖入"指标",选择饼图,单击指标"不良贷款率",选择平均数,切换到样式,勾选"南丁格尔玫瑰""显示标签",如图7-101所示。

完成后保存图表。

制作"不良贷款总额时间趋势分析",将"年份"拖入"维度",将"不良贷款总额"拖入"指标",选择柱状图,切换到样式,勾选"显示标签",如图7-102所示。完成后保存图表。

制作"不良贷款率时间趋势分析",将"年份"拖入"维度",将"不良贷款率"拖入"指标",选择折线图,单击指标"不良贷款率",选择平均数,再次单击"不良贷款率",格式设置为百分比,切换到样式,勾选"显示标签",如图7-103所示。完成后保存图表。

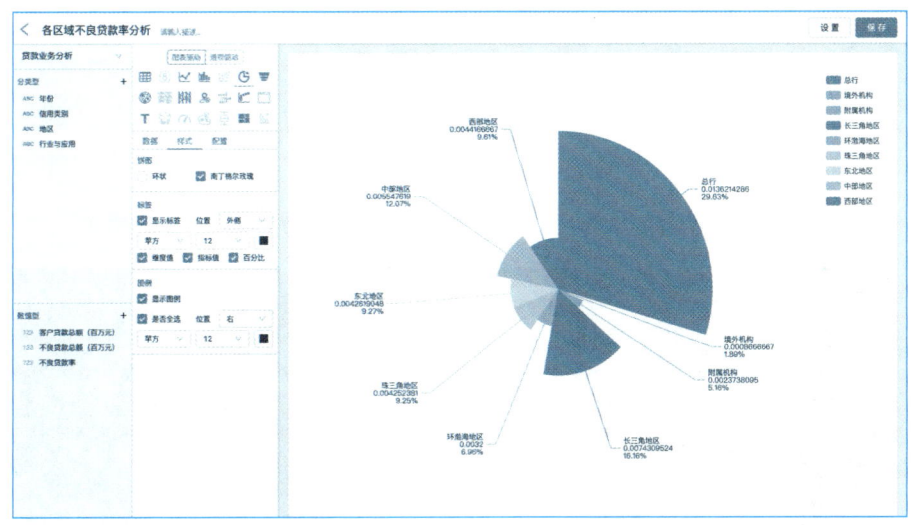

图 7-101

制作"各区域不良贷款率分析"图表

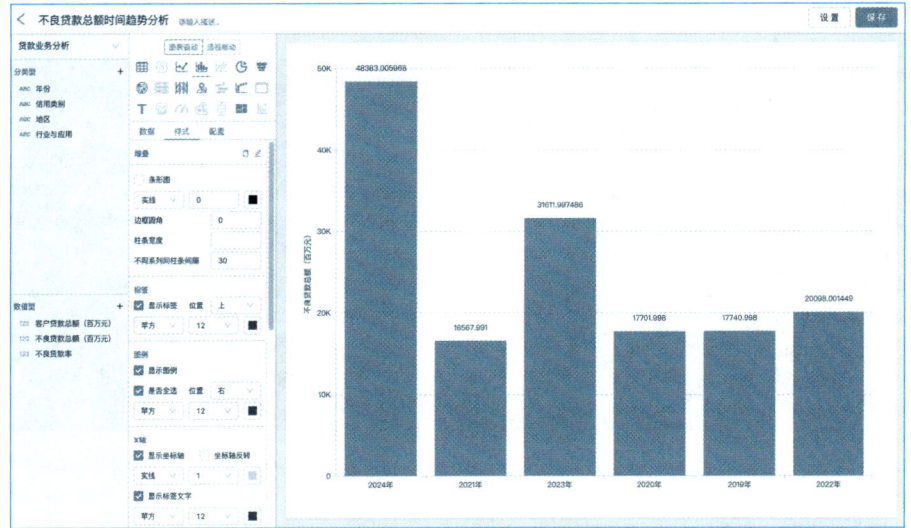

图 7-102

制作"不良贷款总额时间趋势分析"图表

图 7-103
制作"不良贷款率时间趋势分析"图表

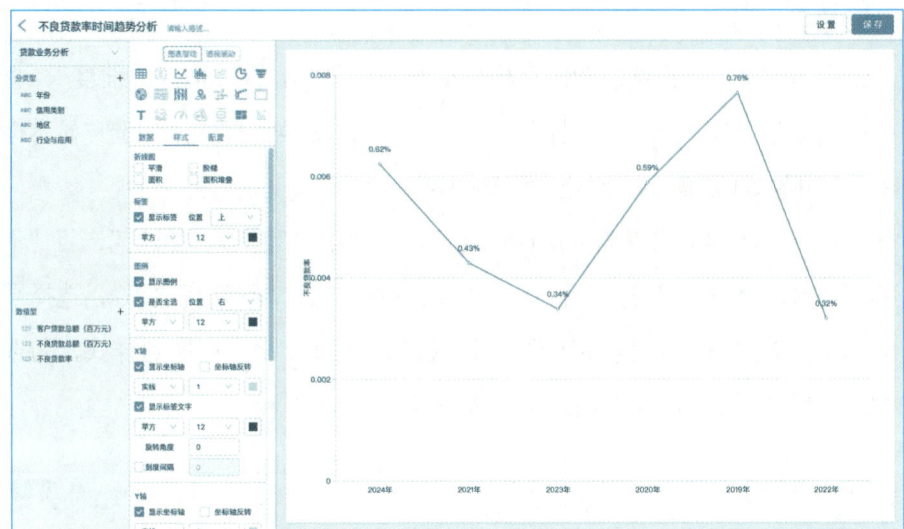

（14）将上述图表制作完成后，进入仪表盘制作过程。切换到"数据应用"页面，单击创建新仪表盘，新增数据门户"金融行业贷款业务分析实训"，保存后，接着单击新增创建子主题，如图 7-104 和图 7-105 所示。

图 7-104
新增数据门户

图 7-105
新增仪表盘子主题

（15）单击右上角"+"按钮，将对应分析图表勾选添加后单击"下一步"按钮，并默认手动刷新模式后保存，如图 7-106 和图 7-107 所示。

图 7-106
新增图表

图 7-107
数据更新

（16）单击左上角"全局控制器配置"，单击"+"按钮，并单击编辑修改名称为"年份"。再全选关联图表，设置关联数据视图字段为"年份"。保存后完成整体的仪表盘，如图 7-108 和图 7-109 所示。

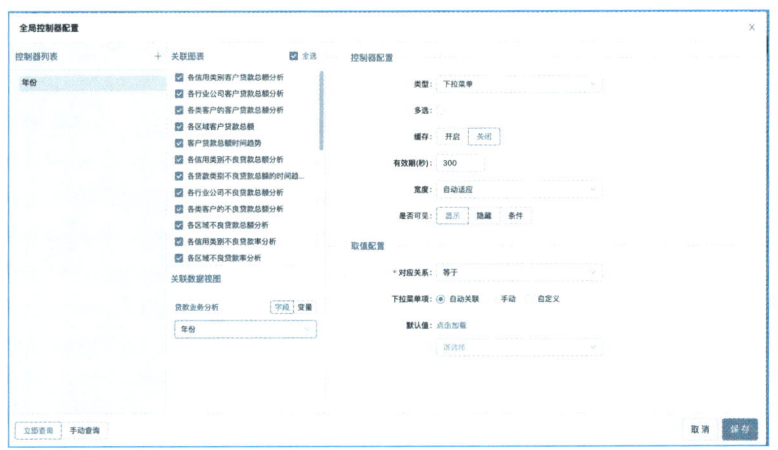

图 7-108
全局控制器配置

图 7-109
完整仪表盘

7.3.5 结论

本节通过客户类型、贷款类型、贷款总额、不良贷款、不良贷款率等相关数据对金融行业贷款业务进行分析，得出其经营状况、发展趋势、存在问题等结论。

（1）"各信用类别客户贷款总额分析"图显示，信用类别更多的分别是：抵押贷款41.88%、保证贷款22.25%、信用贷款21.06%。抵押贷款和保证贷款在客户发生信贷违约时可以获得一定的抵押和补偿，可以减少风险损失，说明金融行业重视信贷违约风险，更多地接受抵押贷款和保证贷款，用贷款类别从放贷层次减少可能损失；而对于信用贷款，一般金融机构只接受信用好且发展稳定的机构或个人的贷款，即金融机构将对客户进行严格评估后，只有符合条件的客户才能进行信用贷款。这一方面可以简化合格客户的贷款流程和贷款成本，另一方面是金融机构为避免风险损失的重要措施。金融机构评估的准确性影响着风险损失的可能性。

（2）"各行业公司客户贷款总额分析"图显示，各行业客户贷款总额占比较多的4类行业依次为：制造业28.72%、批发与零售业18.26%、交通运输等行业12.3%、房地产业11.2%。可以看出，这4类行业是贷款业务最多的客户，也是容易受到冲击和社会影响的行业。例如，若有突发事件对这4类行业都造成了严重影响，那么这些行业受到冲击时便更需要贷款，但也会有更大的可能无法偿还贷款，从而影响金融行业贷款业务利润，为此，需要金融行业花费更多成本根据实际情况作出贷款决策和适当帮助。

（3）"各类客户的客户贷款总额分析"图显示，贷款客户更多的是公司贷款客户，其次是零售贷款客户，分别占了59.89%和35.93%，说明公司客户贷款额度较大，若出现信贷风险造成的损失更大，所以金融行业贷款业务对公司客户有更严格的评估和管理；同时，零售贷款即是个人贷款，目前更多的是住房贷款，个人能否准时准量还房贷直接影响金融行业利润，所以对零售贷款客户个人资产的评估也很重要。

（4）"各区域客户贷款总额分析"图显示，各区域客户贷款总额占比较多的分别是：长三角地区 21.86%、珠三角地区 15.93%、环渤海地区 14.72%、西部地区 12.78%、中部地区 10.9%。这符合我国经济、人口和发展需求的分布情况，即经济越强、人口越多、发展需求越大，则贷款总额越高，那么金融行业各机构的地区分布也应类似于这样的分布。

（5）"客户贷款总额时间趋势分析"图显示，客户贷款总额从 2019 年到 2024 年随时间推移而不断增长，5 年增长超过 2 000 000 百万元，且每年增长的贷款总额相近，增长趋势稳定，接近线性增长，说明金融行业贷款业务量呈持续稳定增长态势，金融行业近几年都在稳定有序发展。

（6）"各信用类别不良贷款总额分析"图显示，信用类别更多的是抵押贷款和保证贷款，分别占了 43.52% 和 38.69%，这两类贷款方式虽然不良贷款总额较高，但如前所述，因为有抵押和保证，可以减少信贷违约损失，所以这两类贷款类别占比大对金融行业来讲是较好的情况；而信用贷款则是仅凭信用度作证明，其在各信用类别客户贷款总额的占比更少，且进行信用贷款的客户信贷违约较少，从而证明了金融行业评估的准确性和有效性。

（7）"各贷款类别不良贷款总额的时间趋势分析"图显示，各信用类别中，随着时间增长，保证贷款和抵押贷款的不良贷款总额明显增长，其他类别无明显变化，说明不良贷款更多出现在这两类贷款类别中，且它们的不良贷款总额处于增长趋势，所以金融行业应加强对这两类贷款客户的监管。

（8）"各行业公司不良贷款总额分析"图显示，各行业不良贷款总额比重与客户贷款总额比重有所不同，制造业和批发与零售业的占比更大，分别为 43.35% 和 28.13%，即公司贷款中这两类行业信贷违约的可能性更大，所以金融行业应加强对制造业和批发与零售业的公司贷款业务的评估和监管。

（9）"各类客户的不良贷款总额分析"图显示，只有公司贷款和零售贷款有不良贷款，且公司贷款中的不良贷款要多于零售贷款中的不良贷款，所以金融行业要加强对公司贷款业务的评估和监管，减少公司贷款信贷违约带来的损失。

（10）"各区域不良贷款总额分析"图显示，长三角地区不良贷款总额最多，占比为33.29%，其次是总行17.11%。这与客户贷款总额的分布有所不同，说明长三角地区的客户产生信贷违约的更多，金融行业对这个区域的监管不足。同时，总行不良贷款总额占比也说明总行的监管有所欠缺。

（11）"各信用类别不良贷款率分析"图显示，保证贷款的不良贷款率最高，其他贷款类别差别不大。保证贷款虽然也能减少违约损失，但是保证贷款是申请人以保证的方式通过第三方承诺在申请人如果还不了贷款的情况下，第三方担保人承担贷款责任的一种方式，并且担保人必须是还清申请人的所有贷款资金，所以金融行业只监管了担保人的信用和资产能力，而申请人的还款能力则由第三方进行确定和监管，这说明第三方对申请人的监管和评估不足或不准确。

（12）"各区域不良贷款率分析"图显示，与各区域不良贷款额分布不同，总行的不良贷款率占比最高，为29.63%，其次才是长三角地区的16.16%，说明虽然长三角地区不良贷款额最高，但是总行的不良贷款率最高，所以不能仅仅重视长三角地区的监管，总行贷款业务的监管也同样需要加强。

（13）"不良贷款总额时间趋势分析"图显示，不良贷款总额从2019年到2024年的总体情况也呈增长态势，但是与客户贷款总额的增长不同，而是先平缓后三年增长迅速，这说明从2022年到2024年不良贷款率才开始明显增长，所以未来不良贷款总额也可能持续增长，金融行业需要做好准备，加强监管和风险防范。

（14）"不良贷款率时间趋势分析"图显示，平均不良贷款率从2019年到2024年的趋势是先降后升，在前三年下降明显，在后三年逐渐上升，这与不良贷款额的趋势相符，所以未来不良贷款率也可能继续上升，金融行业需要做好准备，加强监管和风险防范。

因此，经过分析可以看出，金融行业经营状况较为良好稳定，业务量等指标不断上升，利润等指标稳定增长。从发展趋势来看，金融行业目前发展趋势较为稳定，处于良好上升态势。从存在问题来看，评估和监管仍有不足，信用类别中抵押贷款监管不足，地域中长三角地区和总行监管不足，行业中制造业和批发与零售业监管不足。

拓展学习

蓝鹰 BI 实验室产品使用手册

郑重声明

高等教育出版社依法对本书享有专有出版权。任何未经许可的复制、销售行为均违反《中华人民共和国著作权法》，其行为人将承担相应的民事责任和行政责任；构成犯罪的，将被依法追究刑事责任。为了维护市场秩序，保护读者的合法权益，避免读者误用盗版书造成不良后果，我社将配合行政执法部门和司法机关对违法犯罪的单位和个人进行严厉打击。社会各界人士如发现上述侵权行为，希望及时举报，我社将奖励举报有功人员。

反盗版举报电话　（010）58581999　58582371
反盗版举报邮箱　dd@hep.com.cn
通信地址　北京市西城区德外大街 4 号　高等教育出版社知识产权与法律事务部
邮政编码　100120